衣食住行只是人的外在生活

还有一种生活，让我们知道人之所以为人，这就是内心生活

与身体的成长相伴的是内心的成长

这也是一个未知的世界

人的精神世界可以比海洋更广阔（东山魁夷画）

心灵的日出 心灵的日出

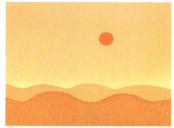

青春岁月的美好就是频繁迎接心灵的日出

给一个青年诗人的十封信

Rike

每一本好书都珍藏着一个活生生的灵魂

它可能是痛苦的

绞刑架下的报告

[全译本]

REPORTÁŽ PSANÁ NA OPRÁTCE

捷/尤利乌斯·伏契克[著]

徐耀宗 自万里[译]

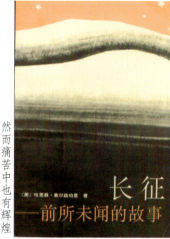

然而痛苦中也有辉煌

长征
——前所未闻的故事

[美]哈里森·索尔兹伯里 著

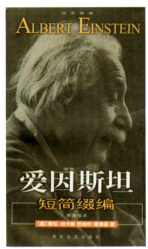

它可以是纤细的

然而纤细中充满睿智

它也许是惶惑的

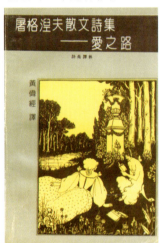

然而每一个惶惑都是深沉的渴望

一本好书是对人间洋溢着爱意的

如同我们的亲人、朋友、爱人，他们让我们更喜爱生活

书让我们眺望身外的世界（布赫兹画）

让我们有可能超越现实的琐碎和平庸（布赫兹画）

庇护我们的梦想（布赫兹画）

心灵的日出

赠与我们勇气和智慧，相伴我们踏上人生长旅（布赫兹画）

让我们游历千百种人生（布赫兹画）

在人类的所有发明中，文字可能是最伟大的发明

当有人开始写作，他就是在学习神奇的魔术（公元前2600年古埃及书写者雕像）

他学会倾听人类的腹语（张炜《远河远山》封底）

记录下自己的每一次感动

留住原汁原味的生活

他偷听大自然的秘语

领受自然慷慨的馈赠

窥探生命的秘密

从说"不"开始，建立自我的尊严

为自己打造一朵幸福的金蔷薇

每一代人都通过听故事来了解自己

一个阅读的人就是让自己的灵魂与人杰的灵魂为伍

心灵的日出

不要轻视少年时代感动过自己的东西（黄永玉画）

人类最美的姿势是遥望精神家园（赵汀阳画）

是你为玫瑰花费的时间，使你的玫瑰变得这么重要（赵汀阳画）

那么，青春做伴好读书

敬　启

　　严凌君先生主编的"青春读书课"系列丛书,立意高远,贴近青少年阅读心理,选文题材广泛,内容丰富。在编辑过程中,我们按照现代出版规范对选文进行了统一处理,力求提供一套符合现代文字规范的青少年读物,以帮助读者建立对纯洁汉语的认知与体悟。敬请作者、译者见谅。

　　另外,我们已经联系到部分选文的作者和译者,他们同意将作品列入"青春读书课"系列丛书出版,但由于作者面广,仍有部分作者和译者无法取得联系。请作者和译者看到本系列丛书后尽快与我们联系,以便奉寄样书和稿酬。

　　诚致谢意!

　　联系人:蒋鸿雁

　　电话:0755-83460371

　　Email:jhyl688@hotmail.com

海天出版社

SUNRISE IN
HEART
A COLLECTION
OF
READINGS
ON
YOUTHFUL
MIND

青春读书课·修订本 第二卷
成长教育系列读本

严凌君 主编/导读

心灵的日出

青春心智生活读本 第二册

海天出版社（中国·深圳）

图书在版编目(CIP)数据

青春读书课. 心灵的日出. 第二册 / 严凌君主编、导读. ——
深圳 ：海天出版社，2012.1 (2016.1重印)
ISBN 978-7-5507-0182-3

Ⅰ．①青… Ⅱ．①严… Ⅲ．①阅读课–中学–课外读
物 Ⅳ．①G634.333

中国版本图书馆CIP数据核字(2011)第114109号

青春读书课．心灵的日出．第二册

QINGCHUNDUSHUKE, XINLING DE RICHU, DI ER CE

出 品 人　聂雄前
责任编辑　蒋鸿雁　谢　芳
责任技编　梁立新
责任校对　陈敏宜
设计制作　龙瀚文化
插页设计　李晓光
封面设计

李松璋书籍设计工作室
Tel:86231958　Email:hkdadao@126.com
平面执行：李青华

出版发行　海天出版社
地　　址　深圳市彩田南路海天综合大厦（518033）
网　　址　www.htph.com.cn
订购电话　0755-83460293（批发）　83460397（邮购）
印　　刷　深圳市华信图文印务有限公司
开　　本　787mm×1092mm　1/16
印　　张　16.5
字　　数　300千
版　　次　2012年1月第1版
印　　次　2016年1月第4次
定　　价　28.00元

目 录

心灵的日出
[第二册]

SUN IN HEART
A COLLECTION
OF READINGS
ON YOUTHFUL MIND

上编
我也可以说"不"

我也可以说"不"

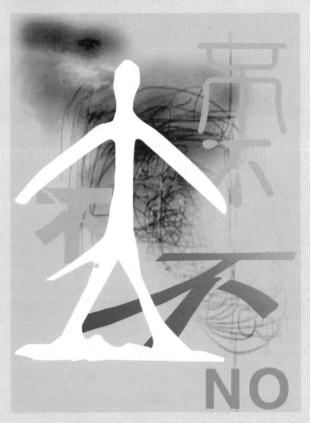

上编

我说"是"的时候，
我只是一个统计数据。
我说"不"的时候，
我，才真正诞生。

【中国】尘元

在语词的密林里①（4则）

　　假如语词是一座密林，那么，其中有繁花似锦，有百鸟争鸣，有目不暇接的风景，也有枯藤老树、沼泽陷阱，进入"密林"的人，可以陶醉，同时要时时警惕。人类是唯一有"文化"的动物，而词语、文字，就是文化的载体。一个词语，就是一个文化符号。我们从小识字、学习语言，就是在学习文化。所以，从小培养对词语的敏感，就是逐步养成对文化的敏感。

　　尘元（1918～2004），原名陈原，中国语言学家、编辑出版家、世界语专家。

衣服上印外国字

　　报上（1988.06.10）有文说，这些年以在"T恤"上印外国字为时髦。作者说在美国某地看见洋人穿的T恤前后各印三个大汉字："盖了帽"，"没治了"——都是北京方言。我前年在巴黎街上看见一位外国小姐穿的外衣上印了汉字，是"散文选"。据闻广州有少女穿的T恤上印有英文"Kiss me"（吻我）字样，招来别人前去"接吻"的意图云云。

　　一般地说，衫上印的字只能是一种图案，传递一种美感信息，而不传递语义信息，所以穿衣者只需看这个字体美不美，合意不合意，根本不必理会这是什么文字，更不必问它的语义。

　　但后一例却又说明在某种场合被当做装饰品的文字符号传递了语义信息，甚至惹来麻烦。

香榭丽榭

　　巴黎有一条宽阔的大道，近译作"田园大街"的，从前通写作"香榭丽榭"或"香榭丽舍"，那是法文Champs Élysées的音译，这四个字多美呀！一幅令人神往

---

① 选自尘元《在语词的密林里》，三联书店，1991年版。

的街景：一幢又一幢别致的房屋（榭，舍）散发着一阵一阵香气，美丽极了。

巴黎附近有一个好去处，原称Fontainebleu——前人译为"枫丹白露"。法文读起来有点像英语的Fountain Blue, 蓝色的喷泉。枫丹白露太有诗意了：一片红色的（丹）枫林，这里那里洒着一滴一滴的无色的（白）露珠，简直是神仙的去处！

至于诗人徐志摩给意大利的文化古城佛罗伦萨写上三个迷人的汉字——翡冷翠（从当代意大利语Firenze音译），翡翠已绿得可爱，何况还加上一层寒意（冷），那就太吸引人了。

也有难听的地名，不知是哪几位富有幽默的先人，给我们留下了几只牙：西班牙、葡萄牙、海牙——怎么葡萄会有牙呢？怎么海也有牙呢？怎么地中海两个早年航海发达的国家连同西欧一个"上帝造海，凡人造陆"的国家（荷兰）首都竟变成一颗牙？有点逗人发笑，然而约定俗成，正所谓"天长地久"，改不了了。

请读我唇

布什在一次竞选活动中说，国会压我增税，我说不，他们又压我，我又说不，他们又会压我，我则对他们说：请读我唇（read my lips），不增新税。

这是William Safire在《纽约时报杂志》连载的《语言漫论》（*On Language*）专栏中说的（1988.09.04）。顺便记一笔，这位专栏作家真了不起，每周发表一次关于语言现象的论述，十数年而不间断。

请读我唇——是加重了语义的表现法，请君不只听我说，同时请君看我说。又听，又看，我说的是真话，不能改动的。

王光祈半个世纪前翻译一首英格兰民歌时，曾用《饮我以君目》作歌名——即*Drink to me with thine eyes*。虽则用的是文言，但情意绵绵，活跃于纸上，时人译为"你用秋波向我敬酒"，白则白矣（好懂得多），但听了总觉得少了一点什么。王光祈运用了我国传统的语言美学特征，把"饮"字用活了，才有这种情意，可以联想到古诗"饮马长城窟，水寒伤马骨"中的饮字。

可知语言有它的奥秘（mysteries），有点神乎其神的味道。

人和书

纳粹焚书50周年时（1983.05.10），联邦德国法兰克福市（这里每年举办世界上最大规模的书展）工会举行过群众集会纪念这现代的焚书丑行——大会的横幅引用了诗人海涅的名句。

"凡是焚书的地方，最终将必焚人！"

（ "Dort, wo Man Bücher verbrennt,

Verbrennt Man am ende auch Menchen." ）

诗人的箴言多么好啊——历史是最好的见证。

我想改一改这句名言：

"世间焚书者，最终必自焚！"

人和书——人焚了书，最终必焚人，而最后的最后却必焚了自己，纳粹焚书就是例证。

这叫做搬起石头打自己的脚。

【中国】黄新宇

俗语钩沉①（3则）

俗语是指老百姓的口头习惯用语，千百年流传沿用下来的，其中千奇百怪、花样百出，许多俗语的原意已经被人淡忘，人们只是口耳相传，不假思索地袭用。当代学者黄新宇《俗语钩沉》一书，广泛扒梳史料，钩沉索隐，告诉你众多俗语的来源，让你享受一番发现的快乐。比如：中国人好吃、爱吃，或许是世界第一，见面的问候语即是"吃了吗"，骂人又是"吃饱了撑的"，其中隐藏着国人饥饿累累的历史。为什么说"六六大顺"，别的数字就不大顺？今人常用的"跳槽"一词，推敲其来源会让你大吃一惊……

吃饱了撑的

球迷闹事，有人斥之曰："吃饱了撑的！"孩子调皮，家长在吼叫："撑的！"丈夫有非常之举，妻子投来白眼："没事撑的！"此俗语开初盛行于北方（尤其是北京），后来风行全国。虽非辱骂之辞，却颇含贬义与谴责味。

要探讨这一俗语之缘起，须从语言社会学的角度加以考察。

如同被鲁迅讥为"国骂"的"他妈的"一样，中国有一句通行的问候语（可称为"国问"）："吃了吗？"这一不分时间、不论地点、不计场合的问候语，常常令异域人士大感不解。其实，考之史实，人们即可释然。

先贤有言："食色，性也。"又说："民以食为天。"吃饭，是维系生命的基本途径。可是，古代生产力低下，加上水旱天灾，先人要管饱肚子绝非易事。据邓云特《中国救荒史》（商务印书馆1937年出版）统计，三千年间，中国大灾荒5258次。据现代科学家竺可桢统计：公元初至于19世纪，我国18省共发生水灾658次，旱灾1013次。社会学家陈达统计：公元前206至1936年，二千余年来中国共发生水灾1013次，旱灾1060次。上述数字当然不是精确的，但大体可见一斑。频频

---

① 选自黄新宇手稿《俗语钩沉》。

的水旱虫灾，自然使国人面临巨大的生命威胁。《中国救荒史》载：西汉末年，死于饥荒者高达2000余万人；清代嘉庆至光绪70年间，共饿死6000万人以上；民国九年至二十五年（1920~1936）因饥荒而饿死者达1800余万人。

时间推移到现代，国人还在为温饱问题而忙碌。《1988年中国统计年鉴》公布：我国城市居民年均收入916元，支出848元，其中食品开支473元；农民年均收入463元，支出398元，其中食品支出220元。显然，无论城市或乡村，吃的支出俱占了一半以上。结论很简单：国人的大部分时间和精力，都在为嘴巴而奔忙。"喉咙深似海"，此之谓也。

基于上述原因，我们可以推断："吃了吗"这一问候语，是对对方的生存的关怀——而且是最大意义上的关怀。素以礼仪之邦闻名于世的中华民族，选择了这样一句看似粗俗的问候语，实在是很有道理的。

人的行为与肚子的关系是十分密切的。"吃饱了撑的"这一俗语，只有放在长期处于饥饿状态的背景下，才可得到充分的理解。"家有隔夜粮，办事不心慌"，这实在是我们古人可怜而窘迫的心态。在这种历史条件下，"吃饱了撑的"显然表达了民族行为判定上的倾向性。它认为，每个社会成员应该首先管好自己的肚子，少管闲事，少做背离常规的事。由于吃不饱是常态，偶尔吃饱了反倒成了变态。而吃饱了的人，又往往会惹出一些事端，于是就有了一句斥责性的话："吃饱了撑的！"

游戏是人有了过剩精力与闲暇的产物。一个饿汉是无力游戏的，也不大可能招惹是非。只有填饱了肚皮的人，才有过剩精力，去寻求发泄，寻求某种刺激。所以，我们的先人又留下一句古训启迪后人："饱暖思淫欲。"鲁迅先生说过，中国男人有三件玩具：鸦片烟、麻将牌、姨太太。长期吃不饱，一时撑得慌。"撑"的结果，则往往带来恶性的、畸形的消费。改革开放之后，我们的经济刚刚复苏，传统的消费文化就勃然而兴，以致嫖娼、包二奶也沉渣泛起。所以，只有从社会学的角度进行全面审视，我们对"吃饱了撑的"这一俗语才会有透彻的了解。

六六大顺

上过中学的人都读过鲁迅先生《从百草园到三味书屋》一文。文中有这么一段："从一扇黑油的门进去，第三间是书房。中间挂着一块扁（匾）道：三味书屋；扁下面一幅画，画着一只很肥大的梅花鹿伏在古树下。没有孔子牌位，我们便对着那扁和鹿行礼。"

这实在令人奇怪：书屋中何以挂着这么一幅古怪的画？幼年的鲁迅们何以在入学之初对鹿致敬行礼呢？

鹿，古代常喻指捕获对象。见于托名为周初姜尚谈兵之作《六韬》："太公谓文王曰：取天下若逐野鹿，而天下共分其肉。"又见于《左传·晋襄公十四年》："……比如捕鹿，晋人角之，诸戎猗之，与晋踣之。"（比如捕鹿，晋人上执其角，戎人下扭其腿，才可共同把鹿搞倒）后来的《史记》《汉书》等皆以鹿设喻。《汉书·蒯通传》："秦失其鹿，天下共逐之，于是高材捷足者先得焉。"因此，古文献中不仅以鹿喻指猎获物，且常以"逐鹿"喻争夺统治权（成语中有"鹿死谁手"）。

由于"鹿"与"禄"同音，所以，后来"鹿"的寓意又有了变化。杨树达先生《汉文言修辞学》谓："鹿者禄位也。""秦失其鹿"，即"秦失其禄"，也就是"秦失其帝位"。

回到三味书屋的那幅画上：由于"鹿"、"禄"谐音，"伏鹿"也与"福禄"谐音，鹿之肥大也就是寓指高官厚禄。同时，画中的"古树"不仅寓"长寿"之意，又谐"书"。明乎此，这幅古画的寓意方可索解：读书才可以做高官，才有禄有福有寿。因此，这幅画的寓意与古代统治者所宣扬的"万般皆下品，唯有读书高"、"书中自有黄金屋，书中自有颜如玉"是毫无二致的，只不过表现形式不同罢了，难怪旧时书屋中会挂上这么一幅画，难怪学生入学之初要向画上的伏鹿行礼！

三味书屋古画上的谐音手法，日久渐成风气，最终成为民俗。旧时年画上往往有一条大鲤鱼，其寓意即是"年年有余"。

现在我们可以解释"六六大顺"一语了。原来，这一口语中的数字亦与民俗有关。古人认为"六"是最吉利的数字，其根本原因正在于"六"谐"禄"。延至今日，还有人很是讲究：车牌号或电话号码要选"六"最多的数，送礼要送66元或166元、666元……不过，物极必反，走到极端，则是一种迷信了。（顺便说一句，"八"谐"发"，故古人亦认为是吉利的数字）

跳　槽

"跳槽"一语，上海辞书出版社1989年出版的《中国俗语大辞典》未予收入。其实，这一俗语自元代开始，流传迄今。

"跳槽"之本义，谓牲口离开所在的槽头到别的槽头去吃食。而俗语则取其比喻义："今俗以宿娼无恒主，谓之跳槽。"（明代《雅俗稽言》）据此可知，"跳槽"乃嫖妓而喜新厌旧之隐语。江苏广陵古籍刻印社《中国民俗方言谣谚丛刊初编》述其来历："自家妃妾以新间旧亦曰跳槽。魏明帝初为王时，纳虞氏为妃，及即位，毛氏有宠而黜虞氏。元人传奇以明帝为跳槽。俗语本此。"

明代时，"跳槽"被广泛使用。《金瓶梅》八十六回："自古母狗不掉尾，公狗不跳槽。"《二刻拍案惊奇》卷八:"沈将士到平康里姊妹家宿了。将士壮年贪色心性不常,略略得味就要跳槽,不迷恋着一个。"冯梦龙《黄山谜·山歌》:"结识私情等结识个老人家,先弗为跳槽吃醋上结子闲冤家。"又《黄山谜·桂枝儿·跳槽》:"记当初发个狠,不许冤家来到。姊妹们苦劝我权饶你遭。谁想到你如今把槽来跳。明知我爱你,故意来放刁。我与别人调来也,你心中恼不恼?"

内地改革开放以后,"跳槽"又衍生出新的义项:主动离职他就。岂料这引起了某些学者的愤慨。《信息日报》1997年1月20日以《"跳槽"原是语言垃圾,沉渣泛起应引起警惕》为题,介绍了江西省考古研究员陈江先生的观点。陈先生痛斥道:"这种社会色情方言'跳槽'一词,在沉寂数百年后,伴随着一度复苏的花柳病毒沉渣泛起,卷土重来,由死而未僵的行业(色情业)方言,发展演变为改革开放新形势下男女老少人人喜闻乐道的群众性方言,遗毒浸深贻害匪浅。"(此文被多家媒体转刊)其后,幼辛先生亦在《羊城晚报》(1998年1月2日)撰文批评时人所说的"跳槽",其观点与陈江先生大体相同。

笔者对上述见解很不以为然。

知,语言既是一种文化现象,又是一种社会现象。因此,在历史的进程中,它往往随着社会的变化而变化。其中,语义的衍变是重要方面。

《羊城晚报》1994年6月17日有《妻子跳槽,丈夫捅刀》一文,报道湖南一妇女刘氏外出在发廊打工,与店主王某结为露水夫妻。其夫得知后,将妻子杀死。显然,标题中的"跳槽",非指男性,而是用于女性,对象明显发生了变化。而这种变化,我们能不认可?!至于以"跳槽"喻另谋他职,也是完全合乎情理的。如前所述,其本义乃"牲口离开所在的槽头到别的槽头去吃食"。既然如此,从本义派生出"谋职他就"一项新义不是顺理成章么?知"跳槽"作为嫖妓隐语也是从本义派生出来的。何必将"跳槽"的新义与嫖妓扯在一块而大加挞伐?至于说"跳槽"是"语言垃圾",更是难以认同的。

笔者手头有几份很典型的材料。新近出版的《深圳城市病》①一书,一连使用了十几次"跳槽"。1998年3月19日《信息日报》用两版篇幅刊登了大型采访记《都市人,你为什么跳槽?》,短短的"编者按"中,一连使用6次"跳槽",文中被采访的16人中,有14人35次使用了"跳槽"一词。他们的意思完全一样:离职他就。显然,"跳槽"千真万确成为"男女老少人人喜闻乐道的群众性方言"(陈江先生语),其势已不可逆转。看来,语言的运用与发展自有其特殊规律,并不以个人的意见为转移。

---

① 严凌君著,新华出版社,1998年6月版。

【中国】甘阳

010

将错就错①（2则）

前人留给我们的东西，有许多宝贵的财富，值得代代相传；也有许多错误百出的东西，需要后人不断辨析，重新判断。古董并非等于宝贝，传统必须审视，这是我们对待历史和文化的一个必不可少的立场。所谓"全信书，不如无书"。怀疑精神的建立，是青年时代的一门必修课。当代学者甘阳戏言："天下本无对与错，权且将错就错。"你看他如此认真地考据"公元"的来历，剖析"移鼠"和"耶稣"两个译名的文化含义，就可以明白，作者并不是在"游戏学术"，而是提醒人们，在生活中保持一份文化的警觉。

将错就错

据说今年是公元第1998年。这是什么意思呢？我们中国人从周厉王共和元年以下的准确纪年已有2800年以上，平常说法是"五千年中国文化"，怎么弄到现在反而不到两千年了？

当然有人立即会说，这公元是西元，即按照西方的历史纪年来算的。但这实际上同样不对。西方文明的三个历史源头无论是古希腊、古罗马，还是古犹太，都不是按现在这个纪年方法来计算的，而且它们每一个的历史到现在也都远不止1998年。例如古罗马的历史纪年方法一向是以传说中的罗马建城那一年开始算起，按这个历法，则今天所谓的公元"元年"在罗马人是建国第754年。古希腊人的纪年方法则一向是以四年一次的奥林匹克运动会来计算的，我们说的"公元"第一年，他们已经开第195次奥林匹克了。至于古犹太人的历法就更复杂了，因为他们是从始祖亚当算起的，我们知道始祖亚当一个人就活了930岁，这么算下来到现在总有好几万年了。

我们现在因此要问这所谓公元"元年"到底是怎么弄出来的？博学先生们

---

① 选自甘阳《将错就错》，三联书店，2002年版。

或许会告诉我们,"元年"就是基督教的耶稣生下来那一年。但这实际上又是错的。因为如果耶稣真有其人的话,其生年可考的史料迄今只有两条,一条见于《马太福音》,另一条见于《路加福音》,这两条史料恰恰又是不一致的。根据《马太福音》,耶稣出生在古犹太阿罗大王(King Herod the Great)死去那年,如此则耶稣应该出生在今天所谓"公元前"第4年,因为这位大王是在那年死的。而根据《路加福音》,则耶稣出生在罗马帝国人口普查那一年,这是公元第6年或第7年的事。总之,如果《马太福音》是对的,则我们今天不是什么1998年,而是应该还在1994年;而如果《路加福音》是对的话,则我们现在早已过了2000年!总之不管根据哪条史料,现在的所谓"元年"都是错的。今天全世界都沿用的这个纪年,实在都拜托一个名叫第欧尼修斯(Dionysius Exiguus)的希腊正教修道士,他在今天所谓公元6世纪初时,不知怎么算出来耶稣死于罗马建国第754年,因此称那一年为"我主之年"(anno Domini),而把这之前的时代统统都称为"基督之年"(ante Christum),于是罗马建国那年就成了"基督出生753年前"了。他这个把"元年"首先就弄错了的纪年居然后来在基督教世界流行了起来,逐渐真的成了基督教的纪年法,现在又以讹传讹地成了全世界的纪年。

我们人类实在历来就生活在以讹传讹之中,所谓真理大多是将错就错的结果罢了。史家们的诸多争论,例如曹雪芹到底死于公元1763年还是1764年,其实都可免了,因为"元年"都已经弄错了,其他的年头对不对还有什么要紧?

当年在北大读书时曾有一句口头语,现在看来仍是颠扑不破的唯一真理:天下本无对与错,权且是将错就错!

1998年元旦

移 鼠

要是问中文中的"移鼠"是什么意思,只怕没有几个人答得上来。其实"移鼠"就是基督教的"耶稣",亦即中国人在最初是用"移鼠"这两个字来翻译"耶稣"这个词的。

基督教的尼斯托利派(Nestorians)在我国唐代传入中土并曾一度流行于唐朝全境,在中国被称为"景教"。据说唐太宗曾特准建立景教寺,而唐明皇更格外宠幸过景教,直至武宗禁教后,景教逐渐衰亡。但唐代景教的流行留下了最早的中文基督教文本,即今日所谓景教文献。最近香港道风山出版的《汉语景教文典诠释》(北京三联书店随后亦出有简体字版),收入迄今发现的八篇景教文献。其中最早的《序听迷诗所经》将圣母"玛利亚"译为"末艳",将"耶稣"译为"移鼠",因此就有这样的句子:"末艳怀孕,后产一男,名为移鼠。"

　　将耶稣译为"移鼠"的人是信徒，当然并无恶意，只是纯粹取其译音而已。但近世研究景教的中国学者则颇感不快，觉得把耶稣和老鼠弄在一起不成体统。某位专家批评说：

　　耶稣这名词在基督教中是生命所寄托的名词，自当用上等些的汉字才好。可是在中国一千三百年来从未用过好看的字。就是"耶稣"两个字也是不敬的。其不敬之尤者，要算《序听》中所用的"移鼠"二字了。名字取音，原没多大关系，但在重视名教、重"正名"的古代中国人看来，总是不妥当的。

　　这段话实在妙不可言，因为它点出了汉语翻译文献中的音译常倾向于带有某种褒贬，即这位先生所谓有些地方应该用"上等些的汉字"（从而也就有"下等些的汉字"），或"好看的字"（从而也就有"难看的字"）。我们现在不妨问，现代中国人通常翻译时，碰到什么情况偏向用"上等些的汉字"和"好看的字"，什么情况下偏向用"下等些的汉字"和"难看的字"？

　　答案很简单，凡碰到洋人、西方的东西，现代中国人一定会精心挑选"上等些的汉字"或"好看的字"。只要看着国名的译法就知道了，例如：美利坚、英格兰、法兰西、意大利、德意志，等等。如果把America译成阿糜傈伕，或把England译成阴格冷，那中国人肯定觉得有什么东西不对了，就像把"耶稣"译成"移鼠"，好像要给人吃耗子药一样。

　　但另一方面，只要碰到的是非洲和拉丁美洲等，那对不起，只好用用"下等些的汉字"和"难看的字"了。例如看看这些国名的译法：厄瓜多尔、尼加拉瓜、乌拉圭、巴拉圭、扎伊尔、突尼斯、毛里求斯、洪都拉斯、坦桑尼亚、危地马拉、加蓬、乍得、毛里塔尼亚，尽令人想起倭瓜或茹毛饮血什么的。

　　不久前北京知识界争论Edward Said等提出的所谓"东方主义"（Orientalism）问题。大多数人反对，认为"东方主义"是"反西方"的，不应在中国提倡。有高明者特别提出，目前把Said的名字译为"萨伊德"有美化之嫌，因为Said是阿拉伯姓名，应该"按照国内通行译法根据阿拉伯文译为'赛义德'，就不难了解这位学者的族裔背景了"。这意思是说，Said是阿拉伯人，不是西方人，而我们中国人应该听西方人的，不要听阿拉伯人胡说八道。

　　惜乎西方人似乎宁可听"反西方的赛义德"高谈阔论，弄得"亲西方的中国知识分子"在悻悻怏怏之余，也只好跟着大谈赛义德了。

【苏联】帕乌斯托夫斯基

李时 译

一束假花①

　　当一个人产生自动抒情的欲望的时候（属于青春期症候群之一），他把情感落墨成文，就像农夫播种一样，点播心灵的悸动。这些抒情的幼芽长满忧郁的岁月，把成长中莫名的忧伤再用莫名其妙的华丽的文字复写一遍。这些文字，一般而言，是自我陶醉的产物，它并不能开出文学的鲜花，它是"一束假花"，功效仅在于自我情感的疏导。爱好文学的青年，一般都有过"制造假花"的经历，只有少数人能够再向前一步，去掉对华而不实的虚饰之词的迷恋，走进真正的文学殿堂。

　　当我想到文学工作的时候，我常常问我自己：这是什么时候开始的？一般是怎样开始的？是什么东西第一次使人拿起笔来而一生不放下的呢？

　　很难想起来，这是什么时候开始的。很明显，写作，像一种精神状态，早在他还没写满几令纸以前，就在他身上产生了。可能产生在少年时代，也可能在童年时代。

　　在童年时代和少年时代，世界对我们来说，和成年时代不同。在童年时代阳光更温暖，草木更茂密，雨更霡霂，天更苍蔚，而且每个人都有趣得要命。

　　对孩子来说，每一个大人都好像有点神秘——不管他是带着一套刨子、有一股刨花味儿的木匠也好，或者是知道为什么把草叶染成绿色的学者也好。

　　对生活，对我们周围一切的诗意的理解，是童年时代给我们的最伟大的馈赠。

　　如果一个人在悠长而严肃的岁月中，没失去这个馈赠，那他就是诗人或者是作家。归根到底，他们之间的差别是微细的。

　　对生活即对不断发生的新事物的感觉，就是肥沃的土壤，就在这块土壤上，艺术开花结实。

---

　　① 选自帕乌斯托夫斯基《金蔷薇》，漓江出版社，1997年版。

当我还是个中学生的时候，我当然写过诗，而且写得如此之多，一个月里竟把一大厚本笔记簿写满了。

诗写得很坏——绮靡，矫饰。而我当时却觉得很美丽。

这些诗我现在已经忘记了。仅仅还记住几节。譬如：

> 嗷，摘去那枯茎上的花朵吧！
> 雨丝儿静静地落到田野上。
> 在那燃烧着绛红色秋天落日的天边，
> 黄叶纷纷飘零……

这仅是一点点。越到后来我就越把什么华丽的东西，连那毫无意义的美都硬塞进诗里去了：

> 怀念可爱的萨迪的忧伤，闪烁着蛋白石的光芒，在那迟缓的岁月的篇章里……

为什么忧伤会"闪烁着蛋白石的光芒"，无论是当时，还是现在，我都不能解释。仅仅是文字的音调吸引了我。我没考虑到意思。

我写海的诗最多。在那个时候我差不多不知道海。

不是一个固定的海——既不是黑海，也不是波罗的海和地中海，而是盛装的"一般的海"。这个海汇合于千奇百怪的色调，各种铺张以及丧失了真实人物、时间、真实地点的奔放的浪漫主义精神。在那个时候，这种浪漫主义精神在我的眼中，宛如浓密的大气一般，围绕着地球。

这是冒着泡沫、快乐的海——是长着翅膀的船和勇敢的航海家的故乡。灯塔在海岸上闪着绿宝石的光辉。在港口里，无忧无虑的生活蓬蓬勃勃。美丽得罕见的黝黑的女人，按着我这个作者的意志，陷入了残酷的热情的焚烧。

实际上，我的诗矫饰一年少似一年。这种异想天开一点一点地从我的诗中消散了。

但说实话，童年时代和少年时代总免不了有点异想天开，我们且不去管他是对热带的还是对内战时期的幻想。

异想天开给生活增加了一分不平凡的色彩，这是每一个青年和善感的人所必需的。

狄德罗说得对，他说艺术就是在平凡中找到不平凡的东西，在不平凡中找到平凡的东西。

无论如何，我不诅咒我童年时代对异想天开的迷恋。

在童年时代，谁没围攻过古代的城堡，谁没死在麦哲伦海峡或新大陆海滨风帆被撕成碎片的船上，谁没和恰巴耶夫一起坐着马车奔驰在外乌拉尔草原上,谁没寻找过被史蒂文生那样巧妙地藏在一个秘密的荒岛上的宝库,谁没听过鲍罗金诺之战的旗帜拍打声,谁没在印度斯坦的不能通行的密林中帮助过毛格里[1]?

我常常在乡村里居住,细心观察着集体农庄的孩子们游戏。在这些游戏中总有坐着木筏横渡大洋(在一个名字不大好听的叫做"牛犊"的小湖上)、飞向星球或发现神秘的国度等异想天开的事。譬如,邻居的孩子们在牧场上发现大家都不知道的国家。他们把它叫做"海湾"。那地方是一个湖,湖岸有很多湾子,生着那么多的芦苇,仅仅在中央能看见一汪湖水,好像一扇小窗子。

当然异想天开没一下子从我意识里消失。它保存了很久,好像凝定的丁香的气息,停滞在花园里一样。它在我的眼睛里改变了熟悉的、甚至有点讨厌的基辅的面貌。

落日把它的花园都染上了金黄色。在第聂伯河的对岸,在黑暗中打着闪电。我觉得那里伸展开一个未知的——骤雨和潮湿的——国度,充满了树叶遁走的声音。

春给满城撒下了瓣上带着红斑点的浅黄色栗子花。它们是那样多,在下雨的时候,落花集成的堤坝堵住了雨水,几条街道变成了小小的湖沼。

雨后,基辅的天空像月长石镶的屋顶一般灿烂。我突然想起一首诗来。

> 春天的神秘的力量君临着一切
> 在她的额角上闪烁着群星。
> 你是多么的温柔,你约诺我以幸福。
> 在这无凭的尘世上……

我的初恋也和这个时候关联着——那个奇妙的内心状态,觉得每一个少女都是绝美动人的。在大街上,在花园里,在电车上,倏忽一现的任何一种处女的特征——羞涩但亲切的流盼,头发的香气,微启的朱唇里露出来的皓齿的光泽,被微风吹裸出来的膝盖,冰冷的纤指的触摸——所有这一切都令我想到,在这一生里,迟早我也会堕入情网。我是很相信这一点的。我是那样喜欢冥想这件事情,而且我是那样想过了。

每一次这样的邂逅都使我开始感到一种无名的悲伤。我那惨淡的,说来也蛮痛苦的青春大部分就在这些诗中,在这些模糊的激动中消逝了。

不久我就放弃写诗。我明白了这是华而不实的虚饰,是涂上漂亮颜色的刨花做的花朵,是一层箔纸上的镀金。

丢开诗,我写出了我的第一篇文章。

---

① 西亚的一个民族。

【中国】韦君宜

编辑的忏悔①

文学有真假

016

　　还有一种成年人的"假文学"，都是由那些大名鼎鼎的"作家"制造出来的。政府和政客出于某种政治需要，强迫对人心最富有感染力的文学，充当了政治的奴仆，逼迫作家们去伪造生活，伪造文学作品。忠实于生活，本是文学的天职。伪造生活的文学，自然是假文学了。本文是一位有良知的资深编辑对文学的"忏悔"——在"文革"期间，文学变成了政治的工具，政治需要什么样的反面人物，都可以凭空捏造出来，而且，作为编辑，必须帮助作者捏造出来。然而，这些凭空捏造出来的形象，却往往成为今后生活现实的预告。看来，作者似乎没有编造生活，因为这些假设的敌人，在现实中，后来真的被打成了"坏人"。编造的"文学"，却预报了现实，真是令人恐怖的"黑色幽默"。是现实不正常，才有不正常的文学。先有虚假的生活，后有虚假的文学。

　　卢梭的《忏悔录》，记录了他平生见不得人的事情，有损自己人格的事情。我想，我们中国知识分子，如果尽情去写，写写这些年都搞了些什么运动，写了些什么文章，那真要清夜扪心，不能入睡了。

　　1973年，我离开干校，回原单位，算是得到了真正的"解放"，实则是回到了真正的囚笼，真正去做自己应当忏悔的事情去了。

　　我虽不再当领导，上有军宣队，却也算做了社领导小组的一员，管业务，就是管组稿出书。但是，这时哪里还有什么作家来写稿呢？有的进秦城监狱了，有的下干校了。要出书，就要靠"工农兵"。换句话说，靠不写书的人来写书。我才从干校回来，那些先回来的被结合的"革命派"就告诉我，今后一切必须依靠党——先依靠党委选定主题和题材，再依靠党委选定作者，然后当编辑的去和作者们研究提纲；作者写出来，再和他们反复研究修改，最后由党委拍板。至于"三突出"等等原则，不必赘述。

---

　　① 选自筱敏编《1979~2001人文随笔》，中国工人出版社，2002年版。有删节。

我心中想定自己的原则,今后决定不再发表只字作品。但是对于别人的作品,我却不得不管,无法逃脱。于是我开始一个一个地和这些作者接触。

这些作者,大部分是生平从未写过任何作品的人。往往是组织者接到党委指令,某某题材重要,于是便把这些人集中起来。这些人中有具备一点写作能力的,有勉强拼凑完成任务的,有想学时髦写几句的,还有很想写自己的生活但是对于这生活没有认识的,或者自己的认识与领导的意图完全两样的……而我这时的任务,就是把着他们的手,编出领导所需要的书来。

我记得我第一次需要编进去的内容就是"以阶级斗争为纲"。这一条使得作者和我都动尽脑筋。有一本在当时销了好几十万的书,叫《千重浪》,故事原是写的"走资派"不准搞机械化,农民积极分子弄了些拖拉机零件来,自己制作了一台拖拉机。生活内容很少,也不大有现实性,但好歹也还算一件说得过去的事。但是,不行,要阶级斗争,那就得把意见不同的双方写成两个阶级,敌对阶级还要具体破坏,这就更难了。作者想出一个隐藏在地窖里多年的人,这是从报纸上抄录的。但是,还不行,如何破坏拖拉机?作者从没有见过。我这编辑的主要任务就是帮助作者把"作品"编圆。于是我带着作者跑到一个有拖拉机的农场里去,请拖拉机队长给我们讲破坏拖拉机的窍门儿。如是,就算我帮助作者深入了"生活"。

我这样做,曾想过这完全不是艺术吗?当然也偶然想过一下。但那时想的最主要的根本不是什么艺术不艺术,而是任务。这个时代,给我的任务就是编出这样的书来,使它像个故事。我是一个补鞋匠。记得有一本书叫《东风浩荡》,写一个"资产阶级思想"的工程师和一个无产阶级思想的工人的斗争,一开始就是两个人整整空论了一章。我一看,这样多空话,读者看得下去吗?劝作者删一删,这就是我的"艺术加工"了。

浩然的《金光大道》,是当时的范本,因为他能编得比较像个故事。其中当然必须有阶级斗争,又必须有故事,他就编了一个"范克明",地主化装当炊事员,搞阶级破坏。自从他这一招问世,于是纷纷模仿,有男地主化装为女人的,有用烟头破坏自己的脸化装为麻子的,所谓"十八棵青松"都是如此栽成。几位作者听说阶级斗争要提得越高越好,不能只写些农村土地主,于是就提高到局长是混进革命队伍的坏人,又提高到"苏修"和国民党直接派进来的特务。既然一定要写这些东西,而作者对这些又实在毫无知识(不是说生活),于是要编辑帮忙。我实在无法,正赶上文化宫有公安局办的特务罪行展览会,我就出主意,带着两位作者去参观。也真亏他们的脑筋灵,看了两回就有了故事,后来小说居然出来了。

这样的小说,那时还多的是。像《伐木人》《铁旋风》《无形战线》《朝晖》《晨光曲》《钻天峰》……一年好多本,完全不能算作艺术。但是,是这些作者有意逢迎上级、破坏艺术吗？不是，有几位作者很有生活，例如森林生活、农村生活、学校生活，有的段落写得很真实、很动人，但是整体构思却完全是捏造的，作者不得不随波逐流地去捏造。如果现在我不说出这真情，我将永远都对不起他们。

我记得当时的大作家浩然，他那个《金光大道》的架子实际上是由编辑帮他搭的，先卖公粮，后合作化……前边我不清楚，到写第二卷时，我从干校奉命调回社来，接任责任编辑。管这部书的编辑组长，是由外单位调来没当过文学编辑的一位造反派，他看了稿子就说："书中写的那个时候，正是抗美援朝呀！不写抗美援朝怎么成？"但这一段故事，实在与抗美援朝无关，作者只好收回稿子，还是把抗美援朝添了进去。那编辑组长再次提到，在四五页稿子上，每页均加上"抗美援朝"，又把小标题《堵挡》，改成颇有战斗性的《狙击》，把《让房》改为《让房破阴谋》。记得浩然苦笑着对我说："我不同意他这么改，没有别的意思，只是还想保护一点点我的艺术创作……这个人像念咒似的一句一个抗美援朝……"

还有一位中学教师胡尹强，写的中学生活，主题是按照当时的教育思想，反对死读书，要动手做，内容还真实活泼，符合生活的。我又是在半中间接手这本书。书中的老校长，可以看得出是一个热爱教育、一心教好学生的人。但是到了我接手时，已经被改成了一个"走资派"。作者写他为了让学生及时回来参加毕业考试，自己连早饭都不吃，拿着两个包子亲自跑到水利工地去找学生，这实在叫人不忍说他是"走资派"。可是怎么办呢？他的性是定了的。作者最后无奈，改成了洪水，全县生命财产危在旦夕，这校长竟为了学生成绩，把正在战斗的学生从堵洪水的大坝上硬拉走了。我说："不行，如果全县发了这样大水，县委也得下令各单位先停止业务，大家抢险。这么改说不通。"但是没办法，必须让这个校长当当"走资派"。我也别无他法，竟同意了——同意把一个艺术形象砍杀了。

有一本我奉派去延安组织插队青年写的，歌颂"第一号英雄人物"的小说。我物色到了两个下放插队的姑娘，文笔不错。"第一号英雄人物"选定为她们插队青年中一个挺泼辣能干的姑娘。第一稿，老实说是不错的。写这些青年想法儿改善那穷得要命的陕北农村，做种子改革实验，和不卫生的习惯斗争，自己冒险学做医生，救活农民的孩子……大概都是作者亲身经历的。糟糕就糟在那"以阶级斗争为纲"，要找出一个地主做斗争对象。但是，陕北土改已经过去五十来年了，又是真刀真枪干的，不是和平土改，那时候人人知道的口号是肉体消灭地主。到了这时候，哪里还找得出地主？不是杀光也是死掉了。说陕北还有土地革命前遗留的地主，当地农民听了也会诧为奇谈。我主张可以写一个新生资产阶级分子作为斗争对象，闹一次反贪污就完了（作者原来有写贪污案的意思）。但陕西文化局派来指导的同志认为，这样的阶级斗争还不尖锐，坚持用地主，于是把这地主编成是从外地偷迁来的。最后要生死斗争,地主开闸放水,女英雄拼死堵闸门。作者说:"我从未见过这种水闸。"那位同志就领着作者去参观并讲解,最后这样照写了。年轻的女作者对我悄悄地说:"我实在不愿意让我的女主人公(也就是真实生活中她的同学)去和那个老地主在水里肉搏一番,那成什么局面?怎么下笔……"我懂得她的意思,这不是叫她创作,这是侮辱她。干脆说,侮辱一个作者。但是在我们那天开会"集体创作"中还是通过了。我也屈从了。天,我干了什么事情!

这类事情我还遇见过多次。起初是斗地主,后来提高为斗负责干部、老干部、知识分子干部。记得那部写伐木人的,起初是说那个局长在育林指导思想方面有错误(主张大伐,而不主张着重多育),这还说得过去。到后来追他的思想根源,原来那位正确的书记是工人出身,这位错误的局长是知识分子出身。再追下去,当年他参加革命不是真的,参加学生运动也是骗人,甚至他还偷偷做过出卖人的事,说什么老干部全是假的……这还有什么说头呢?

接二连三,都有这类情节。一个很难得的蒙族工程师硬要搞保守,只有工人出身的技师(技术员)才肯搞创造;一个现在北京的大学教授、学术权威,原来是个大特务,在指挥破坏矿山……当小说已经写到凡知识分子全是坏蛋的程度之后,我起先觉得,这无非就是按照现在的大字报给我们满脸涂黑而已,我本人只当登台陪斗,看着书中人物挨骂却无能为力,叫我有什么办法替他们一个一个翻案?

到后来,看稿看得多了,渐成习惯。好似看那些诬陷别人的刀笔吏的讼状,知道它反正是假的。只有一点难过之处,就是我自己必须参加帮忙制造这种刀笔吏的讼状。这里面有些文章,说的那些罪状,好似过去我确曾见过的某些人的罪行,都是通告了的,罪大恶极,而实际上竟不是那么回事。

记得一位比我早三级的同学熊大缜,平时不大活动,很用功,从抗战开始,他这个书呆子便抛弃了出国留学的机会,大学助教不当,跑到冀中参加革命。他是学工科的,在部队主持科研工作,制造了炸药、手榴弹,还跑北平为部队采购药品和电台。谁想到,这个人后来竟以特务罪被枪毙,而且正式通报,明正典刑。同学们见到都既惊讶又传以为戒,一提起他就是"隐藏的坏人"。又有谁想到,过了几十年后查清,原来是场冤狱!

还有一位,北平"一二·九"运动中的知名人物,北平市学联的常委王文彬,1938年还在武汉负责筹备全国学联大会。会散后,领导上留他在武汉工作,他却执意要回山东微山湖拿枪杆子抗战,说:"我们给国民党帮忙帮得够多了,我要回去拉我们自己的队伍去了。"这样一个人,却在微山湖的"湖西肃反运动"(闻为康生领导)中被定成"反革命",枪毙了!可能因为他是学生运动中的名人,消息开始传来的时候，都没有人告诉我们真情，只听说他是抗日"牺牲"了的。所以杨述曾写过追悼他的诗，还说是："我闻君就义，矢志与君同。"到后来才知道是这么一个死法，早知如此，是决不能"与君同"的。

这些人，他们的身份就和当时我们那些小说里写的知识分子坏蛋一样，公布的罪状也一样。但是，这是多么可痛可恨的捏造，多么无耻的罗织诬陷啊！这也能叫做"文学"吗？我为什么特别喜爱朴素的真实的作品，而一见到想以编造一鸣惊人的作品就往往自然地反胃，非有他也，就是这点病根。

由此我联想到当时很多很多小说，凡写知识分子的几乎全坏，凡写工农兵出身的全好——这就叫"歌颂工农兵"（自然也不是真的工农兵），否则叫没立场。当然，知识分子也有投敌的，也有怯懦的，也有庸庸碌碌的。各种人都有，都可以写。但是，让我们这些当编辑的掌握这么一条按阶级出身划分清浊的标准，而且一概按此执行，这是什么？这不是作者给人物抹黑，也不仅是当编辑的自己陪斗，这是人对人的基本态度！

后来我想了很多很多该忏悔的事情。我为什么抛弃了学业和舒适的生活来革命呢？是为了在革命队伍里可以做官发财吗？当然不是。是认为这里有真理，有可以救中国的真理！值得为此抛掉个人的一切。那么又为什么搞文学呢？自然也不是为了挣稿费或出名，是觉得文学可以反映我们这队伍里一切动人的、可歌可泣的生活，叫人不要忘记。但是现在我在干这些，在当编辑，编造这些谎话，诬陷我的同学、朋友和同志，以帮助作者胡说八道作为我的"任务"。我清夜扪心，能不惭愧、不忏悔吗？这一点自知之明，我早就有了。

"四人帮"垮台之后，我才忙着下令，让当时正在炮制中的这类"青松"式作品赶快停工。但是有许多部作品正在进行中，有的编辑单纯从业务出发，觉得半途丢掉太可惜，还有的已经改完了，发排了。为了这些事，我和一些同志争论过。同时，我尽力帮助一些好作品，反映真实的作品，能够出版，和读者见面，这实际上都是一种忏悔自己错误的行为。后来有的同志写文章，对于我这样当编辑颇有褒词。而我还能有别的改正自己罪过的做法吗？我有罪过，而且没别的改正的做法了。十年内乱，自己受的苦固然有，也应该把自己忏悔拿出来给人看看，不必那么掩饰吧。我这么想的。

有人说自己当时是"拉车不认路"，真的吗？真是看不见路吗？让我们想想当时暗路两旁的状况吧。

【中国】郁之

《钢铁》是怎样修改的①

苏联作家奥斯特洛夫斯基的自传体小说《钢铁是怎样炼成的》,影响了新中国几代青年。这部书的出版稿对原稿进行了多处删节,这些删节不是出于完善作品的文学性,而是突出作品的政治性。分析这些被删节的文字,读者可以窥见政治是如何玩弄文学的,进而理解在极权制度下,文学的悲哀与作家的无奈。

出版社编辑部帮助奥斯特洛夫斯基对原稿作修改时,有一个指导思想:"生活中的存在是一回事,而文学中的展现是另一回事。"文学不是服从生活,而是服从政治,这在当时是没有办法的事情。

去年50周年国庆,《出版广角》评选"感动共和国的50本书",文学类入选的头一本,是苏联小说奥斯特洛夫斯基的《钢铁是怎样炼成的》。我是认同这个选择的。青年时期经历过革命战争或者开国创业的人们,恐怕大都也是认同这个选择的吧。因为这部抗日战争期间就已翻译介绍到中国来的书,塑造了保尔这位为建立和建设苏联而英勇献身的平凡的青年英雄,的确感动了为建立和建设新中国而竭诚奋斗过的几代中国青年。认同这个选择,也就是认同自己青年时代对人生道路的基本选择。

几年前听说此书出了"全译本",恢复了出版时被删节了的全书的原貌。后来又听说"全译本"的说法不对,过去出的译本,是作者最后定稿的本子的全译本,不是删节本。但作者在付印定稿前,的确对草稿作了若干删节。所以,人民文学出版社新出的本子,按照苏联1989年新版的材料和格式,在尊重作者定稿的同时,又用另外加注的办法,公布了定稿前作者自己和应编者要求作者同意所作删节的一部分段落,总计约50多处,共4万多字,为定稿总字数的八分之一。我早有心了解一下《钢铁》是怎样修改的,一直没有去做。现在才找出新译本来读了一读。

开篇就有修改,删去了童年保尔受母亲影响信过宗教的描写。在写到保尔对

---

① 选自祝勇编《对快感的傲慢与偏见·中国读书随笔菁华》,时事出版社,2001年版。

冬妮亚的最初迷恋时，删去了保尔"为了姑娘的眼睛"而勇敢地从悬崖上往湖里跳下去的情节。这显然是出于英雄人物要尽量写得完美无瑕的美学观点。按这样的观点来修改原稿，我以为不能说是"得"。悬崖跳水的情节，原稿中曾用不少笔墨几次写过。第一次是在冬妮亚给女友的一封长信里；第二次是保尔在危难中同冬妮亚分别，整夜厮守，私订终身时；最后是在同冬妮亚分手时，这一次保尔向冬妮亚说："那时候，我为了你的眼睛从悬崖上跳了下去，回想起来真是惭愧。现在绝对不会再跳了。用生命去冒险是可以的，但不能为了姑娘的眼睛，而应该为了别的什么，为伟大的事业。"这些统统删去了。留下这些，不是更能表现保尔从幼稚到成长的过程吗？

在爱情生活方面，删去了丽达与谢辽沙在战场上结合的几段描写，只留下两句点到了两人的爱情关系。

在政治内容方面，一个重要修改是删去了关于保尔曾经对新经济政策感到迷惑，而一度参加了"工人反对派"，被开除了团籍，最后又提高觉悟，被接纳重新回到团内的好几页文字。如果说前面所作删节，是为了美学观点，那么这里所作的删节，恐怕就是为了政治观点了。看来，一是怕这个情节"损害"了英雄人物的政治形象，二是怕这个情节"美化"了"工人反对派"这个"反党集团"。出版社编辑部帮助奥斯特洛夫斯基对原稿作修改时，有一个指导思想："生活中的存在是一回事，而文学中的展现是另一回事。"文学不是服从生活，而是服从政治，这在当时是没有办法的事情。

删去了许多人名和与这些人名有关的一些段落。这显然是适应当时的政治情况。这些曾经显赫一时的领袖人物，如托洛茨基、亚基尔、布留赫尔（就是参加过中国大革命的加伦将军）以及其他一些人，在30年代陆续被当做"反革命"给清洗了，所以名字再不能作为正面人物在书中出现。这在当时也是没有办法的事。由于被删去的许多名字，是在30年代后期即奥斯特洛夫斯基去世以后才被列入"人民公敌"名单，奥氏生前不可能知道他们后来的命运，这些删节显然不是作者自己所为。不过，这些人物并不是小说中描写的人物，而是叙述历史背景时顺便提到的人物，删去或者虚化几个名字，就小说的描写来说，倒也说不上有多少"失"。

删去了同托派斗争过程中双方争论的长篇发言的许多段落。为什么要删掉这些？按说，小说草稿中这些描述的政治方向与当时当局对托派斗争的调子是完全吻合的呀。但是，既然是描写争论，就不能不描写双方对对方的攻击和为自己的辩护，不能不描写双方各自的心态。而这样一来，托派分子的"恶毒攻击"和"无耻狡辩"，不就"扩散"开来了吗？所以，作这些删节，大概是为了"防扩散"。不过，这些政治争论的冗长描写，对文学作品而言，并不生色，多删去一些，也说不上有多少"失"。

此外，还有一些删去的段落：关于革命队伍内部某些粗暴行为的描写；关于落后市民中政治上某些浑噩状况和落后青年中某些放荡生活的描写；关于保尔妻子达雅家庭的落后和反动的描写；等等。看来都是为了"净化"的考虑吧。

原版编者说："如果出版一个将从前所有未发表的材料都纳入其中的研究性版本，必将引起读者们很大的兴趣。"

我感兴趣的，不在于文学技巧的推敲这方面，而在文学作品中政治描写和思想倾向的变动这方面。这后一方面，其实是文学史的一个政治侧面，或者说是政治史反映到文学作品的修改的一个侧面。在我国，这样的情况同样是有的。

老舍的《骆驼祥子》、曹禺的《雷雨》，在新中国成立以后出版时都是作了一些情节的删改的。如果我记得不错，《骆驼祥子》新版删去的情节，是原书中的一个共产党员，为了"领卢布"去组织车夫罢工，而被祥子出卖。《雷雨》新版删去了颇有神秘和命定色彩的序幕。我以为应当尊重作者对自己作品所作的改动，这些改动中有些显然是合理的，反映了作者在政治大变动中对历史和生活的重新思索，对自己作品的精益求精。是不是也有今天看来未必全都适当的地方，可以研究。在尊重作者定稿本的前提下，作为历史文献本或者研究本，也把从前的版本印出来，对于研究文学史的这一个侧面，是不无益处的。

"文化大革命"中的情况又不相同。最著名是《欧阳海之歌》的修改。过去的版本中有一个情节，写欧阳海读刘少奇《论共产党员的修养》如何受到教益。"文化大革命"批刘少奇的"黑修养"了，作者不得不修改这个情节，改成欧阳海读这本书时如何感到无理、有害而把它扔到一边。这改写的一章当时还专门在《人民日报》上加以发表。再一个是《创业史》的修改，在当时的政治形势下，增写了描写刘少奇"反对农业集体化"的情节。我不知道这些书现在印行时采取怎样的办法处理这些修改的问题。最简单的办法大概就是恢复原状了。当时形势下所作的这些修改，当然是违背历史的真实的。但是，曾经有过这样的修改，确是又一个历史的真实，是研究"文化大革命"史所应当知道的。

【苏联】索尔仁尼琴

陈淑贤　陈大木　张晓强　译

地下作家①

文学有真假

024

　　在一个社会中，当作家自由创作权利被剥夺，能够面世的文学就是一堆文字垃圾。真正的写作变成了"地下工作"，没有发表的机会，作家凭着良知的指引，默默地偷偷地书写灵魂之书，这样的作家就成了"地下作家"。在他们身上，体现了文学和作家的尊严。

　　索尔仁尼琴（1913～2008），因言论获罪被监禁8年，平反后做中学物理教师，从事"地下写作"，1970年"由于他作品中的道德力量，借着它，他继承了俄国文学不可或缺的传统"而获诺贝尔文学奖，1974年被苏联政府驱逐出境，1994年回国，他的头像伫立在莫斯科街头，被誉为"俄罗斯的良心"。代表作有《癌症楼》《古拉格群岛》等。

革命者是地下工作者，这不奇怪。作家竟成了地下分子，这才是咄咄怪事。

　　对于为真理而忧心如焚的作家们来说，过去和现在的生活都从来没有轻松过（将来也不会！）：有的人被诽谤困扰，有的人死于决斗，有的人家庭生活破裂，有的人破产落魄处于难以摆脱的贫困之中，还有的人被关进疯人院，老死狱中。如列夫·托尔斯泰这样生活条件非常优越的作家良心受到谴责，内心也十分痛苦。

　　说来说去，转入地下，不担心世人了解你，或者相反，希望老天爷知道你，这是我们祖国作家的造化，是纯俄国的俄罗斯和苏维埃的造化！现已查明，拉季谢夫在死前不久写了一些重要的东西，并且把它们小心翼翼地深藏起来，藏得无比之深，以至于今天还未能发现，无从了解。普希金曾经巧妙地用隐语写出了《叶甫盖尼·奥涅金》的第10章，这是尽人皆知的。很少有人了解恰阿达耶夫长时间地采用密写方法创作。他把自己的手稿分散成单页，藏在自己家大图书室的各种不同的书页里。当然，对于卢布扬卡的搜查者这样并无效果，不论有多少书，检查人员总能从头到尾翻个遍，全都给你查出来（朋友们，不要往书里藏东西！）。然

---

① 选自索尔仁尼琴《牛犊顶橡树》，陈淑贤、张大木、张晓强译，群众出版社，2000年版。有删节。

而沙皇的宪兵竟没有发觉。恰阿达耶夫死去了,他的图书馆保存到革命时没有人动过,分散在各书页里不为人知的手稿一直在其中。20年代时手稿被发现,对它们进行了整理和研究,终于在30年代由沙霍夫斯基整理完毕准备出版。然而就在这时沙霍夫斯基被捕入狱(从此再没有回来)。恰阿达耶夫的手稿直至今日仍然秘密地存放在普希金之家(苏联科学院俄罗斯文学研究所)里:不准出版这些手稿,因为……其中有反动成分!

可以说恰阿达耶夫创造了俄国作家作品被扼杀的记录——他逝世已经110年,而作品还未发表,写了就写了,到此为止!

后来变得自由多了:俄国作家不再把写好的作品放在桌子里,只要愿意全都可以出版(只是批评家和政论家还需要选用些伊索寓言式的表达方式)。作家们能够自由地写,自由地动摇整个的国家结构,以至于使俄国文学得以培养出一代憎恨沙皇和宪兵的青年人,他们走上革命之路,进行了革命。

然而,当文学跨过它自己造就的革命的门槛时,很快就遭到了厄运:文学走进了并不是五彩斑斓的大千世界,而是一个天棚斜竖的小阁楼,四壁萧然,狭窄异常。苏联作家很快就明白过来不是什么作品都能通过检查。又经过大约10年,他们又了解到稿费收入可能变成铁窗和铁丝网。于是作家们又把自己写好的东西藏起来,还没有完全丧失在有生之年看到自己作品出版的希望。

被捕之前我对此中许多奥妙全然不了解。没有经过深思熟虑我就倾心于文学,并不明白我为什么需要文学和文学为什么需要我。只是因为很难为小说找到新鲜的题材而黯然神伤。如果不是把我拘禁起来,我是无论如何也不会想到自己会成为一个作家的。

被捕之后,经过了两年的监狱集中营生活,我已在不可悉数的题材面前椎心泣血,目睹的一切使我把它们当做难以辩驳的事实接受下来,深刻加以理解,不仅不会有人出版我的作品,就连一行字也需要我付出头颅作为代价。我没有迟疑、没有矛盾地领略到了为真理而忧心如焚的现代俄国作家的命运:写作的目的只是在于不忘怀这一切,指望有朝一日为后代人知晓。出版著作,我今生今世也不敢想象,决不存此奢望。

于是,我摆脱了无谓的幻想。代之而来的是一种信念:我的工作不会是徒劳,我的作品矛头所向的那些人终于会垮下去;我的作品如肉眼见不到的潜流奉献给另一些人,而这些人终将会觉醒。我以一种永世的沉默屈从于命运的摆布,我永远不可能让双腿摆脱地球的引力。我写完了一部又一部作品,有的写于劳改营,有的写于流放中,有的是在恢复名誉之后创作的;开始写诗,后来写剧本,最后又写散文作品。我只有一个希望:怎样保住这些作品不被发现,与此同时也就保全了我自己。

为了做到这一点，在劳改营里我不得不把诗背诵下来——有几万行之多。为此我想象着诗的格律音步，在押解途中把火柴杆折断弄碎练习着摆来摆去。劳改期届满时，我相信记忆的力量，开始写下散文中的对话并把它们背熟，后来竟能写下并记住整个一篇散文。记忆力还真不坏！进展顺利。我花费越来越多的时间把每个月背诵下的东西重复一遍，一周可以记住一个月的东西。

这时，开始流放，而且在流放之初又发现我得了癌症。1953年的秋天，好像我是在和生命最后诀别，活不上几个月了。12月，医生们（也是被流放的伙伴）证实我最多还能活三个星期。

我的生命，连同我在劳改营中记诵的一切全都面临毁灭的危险。

这是我一生中最为可怕的时刻：在临近解放时瘐死狱中和我写作的一切（这是我在此之前生活的全部意义所在）功败垂成。我深知苏联书刊检察机关的特点，我不能向外间的任何人呼救：快来吧，拿走吧，快来拯救我的著作！而且根本不能求助于外人。朋友们，他们都是劳改营里的犯人。母亲已经谢世。妻子又嫁了别人。我终于还是邀请她来同我再见最后一面，也许她能把手稿顺便带走。但是，她并没有来。

在医生们许给我的这最后几个礼拜，我仍不能逃避不到学校工作，可是我连续许多个夜晚，在由于疼痛而彻夜不得安眠的时候，急匆匆地、零敲碎打地写个不停，把纸页卷成筒形，把一个个小纸筒装进香槟酒瓶里。我随后把酒瓶埋在自己的菜园里。1954年新年前夕，我去塔什干，准备在那里升天。

但是，我并没有死。（我得的是严重的恶性肿瘤，耽误了诊治，根本没有希望。没有死掉这是上帝创造的奇迹。归还给我生命，从这时起在完全意义上说已经不是我的生命了。它被注入了新的宗旨。）这一年春天，久病初愈，由于大难不死我如醉如痴（也许我只能再活二三年），兴奋之中写完了《劳动共和国》。这部作品我已经不再试图把它记诵下来了。这是我领略到幸福的第一本书：我不再需要刚刚背会一段就把它们烧掉；写到结尾时还可以参照没有毁掉的开头；可以通读全剧；可以誊清、修改并且再抄好。

但是，销毁旧的草稿，又怎样保存最后的定稿呢？别人的侥幸的思想和别人的侥幸的帮助引导我走上了一条新的道路：应当掌握新的手艺，以使所有的手稿（包括写好的和正在写的）既不让偶然来造访的窃贼偷去，也能逃过流放地里泛泛的搜查。学校里我每周有30节课，还担任班主任，自己一个人做饭照料家务事（由于需要保守住写作的秘密，我不能够结婚）。已经够忙了，地下的写作也还嫌不够，我还需要学会新的手艺——把写作的作品藏起来。

学了一种营生接着还要学另一种：自己把手稿拍成缩微胶片（没有灯光照明，只能在太阳不被云遮的条件下）。然后把缩微胶片藏进书籍封皮里，写好两个信封：美国，亚历山德拉·利沃夫娜·托尔斯塔娅农场收。在西方我不认识什么人，连一个出版家也不认识，但是我相信托尔斯泰之女不会不帮助我。

孩提时读战争故事或者地下工作者的勋绩，常常惊异不止：人们义无反顾的勇气来自何方呢？我觉得自己永远不会经受住这样的磨难。30年代读德国作家雷马克的《西线无战事》时，我就曾经这样思考过，可是上了战场，我才确认，一切都简单得多，渐渐就会习惯，作品中描写的比实际上可怕。

如果是冒冒失失地转入地下，红灯下，黑面罩，指天誓日，立下血书，这可能是很可怕的。然而如果一个人早已被家庭生活方式抛掷在一旁，没有基础（同时也已经没有愿望）再建立外部生活，只过着一种内在的生活，他找到一个又一个门径，东躲而又西藏，结识一个人，又通过这个人去结交另外一个，信中或见面时使用暗语，有时又以代号相称，还有几个人的联络网，于是乎有朝一日早晨一觉醒来时便会说：天哪，我早就是地下工作者了！

当然，不是为了革命事业，仅仅是为了文学艺术而隐入地下，这是可悲的。

流年似水，我已经被解除流放，获得了自由，迁居俄罗斯中部，结了婚，恢复了名誉，过着相安无事而又卑微屈从的生活，但是对于我已经非常习惯，就如同是习惯了表面的学校生活的地下文学的背面生活一样。任何一个问题：为哪一个编辑部赶写的作品？大约在什么时候写完？印刷多少册？要印多大开本？使用什么机器？印好的书以后放在哪里？所有这些问题都不是像一个从容呼吸的作家那样来解决的——他们只求印完书，欣赏一番，随即走开了；还是地下工作者的那种永远紧张不安的盘算：这些书怎样保存？保存在哪里，用什么工具转运？写好和印好的东西逐渐增加，体积越来越大，应当想办法找些新的储存地点呢！

物品的体积确实最要紧，不是指创作手稿有多大，而是有多少立方厘米。一系列的因素帮助我摆脱了困境：视力还没有损坏，生就的一手小字（能写得如同葱籽一般），很薄很薄的纸（如果能从莫斯科弄来的话），把草稿、计划、未定稿全都消灭（我总是只做一件事：付之一炬），写得密密麻麻，行距很小，不留页边，而且是正反面全都写满，重写之后原来的清稿也要焚毁：从在监狱里迈出文学活动的第一步起，我只承认火最可靠。按照这样的程序我写完了长篇小说《第一圈》、剧本《坦克了解真情》，这里还不包括早期的一些作品①。

所有这些防范措施当然都是因为事怕万一，然而上帝保护小心人。安全委员会的人无缘无故就来造访我家的情况绝无仅有而且不可思议，虽然我是一个劳

---

① 把剧本的原稿烧掉我心痛得流下了眼泪，它是用特殊方法写成的，但是在一个恐怖的夜晚我不得不把它投入火中。梁赞市的住所是靠火炉取暖的，这就方便多了。如果是暖气住房，要把书稿付之一炬就会忙得不可开交。

改营分子,可是劳改营分子又何止万千呢①! 而现在还是一句谚语在起作用:

> "如果不是长长的喙,任何人在森林里也认不出啄木鸟。"

我必须在生活中采取一切办法使自己更安全些。我不久前迁居梁赞,在这里没有任何熟人和朋友,家里既不接待客人,自己也不出去做客,因为不能对任何人说我年年月月,无论是节日还是假日,没有一点儿闲暇时间。不能让隐藏的原子从所里跑出去,连一时一刻也不能允许任何人关注的目光。妻子严格地信守这项制度,我对此评价很高。工作中身处同事中间从来不表现出自己有广泛的兴趣,而是总装作自己对文学一窍不通;此外,生活中每走一步都会遇到各级领导和所有机关的妄自尊大、粗暴愚蠢和贪婪心理,有时候虽然有可能通过正中要害的控告和当仁不让的反诉澄清某些事情、达到某种目的,可是我从来都不允许自己做出这样的事,丝毫不为闹事、斗争之类所动,只求做一个典型的苏维埃公民,即在任何恣意妄为面前总是俯首帖耳,对任何愚蠢行为永远心安理得。

俗话说:心灰意冷的猪崽拱树根拱得最深。身处逆境才能够穷而后工。

这是非常不易的! 似乎流放并未结束,劳改营的生活并没有结束,我的胸前还是挂着那样的号码,头不能抬,腰不能伸,每个戴肩章的人在我的面前都是首长。满腔怒火都只能在下一本书里发泄出来,实际上这样也是难以做到的,因为诗歌的法则是:不可任自己的愤怒爆发,从永恒的角度领会理解现实。

但是对这一切我都平静地对待:我的工作仍然很好,很卖力气,甚至在没有闲暇时间,得不到真正安宁的时刻也是如此。那些生活有保障、闲适的名作家在广播里唠叨,说应当怎样在工作日一开始时集中精力,排除一切干扰如何重要,使自己处于和谐的环境之中更是事关大局,听了这些话我感到大惑不解。而我早在劳改营里就已学会了在押解队伍行进途中吟诗写作品;在酷寒的草原、在铸造车间、在吱吱作响的小木棚里我都能写作。如士兵只要往地上一蹲就可以找瞌睡,如一条狗在苦寒时节以自己的一身皮毛代替火炉一样,我已经学会了适应环境到处都会写作。虽然获得自由(压缩和舒缓人的心灵的法则!)之后,现在我变得有些好挑剔了——收音机、谈话妨碍我——即使是这样,甚至在直接冲向我梁赞住宅窗户的卡车发出来的经久不断的吼声中,我还是在写一部电影剧本时,掌握了我完全不知晓的手法。只需要有一两个小时的自由支配时间! 上帝用创作上的危机、悲观失望和功败垂成的冲击把我折磨得苦不堪言。

在从事地下写作的这些年代,包括生病前5年的劳改营生活,包括流放和自由的7年,出人意料的病愈之后获得"第二次生命"的时日,我的情绪非常平稳,而

---

① 可是如果他们真的前来造访,处在当时孤立无援的情况下等待我的起码是死亡。读者如果有机会读到我的《第一圈》原稿的全文(96章)肯定会确信这一点。

且甚至可以说是有一种愉悦和洋洋得意的情感。现在大肆鼓噪的文学,它的10余种厚厚的杂志,两份文学报纸,它的无数的选集,还有单行本的长篇小说,还有作品全集,一年一度的种种奖金和对那些无聊透顶的作品的改编演出,统统都被我一概认为不是什么真正的文学,所以我并不为此浪费时光。我也不为注意它们的存在而恼火:我早已知道其中不会有什么值得称道的东西。这并不是因为那里不可能诞生天才——可能他们只是生在那里,而后又死在那里。因为他们播种的土地不适宜,我知道这样的土壤不会收获任何成果。他们刚一步入文坛,所有的人(包括社会小说家、热情奔放的剧作家、社会诗人,更不必说政治家和批评家了)就已经达成一致的意见对一切事物和现象绝口不谈主要的真理,而这种真理,即使没有文学,人们也早已洞若观火了。这种回避真理的誓言就叫做社会主义现实主义。甚至爱情诗人,甚至抒情诗人,那些为了安全堕入大自然或者优美的风流浪漫故事中去的人,他们也因没有勇气触及主要的真理而不可避免地受到损害。

【埃及】陶菲格·哈基姆

杨士毅 译

思想的诞生①

哲学家说："人是会思想的芦苇"（帕斯卡尔），生命虽然脆弱，但是思想使人强大。思想造就了人类的历史，思想也造就了人的一生。一个人每天都在胡思乱想，其中有些念头如果顺利诞生于世，变成现实行动的指南，他的人生将有所不同。当有价值的思想"敲响"你的脑袋的时候，你切莫等闲视之，或许，这正是你的"命运交响曲"的头几个音符。在人的成长历程中，人们一边吸收别人的思想，一边建立自己的思想。本文采用虚拟对话的形式，表现新思想诞生的艰难，比纯粹说理更具可读性。

"谁在我的脑袋里一个劲儿地敲？"

"思想！"

"你要干什么？"

"让我出来！"

"现在？深更半夜？当人人都熟睡了，我困得连眼皮都睁不开的时候？"

"是的，刻不容缓。要是我现在出不来，就永远出不来啦！"

"你难道没有瞧见我困得直打呵欠。你就不能耐着性子等到天亮吗？"

"我等不及了……我必须马上出来……"

"那你干吗偏偏选我快睡着的时候呢？"

"我是无法自己选定时间的，我在你的脑袋里生长成熟了，就像母腹中的胎儿已经足月，现在该呱呱坠地了。"

"既然这样，我原先怎么对你一无所知？我只觉得我脑子里空空如也，就像一个有不少窟窿眼的破皮囊。"

"我是在你一点儿也不觉察的情况下成长起来的。而且已经有许多时候了。现在我成熟啦，瓜熟蒂落了……"

---

① 选自姚春树主编《外国杂文大观》，百花文艺出版社，1994年版。

"你准备上哪儿?"

"到生活中去,到纸上边去! 快起来,懒虫,去拿稿纸和铅笔来,将我公之于世。"

"你未免自视过高了! 就算现在让你出世,生活又会有什么改变? "

"谁知道……兴许生活会变成另外的样子,会变得更好、更美丽;说不定还会出现某种重要的转折,使整个生活的实质发生根本的变化。"

"这都是因为有了像你这样的思想吗? "

"是的,正因为有了像我这样的思想。我已经好几次要诞生了。就拿从你窗口望得见的那几座金字塔来说吧——它们起初不也只是一些想法么? 再譬如,把你屋子照得通亮的电灯、让你能够听到全世界各地声音的收音机——起初不也只是一些想法么? 推动人类进步的是思想,创立宗教,使人的灵魂得以超脱的是思想,创造出供人们鉴赏的艺术的也是思想,世界上全部的文明都是思想产生的。人类之所以不同于畜类就是因为只有人才有思想。而牲畜是没有思想的。快起来,别赖在床上! 应当为你头脑中产生了思想而高兴! "

"难道只有我的头脑中才有思想? 难道其他成千上万的人都没有思想? "

"也有,不过在成千上万的人当中,能够让思想出世的却寥寥无几。"

"你的意思是,你的价值全在于你能否问世? "

"是的,我出世以后还要活下去。这种情况在世界上是极为罕见的。如果你对算术还略知一二的话,快去拿笔和纸来,你就会为以下的事而大吃一惊: 世界上有几十亿人,假设每一个世纪只让其中的一百万人各自产生一种思想,那么,每个世纪便会有一百万种思想! 这自然是从未发生过的事。即使一个世纪只诞生十种能够长期存在下去,并且能够给人类带来益处的思想的话——这个世纪便可称作为进步的世纪或人类的黄金时代了! "

"这么说,仅仅让你从我的脑袋瓜里出来还不够啰? "

"是的,还不够。那些哲学家、诗人、艺术家和学者每天都在搜索枯肠,冥思苦想,用他们的头脑酝酿出许许多多的思想,尤其是现在,多如牛毛的人专门在炮制各式各样的思想,自以为这些思想都是永恒的真理,将它们塞满了成千上万册的书籍和报章杂志,其实它们的用处只不过相当于你每天早餐时吃的小蛋糕上的那几滴奶油! "

"我原先以为最要紧的只不过是你的出世。"

"最要紧的是让我在诞生以后还活下去。"

"这么说,重要的与其说是你的诞生还不如说是你能够活多久! "

"不错,你说得很对。对我来说,要是跟时装或者时髦货那样只不过流行一年的话,那不如根本就不到人世来! "

"那么请问，当你问世以后，你打算活多久呢？"

"无论如何也要比你本人活得长些，最起码要比你的寿命长一倍。当你的尸骨已经在地下腐烂的时候，我还正当青春年华呢！"

"愿真主诅咒你和你的愿望！"

"怎么，你死了我还活着，你觉得不高兴吗？"

"是的，当然不高兴！我只要能比你多活哪怕一个小时，我也会感到非常愉快的！"

"你的思想已经死亡，你活着还有什么意思？所有的儿子都死了，当老子的还孤苦伶仃地苟延残喘又有什么乐趣可言？"

"说得对，这是真理，一个忧郁的真理，让那些个养出儿子来的人去考虑这个真理吧。至于我，眼下还有足够的能力阻止你的诞生，而且我认为没有理由不让我这样做。我何苦要让你出世，给我招来那么多麻烦呢？"

"不过要是我出世了，会给人们带来极大的好处！"

"什么好处？"

"我出世时已完全成熟，已尽善尽美，我将成为你身上一切优秀的、高贵的品质的宝库，我将延长你的存在，也许我还能给人们带来好处，使人们欣喜若狂，从而使你的虚荣心得到满足。"

"是的，确实如此，正因为我们有虚荣心，所以才会让你们这些思想跑到人世间来！"

"我可愿意利用你们的这种弱点呢。让我出来吧！"

"不过你还没有讲，你出世以后对你自己有什么好处。"

"哎哟，多么愚蠢的问题！你不妨去问问小毛虫，它的存在有什么意义。须知自然界中万物都是有求生欲的呀！"

"这么说，你现在就在我的头脑里啰？"

"嗯，是的。我求你、恳求你：让我出生吧！"

"请稍等片刻，让我去拿铅笔和稿纸来。"

"可是千万别拖延时间！"

"出了什么事？"

"我的呼吸减弱了，我的光亮暗淡了。你同我抬杠了那么长的时间，我还没出世就已疲惫不堪。"

"唉，真糟糕！我记不得把铅笔放在哪儿啦，稿纸也找不到。只有桌子上有一张纸，包着我的早点。你把我吵醒倒没什么关系，要紧的倒是填饱肚子。倘若肚子里空空如也，脑袋里装得再满又有什么用处！请你再耐心地等待片刻，让我先把嘴巴塞满，再来为你办事。你放心，我吃得挺快，绝不会让你久等的。我还可以边嚼边找铅笔嘛。瞧,这不找着了! 铅笔就在桌子上。好啦,现在你可以出生了。喂,思想! 快点儿开口吧,出来呀! 真奇怪,你出了什么事? 你干吗不出声? 你躲到哪儿去啦? 刚才你还那么健谈,唠唠叨叨的,吵得我没法睡觉,可现在你这股劲头上哪儿去啦? 喂,思想,你随便讲几句也好嘛! 别卡在我喉咙里! 你在哪儿? 你溜走了吗? 你死了吗? 多么可惜! 思想来不及问世就夭折了! "

是的,毫无疑问,思想还来不及诞生便在我的头脑里呜呼哀哉了! 但是难道能怪我拖延了吗? 难道是我的错? 说不定该怨它自己? 哼,见它的鬼去吧,让它跌进地狱吧! 我这就把糕点吃完——然后上床睡觉。这样的事又不是头一回,也不只是我一个人碰到。就这样,我的思想诞生后又死亡了,或者未及诞生就死亡了,就像数以百万的思想,在数以百万的瞬间,数以百万次地敲响数以百万人的头脑时一样。

【法国】阿兰
罗洛 译

绵 羊①

从一只绵羊的角度来看世界，一个好的牧羊人似乎就是慈悲的上帝，然而，因为有了牧羊人，绵羊的归宿铁定是屠宰场。那么，是做一只绝对服从牧人、听天由命的绵羊，还是做一只有自己的独立意志、却要独自面对不可知的未来的绵羊？绵羊是不会有如此复杂的思想的，人却可以。法国哲学家阿兰（1868～1951）将这篇寓言写给愿意思考自身命运的人。

对于绵羊，很难给予好的评语。我们可以看见：一个牧人走在前面，一大群绵羊跟在他身后。很明显，如果它们听不到牧人的呼唤，就会茫然不知所以，他就像是它们的上帝。我常听人说，羊群是被赶到首都屠宰场去的，而如果它们失去了它们已习惯了的牧人，就会倒毙在路边。事情本来就是如此，牧人的确总是尽力照料羊群，不让它们受到损害；差错只是出在送去屠宰的时候，这仅是一个意外的孤立的事件，不会改变人们的观感。

母羊把一切解释给羊羔听，教它们懂得做羊的规矩，并用狼来恐吓它们。如果那儿有一只黑羊的话，还要用黑羊来吓唬它们，因为黑羊会把牧人说成是羊群最大的敌人。母羊说：

"是谁在关心你们？是谁使你们免受日晒雨淋？是谁跟着你们慢慢走路，使你们能吃上想吃的嫩叶？是谁不辞辛劳去寻找丢失的牝羊？谁把她抱在怀里带回来？如果一只羊死于疫病，我曾看见牧人在哭泣。是的，我看见他哭了。如果一只羊羔被狼吃了，就会引起牧人的愤怒，牧人的主人也会参与，他代表着至高的看不见的神的意旨。他发誓要为羊羔复仇，于是发动了对狼的战斗，五只狼头被钉在畜舍的门口，仅仅为了一只羊羔。他是我们的力量和幸福。他的思想就是我们的思想，他的意志就是我们的意志。孩子，这就是为什么你必须感恩戴德，克服困难，学会服从。一只明智的绵羊就曾经这么说过。因而你要仔细想想，作出自己的

---

① 选自罗洛编《当代世界名家散文》，上海教育出版社，1991年版。

判断。为什么你必须要服从呢？为了一束青草和鲜花吗？为了欣欣跳跃的乐趣吗？也许你会说，你应当让舌头和脚来支配自己。不，不。你完全明白，一只循规蹈矩的羊，它的抱负就是成为一只真正的绵羊，脚是不能够对抗整个躯体的。因此，在所有的羊的观念中，应该遵循我讲的这一点。也许没有任何东西能够比这更好地显示真正的羊的精神。到羊群去吧，你属于它就像你的脚属于你。"

于是羊羔遵循着这些崇高的观念，以使它能增强四肢的力量。它必须经受成长的痛苦，等待它的是血的气味，它很快就会听到窒息的呻吟。也许它曾预感到一些可怕的东西。然而，跟着这样一位好主人还有什么可怕的呢？只要一切听从命令就会得到安全。当你看见牧人带着惯常的表情，像在牧场里一样平静，还有什么可怕的呢？如果不相信牧人及牧人的主人在很长时间里为羊群带来了好处，那么，还能相信谁呢？当施恩者和保卫者都如此安详，还害怕什么呢？即使羊羔发现它自己躺在一个沾血的台子上，用目光寻找它的恩人，看见他就在旁边，深切地注意着它，它那羊羔的心里就有了可能有的勇气。然后是致命的一刀；于是答案消失了，同时问题也不存在了。

【美国】爱因斯坦

方在庆 韩文博 何维国 译

培养独立行动和思考的个人①

一个青少年在学生时代最重要的获得是什么？不是系统的学科知识，也不是某种就业的实用技能，不是成为一个专家，而是成为一个和谐的人，一个能够独立行动和思考的个人。其中，行动的能力又先于思考能力的培养（你想起中国教育家"陶知行"改名"陶行知"的故事了？），因为，"人格不是由所听所说形成的，而是由劳动和行动形成的。"学习中的真正乐趣来自于自我的探索欲望，对事物的好奇和对知识的渴求，不是来自于强制的压力和考试的恐惧；来自于超越自身而获得尊重，并不是因为竞争超越别人而获得成功。教育应该是献给学生的珍贵的礼物，而不是繁重的负担。爱因斯坦的许多教育观念，对于今天的学生和教师，仍然具有重要的思想启蒙作用。标题为编者所拟。

学校一直是把传统的财富从一代传给下一代的最重要的方式。今天这种重要程度超过了以前，因为通过经济生活的现代发展，家庭作为传统和教育的载体地位已经削弱。因此，人类社会的延续和健康比以前更加依赖于学校。

有时人们把学校看成仅仅是把尽可能多的知识传递给成长中的一代的工具。但这是不对的。知识是死的，而学校却是在为活人服务。它应该在青年人身上培养那种有公共福利的品质和能力。但这并不意味着消灭个性，把个人仅仅作为如蜜蜂或蚂蚁那样的社会的工具。因为由一个没有个人独创性和个人目标的标准化的个人所组成的社会，将是毫无发展可能的、可怜的社会。相反，学校的目标必须是培养能独立行动和思考的个人，而这些个人又把为社会服务视为最高的生活问题。

但是人们怎样才能实现这一理想呢？是通过道德说教达到这一目标？绝对不是。言词，现在是，今后将仍是空洞的声音，通往毁灭之路从来都由关于理想的

① 选自《爱因斯坦晚年文集》，方在庆、韩文博、何维国译，海南出版社，2000年版。标题为编者所拟，原题"论教育"。有删节。

浮华之辞相伴。但是人格并不是由所听所说形成的,而是由劳动和行动形成的。

因而,最重要的教育手段是促使小学生采取行动。这适用于小学生的第一次学写字,也适用于大学的博士论文,或者是记一首诗,作一支曲,口译或笔译一篇文章,解决一道数学题目,或是进行体育运动。

但是在每项成就背后都有一个作为其基础的推动力,这种推动力反过来又被所从事的事业中取得的成功所强化和滋养。在这里存在着最大的差别,这些差别对学校的教育价值至关重要。同一工作,其起源可能归因于恐惧和强制、追求权势和声名的野心勃勃的欲望,或是对研究对象的爱好、兴趣以及对真理和理解的要求,因此也可以是每个健康的孩子都有的、但很早就被削弱了的神圣的好奇心。完成同样一件工作对小学生产生的教育方面的影响可能有很大的不同,这取决于使他完成这样工作的内因究竟是害怕受伤害、利己主义的情感,还是获得喜悦和满足感。没有人会坚持认为学校的管理及教师的态度对塑造小学生的心理基础毫无影响。

我觉得最坏的莫过于学校主要用恐吓、暴力和人为的权威等手段工作。这种做法摧毁了小学生健康的感情、真诚和自信。它产生出顺从的人。难怪这样的学校在德国和俄国居统治地位。也许在所有民主统治的国家中,使学校脱离这种所有邪恶中最坏的邪恶,相对来说比较简单。给予教师尽可能少的使用强制措施的权力,这样小学生对教师的尊敬的唯一来源就是后者的人性和理智品质。

所指出的第二个动机——雄心,说得委婉点就是以被承认和被尊敬为目标,牢固地存在于人的本性之中。没有这种精神刺激,人类合作就完全不可能;取得伙伴赞同的愿望肯定是社会最重要的束缚力之一。在这个感情复合体中,建构性的和毁灭性的力量密切相连。取得赞同和被承认的愿望是健康的动机;但要被承认比伙伴或者同学更优秀、更强大、更有才智,就很容易导致过分的自我为中心的心理调整,这可能对个人和社会都会造成伤害。所以学校和教师必须防止使用产生个人野心的简单方法以敦促小学生们勤奋学习。

达尔文的生存竞争以及与此相联系的选择理论已被许多人作为鼓励竞争精神的权威依据来引用。也有一些人用这种方法试图伪科学地证明个人之间毁灭性的经济竞争的必要性。但这是错误的,因为人们进行生存竞争的力量,完全在于他是一个社会性的生活着的动物。正如蚁冢中单个蚂蚁之间的战争对于生存没有什么根本意义一样,人类社会中个体成员之间的斗争也是如此。

因此人们应该防止向青年人宣传把这种习惯意义上的成功当做生活的目标。这种意义上的成功的人,通常从他的伙伴那儿得到很多,其所得通常远远超过他给他们的贡献。但是,人的价值应该体现于他能给予什么,而不是在于他能获得什么。

在学校里和生活中，工作最重要的动机是工作中的乐趣，工作所得到的成果的乐趣，以及对该成果的社会价值的认识。在年轻人的这些心理力量的觉醒和强化之中，我看到了学校被赋予的最重要的任务。只有这样的心理基础才能导致一种快乐的愿望，去追求人类最高财富，即知识和艺术家般的技艺。

这些创造性的心理力量的觉醒当然比强力的施行或个人野心的觉醒困难，但它更有价值。重点在于发展孩子般爱玩的倾向及孩子般的对被承认的愿望，并把孩子引导到对社会很重要的领域。这种教育主要建立在希望得到有效的活动能力和承认的基础上。如果学校成功地从这种观点出发进行工作，它将得到成长中的一代的高度尊重，学校给予的任务也将被当做一种礼物来接受。我认识一些喜欢在校时光甚于喜欢假期的孩子。

这样的学校要求教师在他的工作范围内是一位艺术家。如何才能在学校获得这种精神呢？对此不可能存在万能补救方法。正如个人不可能永远健康一样，但有一些能被满足的必要条件。首先，教师们应该在这样的学校里成长。其次，教师在教学材料和使用的教学方法的选择方面应该拥有广泛的自主权。因为他在发展工作上的乐趣同样会被强力和外在压力扼杀。

如果至此你们都专心地跟上了我的思考，你们可能会对一件事感到奇怪。根据我的观点，我已谈了这么多究竟以什么精神来指导青年，但是关于课程内容和教学方法的选择，我却什么都没有说。占主导地位的究竟应该是语言，还是科学中的技术教育？

对此我的回答是这样的，在我看来这些都处于第二重要的地位。如果一个年轻人已经通过体操和跑步训练了他的肌肉和身体耐力，今后他将适应任何体力工作。头脑训练及手工技巧的训练也是类似的。因此，会说俏皮话的人的下列说法大致不错，他把教育定义为："如果人们已经忘记了他们在学校所学的一切，那么所留下的就是教育。"正因为此，我一点也不急于在古典的语言——历史教育和更注重自然科学教育的两种方法的追随者们的斗争中表态。

另一方面，我想反对另一观念，即学校应该教那些今后生活中将直接用到的特定知识和技能。生活中的要求太多样化了，使得在学校里进行这样专门训练毫无可能。除此之外，我更认为应该反对把个人像无生命的工具一样对待。学校应该永远以此为目标：学生离开学校时是一个和谐的人，而不是一个专家。我认为在某种意义上，这对于那些培养将来从事较确定的职业的技术学校也适用。被放在首要位置的永远应该是独立思考和判断的总体能力的培养，而且不是获取特定的知识。如果一个人掌握了他的学科的基本原理，并学会了如何独立地思考和工作，他将肯定会找到属于他的道路。除此之外，与那些接受的训练主要只包括获取详细知识的人相比,他更加能够使自己适应进步和变化。

最后,我想再次强调,在此以一种多少有点较为绝对的形式所谈的内容,代表的只不过是我的个人的观点,其基础仅仅是自己作为学生和教师积累的个人经验。

【日本】福泽谕吉

群力 译

人人独立，国家就能独立①

　　具有独立精神的单个国民，汇聚成一个具有独立的精神素质的民族，所以，只有人人独立，国家才能独立于世界民族之林。选入这篇文章，心境有些悲凉。遥想19世纪，中日两国各有一名优秀的学者，几乎在同一时间分别写过一本《劝学篇》。日本的福泽谕吉（1834~1901）力倡人生平等自由，从文化制度上学习西方文明，呼吁学者及普通国民以国家主人的身份报效国家，成为明治维新时期的日本国民素质的教科书，推动了日本追赶西方文明的现代化历程。中国学者张之洞（1837~1909）则倡导"中学为体，西学为用"，在保留传统封建文化制度的框架下，引进西方的技术，"劝学"的对象也只是官僚士大夫，而不是普通百姓。结果，张之洞的劝学并未在中国社会产生实质性的变革驱动，老大帝国也一直蹒跚而行，落伍于历史进程。选读福泽谕吉《劝学篇》一节，可以让我们重温历史，并认清现实。

　　如国人没有独立的精神，国家独立的权利还是不能伸张。其理由有以下三点：

　　第一，没有独立精神的人，就不会深切地关怀国事。

　　所谓独立，就是没有依赖他人的心理，能够自己支配自己。例如自己能够辨明事理，处置得宜，就是不依赖他们智慧的独立；又如能够靠自己身心的操劳维持个人生活者，就是不依赖他人钱财的独立。如果人人没有独立之心，专想依赖他人，那么全国就都是些依赖他人的人，没有人来负责，这就好比盲人行列里没有带路的人，是要不得的。有人说"民可使由之，不可使知之"，假定社会上有一千个瞎子和一千个明眼人，认为只要由智者在上统治人民，人民服从上面的意志就行。这种议论虽然出自孔子，其实是大谬不然的。

---

① 选自福泽谕吉《劝学篇》，群力译，商务印书馆，1984年版。有删节。

在一个国家里面，才德足以担任统治者的，千人中不过一人。假如有个百万人口的国家，其中智者不过千人，其余九十九万多人都是无知的小民。智者以才德来统治这些人民，或爱民如子，或抚牧如羊；他们恩威并用，指示方向，人民也不知不觉地服从上面的命令，从而国内听不到盗窃杀人的事情，治理得很安稳。可是国人中便有主客的分别，主人是那一千个力能统治国家的智者，其余都是不闻不问的客人。既是客人，自然就用不着操心，只要依从主人就行，结果对于国家一定是漠不关心，不如主人爱国了。在这种情形之下，国内的事情还能勉强对付，一旦与外国发生战事，就不行了。那时候无知的人民虽不至倒戈相向，但因自居客位，就会认为没有牺牲性命的价值，以致多数逃跑，结果这个国家虽有百万人口，到了需要保卫的时候，却只剩下少数的人，要想国家独立就很困难了。

原来政府管理政务，人民受其统治，只是为着便利而划分。如果面临关系全国之事，就人民的职责来说，是没有理由只把国家交给政府而袖手旁观的。只要具有一国国籍的人，就有在那个国家里面自由自在地饮食起居的权利；既有他的权利，也就不能不有他的义务。

第二，在国内得不到独立地位的人，也不能在接触外人时保持独立的权利。

没有独立精神的人，一定依赖别人；依赖别人的人一定怕人；怕人的人一定阿谀媚人。若常常怕人和谄媚人，逐渐成了习惯以后，他的脸皮就同铁一样厚。对于可耻的事也不知羞耻，应当与人讲理的时候也不敢讲理，见人只知道屈服。所谓习惯、本性即指此事，成了习惯就不容易改变了。譬如现在日本平民已经被准许冠姓和骑马；法院的作风也有所改变；表面上平民与士族是平等了，可是旧习惯不是一下子就能改变过来的。因为平民的本性还是与旧日平民无异，所以在言语应对方面还是很卑屈。一见上面的人，就说不出一点道理来；叫他站就站，叫他舞就舞。那种柔顺的样子，就像家里所喂的瘦狗，真可以说是毫无气节和不知羞耻之极。

在以前锁国的时代，旧幕府实行严加约束的政策时，人民没有气节不仅不妨碍政事，反而便于统治。因此官吏就有意使人民陷于无知无识，一味恭顺，并以此为得计。可是到了现在与外国交往之日，如果还是这样，就有大害了。譬如，乡下商人想和外国商人交易，怀着恐惧的心情来到横滨。首先见到外国人身体魁伟、资本雄厚、洋行很大、轮船很快，就已经胆战心惊，等到接近外商，与他们讲价钱，或遇外商强词夺理时，不但惊讶，又畏惧他们的威风，结果明知他们无理，也只有忍受巨大的损失和耻辱。这种损失和耻辱不是属于他一个人，而是属于一国的，实在是糊涂愚蠢。但如追溯其根源，却在于其先辈世代缺乏独立精神的商人的劣根性。商人常受武士欺凌，常在法院里挨骂，就是遇见下级的步卒，也要把他当做大人先生来奉承，其灵魂已彻底腐烂，绝不是一朝一夕所能洗净。这些胆小的人们，一旦遇到那些大胆和剽悍的外国人，是没有理由不胆战心惊的。这就是在国内不能独立的人对外也不能独立的见证。

第三，没有独立精神的人会仗势做坏事。

国民独立精神愈少，卖国之祸即随之增大，这就是前面所说的仗势做坏事。

以上三点都是由于人民没有独立精神而产生的灾祸。生当今世，只有爱国心，则无论官民都应该首先谋求自身的独立，行有余力，再帮助他人独立。父兄教导子弟独立；老师勉励学生独立；士农工商全都应该独立起来，进而保卫国家。总之，政府与其束缚人民而独立操心国事，实不如解放人民而与人民同甘共苦。

【意大利】奥丽亚娜·法拉奇

毛喻原 王大迟 译

我沾满月亮的手①

法拉奇（1930~2006）可能是20世纪最为著名的新闻记者，她以咄咄逼人的气势采访世界风云人物，成为新闻工作者勇气和自由的象征；在第三世界和发展中国家，她被视为反暴政、反集权、反专制，追求民主自由的象征。她的《风云人物采访记》，以及小说《男子汉》等，以超越常人的激情文字，盘旋于不同凡响的精神境界，让人激动和感动。而她在这本名为《给一个未出生的孩子的信》的自传体小说中，展现出柔情似水的一面。译者评说：这是"一个未婚母亲与她腹中胎儿的一段旷世未有的缠绵恋情，涉及作者对人类生与死、爱与恨的深刻怀疑与痛苦思索"。书中，未婚母亲给胎儿讲了三个寓言故事，此择其一。

有个女人，想得到一片月亮。她结识了一位宇航员，从他登月归来的一具铲子上，触摸到一点月亮上的尘土，她现在有一双"沾满月亮的手"，却无法将尘保存，美好的梦想被人弄得尴尬而丑陋，无法保存的月尘，只好任它消失。在寓言的后文，作者对即将夭折的胎儿说："孩子，你就像我的月亮，我的月亮尘土。"一个寓言总是可以有多种诠释的，月尘，可以象征着别的东西，比如：人类的正义、平等权力、财富、幸福和实实在在的美好生活，所有被少数人占有，却让多数人可望而不可即的东西。在小说的结尾，作者给人类的信心留有余地："有一盏灯在亮着。我听见有声音在响起。有人在跑动，绝望地哭泣着。然而，另外的地方有成千上万的孩子正在出生，还有成千上万未来孩子的母亲正在呱呱坠地：生命并不止于你或我。你死了。我恐怕也要死了。可这已无关紧要。因为生命并没有死去，它存在，生命存在着。"

从前，有个女人，她想得到一片月亮。哪怕是一点点月亮上的尘土，也能使她

---

① 选自奥丽亚娜·法拉奇《给一个未出生孩子的信》，毛喻原、王大迟译，海南出版社，2002年版。标题为编者所拟。

心满意足。这可不算一个太过分的愿望，也算不得什么稀奇古怪。她认识那些去过月球上的人，那时候，去月亮是挺时髦的。那些人的出发地在离这儿不远的地球上，他们乘的小铁船装置在高原的火箭顶端，每当火箭轰鸣着，像彗星一样散射出火花发射升空时，那女人都兴奋得不得了。她冲着火箭喊道：去吧！去吧！去吧！末了，她就激动而嫉妒地注视着那些人，他们要在黑暗里飞行三天三夜哩。

到月球上去的男人都很愚蠢。他们的脸都呆板得像石板，不会笑也不会哭。对他们来说，上月球仅仅是一桩科学成就，仅仅是一种技术上的进步。在整个航行中，他们从不说一句带诗意的话，全是数据、分式和烦人的信息；人性在他们身上的唯一显现，是问问上一场足球赛的比分。在月球上着陆后，他们的话就更少了。他们顶多扯上两三句套话，完了插上一面锡制的旗帜，像机器人一样完成一套仪式。他们动身返回地球后，却把标志人类曾到此一游的屎尿留了下来，玷污了月亮。他们的屎尿是封闭在盒子里的，盒子则与旗帜放在一起，要是你知道了这件事，你就再也没法怀着原来的心情去欣赏月亮了，你会说：他们的屎尿也在那儿呢。他们终于回来了，满载着岩石和尘土。月亮的岩石，月亮的尘土——那女人梦想的尘土。当她再见到他们的时候，她哀求说（我哀求说）：可以给我一片月亮吗？你们有的是啊！而他们总是回答说：我——们——不——能——这——是——不——允——许——的。他们的月亮全都送到实验室里，断送在那些去把月球只当做一桩科学成就、一种技术进步的人的桌子上了。那些男人愚不可及，他们是些没有灵魂的男人。不过在我看来，有一个男人似乎稍好一点。他会笑也会哭。他长得又丑又矮，龇牙咧嘴，内心深藏着巨大的恐惧。为了减轻恐惧，他就常常大笑，还戴些怪里怪气的帽子，借以使自己看上去真有灵魂似的。我和他交朋友，就因为这个；还因为，他相信自己并非天生应当得到月亮。每次我们见面，他都要咕哝道："上去以后我该说些什么呢？我又不是诗人，我可说不出什么深奥抒情的话来。"到月亮上去之前几天，他来跟我道别，问我到月球上去说什么好。我告诉他，应该说些真实、坦诚的话——比如，他可以说，他是个满怀自卑的矮子，就因为他很矮小。他对此很满意，他发誓说："要是我能回来，我要为你带个小月亮来。月亮上的尘土。"他走后又回来了。后来有天晚上他请我到他家去吃饭，我飞快地赶去了，满心以为他终于要给我月亮了。我焦急不安地坐在餐桌旁。这顿饭似乎长得永无终了。最后，他说，"现在我给你看看月亮吧。"他没有说"现在我把月亮给你吧。"而我并没有意识到这中间的差别。他依然戴着那些古里古怪的帽子，古里古怪地笑着。我怎么也没想到，在他飞上天去的这段时间里，他连我以为他有的那一丁点灵魂都丢光了。

他对我眨眨眼睛，把我引进他的办公室，打开一个上锁的壁橱。里面放着几件东西：一个铲形物，一把锄头，一根管子，都被一层奇特的银灰色尘埃覆盖着。

月尘！我的心开始狂跳起来。我伸出一只手，轻轻地握住那铲子，它很轻，几乎没有重量。上面的灰尘像搽面的粉一样，像银色的膜，留在皮肤上像是第二层皮。看到皮肤上的月亮，我的心情实在难以名状。也许已接近了伸展在无限的时空中的最渺茫的感觉。这是我现在的念头——当时我已经没法思维了。就是现在，当我穷究我的心灵时，我也只能告诉你我那时只能呆呆地站在那里，手里紧攥着那把铲子；我没有察觉到他开始不耐烦了。等我意识到这一点时，我赶紧把铲子交还给他，喃喃地说："谢谢，现在可以给我尘土了吗？"他立即变得冷漠了。"什么尘土？""就是你答应过的月亮的尘土啊！"他回答说，"你已经得到了。我让你摸过了。"我以为他是在开玩笑。过了长如数年的几分钟后，我才意识到他绝不是开玩笑，他真的认为，让我摸摸铲子就算是兑现了他的诺言。就如同让穷人艳羡橱窗里的珍宝首饰，或允许他们远远瞧见一次丰盛的宴席而又不许他们参加一样。我感到又吃惊又伤心的是，我竟没把它扔到他脸上，也没斥责他的卑鄙自私。我只是想：我如何才能让他认识到这有多么残酷？我怀着这种希望开始乞求他，向他解释说，我要的并不是一片月亮，只是他答应过的月亮上的尘土，我只要一点点，而他的壁橱里多的是，每一种东西上都盖满了，他只需要让我拿一点放到一张纸上，放到不是我的皮肤的另外的东西上就行了。这样，我就可以在未来的岁月里一次又一次地看它了。这一直是我的梦；他也明白，这并不是我的突发梦想。但我越是卑躬屈膝地求他，他就越显得冷酷，他冷冷地盯着我，一言不发。最后，在一片沉默中，他锁上壁橱离开了房间。他老婆在起居室里问我们要不要咖啡。

　　我没有回答。我站在那里看着我沾满月亮的手。我手里有月亮，却不知道把它搁在哪儿，怎样才能保存下它。即使再轻微的触碰也会使它消失。我脑子里徒然寻找着答案，寻找着保全那应该保全的东西的办法，然而我找到的只是一片迷茫的白雾以及这白雾中隐匿的一句话："这就像擦掉脸上的粉一样。不管我把它抹在哪儿，它都会消失。"这是最大的痛苦，是坦塔罗斯①所不曾受过的刑罚。坦塔罗斯抓住果子的时候，眼睁睁地看着它消失了；而他并没有把果子真正抓到手。于是我最后看了一眼我那银色的手掌，它仍旧以一种可笑的哀求的姿态张开着，我把眼泪吞下肚去，苦笑起来。月亮越过无限漫长的距离向我飞来，降落在我的皮肤上，而现在我却要扔掉它了。永远地扔掉它。我多想就这样一直下去，可我不可能一直伸开五指，什么东西也不接触；你知道，我迟早会把手指放到其他东西上去的。一切都会像烟一样消失在空气中的。一切都是由一个残酷的低能儿开的残酷的玩笑造成的。我愤怒地握紧拳头。我再次打开它。这时我在手心里看到的只有模模糊糊的阿拉伯饰物般的痕迹，一些弯弯曲曲的线条，多让我讨厌啊。难

---

　　① 坦塔罗斯（Tantalos）：希腊神话中的国王，因触犯主神宙斯，被罚立于齐胸水中，头上有果树。他口渴欲饮，水就流去；腹饥欲食，果被风吹，永远又饥又渴。

道我梦想、期待了这么久的，就是这种厌恶吗？我在壁橱门上揩着手掌。留下的是一道道油腻腻的印迹，如蜗牛留下的黏液一般，像长长的泪痕。

我从那房子里出来时，月亮皎洁的银辉照亮了黑夜。我抬起迷蒙的双眼凝望它：一旦某种洁白无瑕的东西诞生，总会有人要用屎尿去玷污它。接着我又问：为什么？可这是为什么呀？回到旅馆，打开水龙头，我把手伸到下面。一股乌黑的液体从手上流下来，飞快地打着乌黑的漩涡消失了。

【意大利】卡尔维诺

毛尖 译

黑 羊①

在白羊群中出现了一只黑羊,它就是另类。在一个人人偷窃的国家,唯一不偷窃的人就成为众矢之的,因为他破坏了"生态平衡"。互相盗窃的人家形成的财富均衡流动,大家均贫富,现在却因为这位诚实的人的出现而发生阻碍,贫富差距开始出现。穷人受雇于富人,替他行窃;而富人为了保护财产,建立了警察局和监狱。社会的不平等日益严重,由偷盗的小恶演变成压迫的大恶。诚实的人只有饿死一途。

卡尔维诺(1923~1985),当代意大利最机智的作家。他年轻时曾写作寓言,自述动机如下:"当一个人感到压抑时,他写寓言;当一个人不能清晰地表述思想时,他写寓言,且借寓言以表达。这些小故事是关于有个年轻人,在法西斯的死亡阵痛里,经历的政治和社会命运。"据此,我们可以把这则寓言看做对法西斯国家的嘲讽以及对诚实者命运的哀痛。

从前有个国家,里面人人都是贼。

一到傍晚,他们手持万能钥匙和遮光灯笼出门,走到邻居家里行窃。破晓时分,他们提着偷来的东西回到家里,总能发现自己家也失窃了。

他们就这样幸福地居住在一起。没有不幸的人,因为每个人都从别人家里偷了东西,别人又再从别人家里偷,依次下去,直到最后一个人去第一个窃贼家行窃。该国贸易也就不可避免地是买方和卖方的双向欺骗。该国政府也是个向臣民行窃的犯罪机构,而臣民也仅对欺骗政府感兴趣。所以,日子倒也平稳,没有富人和穷人。

有一天——到底是怎么回事没人知道——总之是有个诚实人到了该国定居。到了晚上,他没有携袋提灯出门去偷,而是呆在家里抽烟读小说。

贼来了,见灯亮着,就没有进去。

---

① 选自《南方周末》,2001年2月22日。

这样持续了有一段时间。该国的人感受到有必要向他挑明一下，纵使他想什么都不干地过日子，可他没有理由妨碍别人干事。他天天晚上呆在家里，这就意味着有一户人家第二天没了口粮。

诚实人感到他无力反抗这样的逻辑。从此他也像他们一样，晚上出门，次日早晨回家。但他不行窃。他是诚实的。对此，你是无能为力的。他走到远处的桥上，看河水打桥下流过的情形。每次回家，他都会发现家里失窃了。

不到一个星期，诚实人就发现自己已经一文不名了；他家徒四壁，没有任何东西可吃。但这算不了什么，因为那是他自己的错。不，总之是他的行为使其他的人很不安。因为他让别人偷走了他家的一切却不从别人家那儿偷任何东西。这样总有人在黎明回家时，发现家里没有被动过——那本该是由诚实人进去行窃的。

不久以后，那些没有被偷过的人家发现他们比别的人家富了，就不想再行窃了。糟糕的是，那些跑到诚实人家里行窃的人，总发现里面空空如也，因此他们就变穷了。

同时，富起来的那些人和诚实人一样，养成了晚上去桥上的习惯，他们也看河水打桥下流过的情形。这样，事态就更混乱了。因为这意味着更多的人在变富，也有更多的人在变穷。

现在，那些富人发现，如果他们天天去桥上，他们很快也会受穷的。他们就想："我们雇那些穷的去替我们行窃吧。"他们签下合同，敲定了工资和如何分成。自然，他们依然是贼，依然相互欺骗。但形势表明，富人是越来越富，穷人是越来越穷。

有些人富裕得已经根本无须亲自行窃或雇人行窃就可保持富有。但一旦他们停止行窃的话，他们就会变穷，因为穷人会偷他们。因此他们又雇了穷人中的最穷者来帮助他们看守财富，以免遭穷人行窃，这就意味着要建立警察局和监狱。

因此，在那个诚实人出现后没几年，人们就不再谈什么偷盗或被偷盗了，而只说穷人和富人。但他们个个都还是贼。

唯一诚实的只有那个诚实的人，但他不久便死了，是饿死的。

【中国】海子

歌 手

这是一个用诗意的语言编织的寓言故事。我曾是一个平庸的歌手，只懂得盗墓一般从古籍中窃取智慧，然而我爱这个世界，就像新郎热爱自己的新娘。我要去一个山谷，寻找传说中的歌手。我弃舟登岸（这里借用了桃花源的故事模式），来到山谷，这是地狱之谷，我焚烧树木就会有黑色的歌；然而更美的歌声来自花朵、阳光、大地和我的内心，美是大自然的恩赐，是赞美而非仇视才能接近美、获得美，我明白了，这是帝王之谷，我成了传说中的歌手——歌手中的帝王。这是一个诗人的追求之歌。

海子（1964～1989），原名查海生。当代杰出诗人。诗集有《海子诗全编》等。

我曾在一本漆黑霉烂的歌本上悟出了他的名字。那时的人们盛传他住在一条山谷，靠近西南区的一条河流。我便独自一人前去。我全身伏在那块羊皮筏子上走了好久，步行了三百里红土地，又独自一人伐木做成一只独木舟，才来到这条山谷。不过，我内心不能确定这条山谷。记得当时像是傍晚，我下了独木舟。取下我的枪支和火种。我在那山谷的林子里漫无边际地漂泊了很久，以至于后来的人们把我当成了那位歌手。是的，我曾是歌手。那能说明什么呢？只说明你有一段伤心的往事。就让我说自己吧。当时我写了几支歌。人们都非常喜欢听。尤其是那些纯洁的、饱经风霜的、成天劳动的。我就活在这些人当中。但他们并不知道我是一位盗墓的。说到这里，我都有些不好出口。事情是这样的简单。就是，每写一首歌，我就要去那些方石墓群那儿挖掘一次。当然，那些歌儿是在人群中反复传唱。我却因夜里不断地挖掘和被幻影折磨，先是进了医院，后来又进了法院，最后进了监狱。当然我是很希望人们忘却这些往事，让我重新写歌，唱歌……但是我也不能掘墓了。就这样，我上了羊皮筏子……听说有一位歌手……怎样怎样，如何如何……事情就这样开始了。我就这样上路。这事一开始就非常奇怪，带着一种命定的色彩。我在河上漂流时反反复复想起那些树林子，那些在我掘墓时立在我周围的黑森森的树林子。这事情也不能怪我。在人群中歌唱，那可不是一种容易的事。我有时觉得自己像是整个世界的新郎，爱得受不了万物；有时潮湿得就像一块水里捞上来的木头。

"给我月亮和身体，我保证造一个叫你十分满意的世界。"不过，说实在话，除却月亮和身体，我们也就什么都没有了。

在这条山谷里，偶尔我也能哼出一两句非常好听而凄凉的歌来。它迷人、赤裸、勾人魂魄，甚至置某些人于死地。我夸张了些。这不是我主要的事情。我的目的是要寻找我那位传说中已失踪多年的歌手，那漆黑霉烂歌本的吟唱人，那位在青春时代就已盛名天下的歌手。他离现在快七百年了。其实，和歌比起来，七个世纪算不了什么。可是，和七个世纪相比，歌手们又短暂又可怜，不值一提。那位歌手也许因为自己非常寂寞，才寄身于这条山谷，地狱之谷，或帝王的花谷。从表面上看来，这山谷地带并没有什么不同凡响的地方；可以说，它很不起眼。但是，它一定包含着不少罪恶与灵魂。因此它很有看头。这就是一切症结所在。我把舟筏停在这里纯系偶然。偶然决定不朽。加上岸上苍青色的树木使我瘦弱的身子显得有了主张。我想我可以看见了什么样的树林埋我了。我当时就这样想。放一把火，在山谷，流尽热泪，在黑色灰烬上。这样，就有了黑色的歌。我的目光还曾滑过那些花朵。正是花朵才使这条山谷地带显得有些与圣地相称，显得有些名符其实，而且与那册黑漆霉烂的歌十分适应。花朵一条河，在烈日下流动。你简直没法相信自己能靠近她。我于是就靠近她。靠近了她。弃舟登岸。一切都规规矩矩的。好像到这时为止，都还没有什么曲折和错误发生。途中的一切连同掘墓的历史都飘然远去。在这野花之上，这便是歌。骨骼相挤，舌尖吐出，这便是歌。卧了许久，伏在大地上如饮酒般喝水，又发出歌声。对岸的人们说，这回，山谷地带，真的有了歌手。而我却在这样想：无论是谁，只要他弃舟登岸，中止自己漂泊，来到这里，生命发出的一切声音也会是歌。但谁会来呢？我沉沉睡去，醒来时发现那霉烂歌本早已不见。我这人却在丢失旧歌本的美丽清晨，学会了真正的歌唱。开始的时候只是某些音节，并没有词汇。后来文字就隐隐约约、零零星星出现，越来越密集。语言。有时出现在肩膀、肚脐上。有时出现在头脑里。有时出现在大腿上。我通通把它们如果实之核一一放在舌尖上。体会着。吐出。它们，陌生得像鸟一样，一只追一只。河面上响起了古老而真切、悠然的回声。河对岸的人们只当我就是那位歌手。我已弄不清楚，那位歌手是我还是他？那位歌手到底是有还是没有？我是进入山谷、地狱之谷、帝王之谷的第一人。那么，传说中的歌手又是谁呢？

我沾满月亮的手

【法国】左拉

张英论 译

陪衬人①

马克思说过，资本主义把人变成了商品。左拉写的这个故事很特别，讽刺社会现实的目的却是明明白白——揭露"没有良心的贸易自由"。除了从政治经济学层面来理解它，还可以从社会心理、审美心理的角度来读这个故事。以丑衬美，不是绿叶衬红花，交相辉映，而是一贬一褒，购买"丑女"作装饰品，把自己的"美"建立在别人的"丑"上面，使平凡的主顾显得不平凡。商人巧用心机，用户何尝与人为善？这是残酷的审美行为，其本质是审丑。

左拉（1840～1902），法国自然主义作家。主张以科学实验方法从事文学创作，按生物学定律描写人，冷静客观地记录现实生活的一切方面。代表作有《萌芽》《娜娜》等。

一

在巴黎，一切都能出卖：愚笨的姑娘和伶俐的女郎，谎言和真理，泪水和微笑。

你不会不知道，在这个商业国度，美，是一种商品，可以拿来做骇人听闻的交易。大眼睛和小嘴儿可以买卖；鼻子和脸蛋儿都标有再精确不过的市价。某种酒窝，某种痣点，代表着一定的收入。伪造术真是巧夺天工，竟然连仁慈的上帝制造的商品也能仿制。用燃过的火柴棒描绘的假眉，用长长的夹子连在头发上的假鬈，售价更是奇昂。

这一切都是合情合理、合乎逻辑的。我们是文明的民族，请问，文明如果无助于我们欺骗人和受人欺骗，从而使我们生活得下去，又有何用？

不过老实说，当我昨天听说工业家老杜朗多（你跟我一样了解他）起了一个奇妙而惊人的念头，要拿丑来做买卖的时候，我真的为之愕然。出卖美，这我能

---

① 选自柯岩、万莹华编《古今中外文学名著篇拔萃·外国短篇小说卷》上册，青岛出版社，1992年版。

理解；甚至出卖伪造的美，这也是十分自然的，这是进步的一个标志。所以我要宣布：由于把人们称之为"丑"的这种迄今一直是死的物质纳入商品流通，杜朗多应该受到全法兰西的感戴。请听明白我的意思，我这里说的丑，是丑陋的丑，直言不讳的丑，光明正大地当做丑来出卖的丑。

想必你有时会见到一些妇女，成双成对地走在宽阔的人行道上。她们灵巧而引人注目地曳着长裙，缓缓地踱着步子，在商店的橱窗前停下来，发出忍俊不禁的笑声。她们像契友良知般臂挽着臂，往往以"你"字相称，差不多相同的年龄，穿着一样的雅致。但是，其中一个总是貌不出众，生着一张不会招人议论的面孔，人们不会对她回眸顾盼，倘若偶然打个照面，也不会产生反感。而另一个却总是奇丑无比，丑得刺眼，使路人不禁要看她几眼，并且拿她和她的同伴作个比较。

要知道，你上了圈套。那个丑女子要是独自走在街上，会吓你一跳；那个相貌平常的，会被你毫不在意地忽略过去。但当她们结伴而行时，一个人的丑就提高了另一个人的美。

好吧！我告诉你，那个丑陋不堪的女子，就是杜朗多代办所的。她属于"陪衬人"。伟大的杜朗多以每小时五个法郎的价格，把她出租给那个相貌无可称道的女人。

<h1 style="text-align:center">二</h1>

下面就是我要讲的故事。

杜朗多是个百万富翁，具有独创精神的工业家。而今又在商业上显露出他的才华。多年来，每当他想到人们尚未在丑女身上赚过分文，总是兴叹不已。在美女身上固然可以钻营，但这种投机事业易担风险，我敢向你保证，有着巨富们惯有的审慎的杜朗多，连想都没有想过去干这种事。

有一天，杜朗多忽然心有灵犀。正像许多大发明家常有的情形一样，他的头脑中一下子闪现出一个新的念头。他在大街蹓跶的时候，看见前面走着一美一丑两个姑娘。一望之下，他领悟到丑陋女子正可作为那漂亮女子的装饰品。他想，就像花边、脂粉和假辫子可以买卖一样，美女买丑女作装饰品，也是合情合理、合乎逻辑的。

杜朗多回到家里深思熟虑。他策划的这场商业攻势，需要绝顶的巧妙。他可不愿卷到那种成则一鸣惊人、败而贻笑大方的事业中去冒险。他整夜掐指盘算，攻读那些对男人的愚蠢和女人的虚荣心阐述得最透彻的哲学家们的著作。第二天黎明时，他主意已定。算术向他表明这种买卖一本万利，而哲学家们所说的人类缺点又是那么严重,他预料准会顾客盈门。

三

如果我有神来之笔,一定会写出一部杜朗多代办所创业的史诗来。那将是一部既滑稽又凄惨的史诗,充满泪水和欢笑。

为采办一批货底,杜朗多费了意想不到的力气。最初,他想直截了当地行事,只在楼道上、墙壁上、树干上和僻静的角落里贴一些方纸条,上写着:"征求年轻丑女从事简单劳动。"

他等了一个星期,没有一个丑女登门应召,倒有二十五六个漂亮姑娘,哭哭啼啼地来要求工作。她们面临要么挨饿、要么卖身的绝境,巴不得能找个正当职业以自救。杜朗多好不为难,他再三向她们说明,她们长得美,不符合他的要求。但她们硬说自己丑,并且认为,杜朗多说她们美,不是出于礼貌,就是出于恶意。今天,她们既然不能出卖她们所不具备的丑,那就出卖她们所具备的美吧!

面对这种后果,杜朗多懂得了只有美女才有勇气承认她们无中生有的丑。至于丑女,她们永远也不会找上门来,承认自己的嘴过分的大,眼出奇的小。他想,不如到处张贴广告,说明将对每位前来应征的丑女悬赏十个法郎,即使这样,我杜朗多也穷不了多少!

不过,杜朗多放弃了贴广告的办法。他雇了六七个掮客,让他们在城里遍访丑女。这真是对巴黎丑女的一次全面的征募。掮客,这些嗅觉灵敏的人,遇上了一项棘手的差事。他们根据对象的性格和处境对症下药。如果对方急需用钱,他们就单刀直入;如果和一个绝不至于挨饿的姑娘打交道,那就得委婉一些。有的事对讲礼节的人是沉重负担,他们却视若等闲,比方说走上去对一位妇女讲:"太太,你长得丑,我要按天买你的丑。"

在这场对顾影自叹的可怜姑娘的逐猎中,有多少令人难忘的插曲啊!有时,掮客们看到一个丑得十分理想的妇女在街上走过,他们一心要把她献给杜朗多,作为对主子的报答,即使赴汤蹈火,也在所不辞。有些掮客甚至使出了极端的手段。

杜朗多每天上午接见和验收前一天采购到的货色。他身穿黄色睡衣,头戴黑缎子圆帽,四肢舒展地坐在安乐椅中。新招募来的妇女,由各自的掮客陪同,在他面前一个一个地走过。他身体后仰着,眨眼示意,像个业余爱好者一样,不时做出反感或者满意的表情。不慌不忙地猎取一个镜头,便凝神玩味。然后,为了看得清楚些,让商品转一转身,从各个角度细细端详;有时他甚至站起身来,摸摸头发,瞧瞧面孔,就像裁缝摸摸料子,杂货商察看蜡烛和胡椒的质量。如果被检验的女子的丑确证无疑,相貌真的蠢笨而又迟钝,杜朗多就拍手称快,向掮客祝贺，甚至要同那丑女拥抱。但是对于丑得有特色的女子，他却存有戒心：如果她目光炯炯有神，嘴角带着富有刺激性的微笑，他就皱皱眉头，喃喃地说：这种丑陋不堪的女人，虽然天生不会引起男人的爱慕，却会激起男性的冲动。于是，便对捐客表示冷淡，对那女人说：等老了再来吧。

要成为判断丑的行家，要搜罗一批真正丑陋的女子而又不得罪前来应征的美丽姑娘，并非人们想象的那么轻而易举。杜朗多表明他确有挑选丑女的天才，因为他表现出自己对心理和情欲的理解是何等深刻。他认为主要问题在于外貌，他只录取令人望而生厌的面孔，以及呆若木鸡、冷若冰霜的面孔。

代办所终于人马齐全，可以向美貌女子们供应同她们的皮肤色泽和美的类型相适应的丑女了，杜朗多便贴出如下广告。

四

杜朗多陪衬人代办所

一八XX年五月一日开业

巴黎M街十五号

营业时间　每日上午十时——下午四时

夫人：

兹有幸向您宣告，敝人新创一所商号，旨在永葆夫人之美貌。敝人发明一种新的饰物，其神效可使夫人之天然风韵平添异彩。

悉观今日，化妆用品名目繁多，然皆不能天衣无缝。花边首饰，一目了然；假发盘头，难免破绽；粉面朱唇，世人尽知乃涂抹之功。

有慨于此，敝人立志破此难解之题，为夫人提供装饰，且使众目莫辨新风韵之由来。无须一条丝带，无须一点脂粉，只消为夫人觅得一种手段，引人注目，而又不露蛛丝马迹。

敝人自信可以夸口，此一无法解决之难题，业已迎刃而解。

倘夫人不弃，枉驾光临敝所，廉价一试，定令满城倾倒！

此种饰品，使用极为简便，效能万无一失。稍作描述，夫人自能参透其中奥妙。

君不见着绫罗、戴手套之美貌夫人伸出纤手向女丐施舍？君不见比之褴褛衣衫，盛装艳服何等耀目；比之寒酸女丐，贵妇更显高雅？

夫人，敝人所欲贡献于娇容者，乃丑脸最丰富之集锦。破衣烂衫衬托，可使新衣价值倍增。敝所专备之丑脸，亦有异曲同工之妙。

再毋庸假牙、假发、假胸！再毋庸敷面点唇，簪金戴玉！再毋庸购买绫罗绸缎，徒然耗费！租一陪衬人，与之携手同行，足使夫人陡增姿色，博得男性青睐！

如蒙惠顾，不胜荣幸！届时，最丑陋、最完备之货色将呈现于夫人之目，任您视自身之美貌，挑选相应之丑女，俾使相反相成，相得益彰！

价格：每小时五法郎，全天五十法郎。

谨向您，夫人，致以崇高敬意。

杜朗多

注意：价格公平。亲爹亲娘，叔伯姑婶，一视同仁。

五

广告果然取得了巨大的功效。从第二天起，代办所就忙碌起来，营业部挤满顾客，她们乐不可支地带走自己挑选好的陪衬人。天晓得一位美女倚在丑女的臂上有多少快感。她们即将在别人的丑陋衬托之下增加自己的姿色了。杜朗多真是伟大的哲学家！

别以为做这门生意不费吹灰之力。种种出人意料的障碍接踵而来。如果说在招募人员方面曾经颇费周折的话，要达到顾客满意则尤其不易。

一位贵妇人前来雇个陪衬人。营业员把商品陈列出来任凭她挑选，并在一旁婉转地发表一点意见。这贵妇挨个儿把陪衬人巡视一遍，露出满脸鄙夷的神色，不是嫌这个丑得过分，就是嫌那个丑得不够，声言谁的丑也不配衬托她的美。营业员天花乱坠地夸奖这个姑娘鼻子歪，那个姑娘嘴巴大，这个姑娘额头塌，那个姑娘模样傻，尽管他们巧舌如簧，也是白搭。

又一次，一位太太自己也丑得可怕，如果杜朗多在场，定会疯狂地以重金相聘。但她是为增加自己的美色而来；她要雇一个年轻而不太丑的陪衬人，因为，据她说，她只需"稍加点缀"。营业员简直无计可施，他们请她站在一面大镜子前面，让所有陪衬人一个个从她身边走过。结果，她还是荣获最丑奖，这才悻悻然地离去，并且还责怪营业员竟敢向她提供这样的货色。

然而，渐渐地，顾客固定下来了，每个陪衬人都有挂好钩的主顾。杜朗多可以踌躇满志地休息一下了，因为他使人类迈出了新的一步。

我不知道人们是否能理解陪衬人的境遇。她们有在大庭广众间强装愉快的欢笑，她们也有在暗地里悲伤涕泣的泪水。

陪衬人生得丑，就被人当做奴隶，当顾客付钱给她时，她心如刀割，因为她是奴隶，她容貌丑陋。可是，她又穿着华丽，她跟风流场上的佼佼者们形影相随，她以车代步，她宴饮于名家菜馆，她在剧院里消磨夜晚，她跟美貌的淑女们以"你"字相称。天真的人还以为她是出席赛马会和首场演出的上流社会的人物呢！

整整一天，她都高高兴兴。但到了夜间，她就悲愤交加，呜咽啜泣。她离开代办所的化妆室，独自回到自己的亭子间里，迎面的镜子向她道出真相，丑陋赤裸裸地摆在眼前，她感到自己永远也不会被人爱了。她为别人引来爱情，而她却永远得不到爱情的温暖。

六

今天，我只想叙述代办所的创举，以使杜朗多的大名流芳后世。这样的人，历史上理应有其显要地位。

也许有一天，我会写一部《一个陪衬人的衷肠》。我认识这么一个不幸的女子，她向我倾吐过她的苦情，使我深有所感。她的主顾有些是名噪巴黎的女士，但她们对她冷酷无情。太太小姐们，发一点善心吧，不要蹂躏装饰着你们的花边，对这些丑姑娘要温和些，没有她们，你们毫无美貌可言！

我认识的那个陪衬人，有着火一样的灵魂，我猜想她读过不少瓦特·司各特的作品。我不知道有谁比多情的驼背人和渴求爱情幸福的丑姑娘更忧伤了。可怜的姑娘爱上一个小伙子，她的面貌吸引了他的目光，但又把这目光转送到她的主顾身上，就好像她把百灵鸟唤到猎人的枪口下。

她经历过许多悲剧。对那些买一盒发膏或一双短靴一样付钱给她的贵妇人，她怀着强烈的愤恨。她是按小时出租的商品，可是这物品是有感情的啊！你能设想得到，当她微笑着同偷去她一部分爱情的女人以"你"字相称时，她是多么心酸吗？那些在人前装作她的知心朋友，善用甜言蜜语打趣她的女人，内心是拿她当奴隶看待的；她们任性地糟蹋她，就像摔碎书架上的瓷人儿一样。

当然，一个痛苦的灵魂于进步是无伤大雅的！人类在前进。未来将对杜朗多感谢不尽，因为他把迄今一直是死的商品投入贸易，因为他发明了一种装饰品，给爱情提供了方便。

【德国】尼采

黄明嘉 译

快乐的知识①（13则）

打破一切条条框框，"重新评估一切事物的价值"，德国哲学家尼采（1844~1900）一生致力于这项巨大的工程。他的许多思想被人误解和歪曲，但他竭力超越自我、不断提升人的境界的努力是不容抹杀的。当一个人从权威的脚下站起来，获得卓然独立的自我意志，眼前的世界一片豁然洞开，思想的发现将带来"心灵的狂欢"，"快乐的知识"就源源不断地涌现。1882年，尼采在大病初愈之后写下这本格言警句式的小册子，涉及的主题众多，其中一条主线就是张扬人的自由意志，"你要成为你自己"！

我们的爆发

人类很早就具备许多东西，只因它们十分微弱，处于萌芽状态，故而无人察觉。然而经历很长一段时间，也许是几个世纪吧，这些东西突然在光天化日之下出现了，此刻，它们强大而成熟了。

有些时代、有些人似乎缺乏这样或那样的才能与道德，然而，只要假以时日，等到孙子和曾孙辈好了，人们就会把先辈们的内在本性表白于世，而先辈们当初对这内在本性竟茫然无知呢。也常常有儿子背叛父亲的，不过，在儿子有了儿子之后，他对自己的了解就更透彻了。

在我们内心，隐藏着花园、植物。再打一个比喻：我们无一例外，均为随时可能爆发的活火山。至于它何时爆发，当然无人知晓，即使亲爱的上帝也无法预测。

关于"教育"

在德国，上等人缺乏一种重要的教育方式，即上等人的笑。德国的上等人是

快乐的知识

---

① 选自尼采《快乐的知识》，黄明嘉译，中央编译出版社，1999年版。

不笑的。

是什么造就英雄？

是什么造就英雄？——倘若能够同时面对至深的痛苦和最大的希望。

你相信什么？

我相信：一切事物的价值必将重新得到评估。

你的良心在说什么？

——"你要成为你自己。"

你喜欢别人什么？

——别人怀有我的希望。

你说谁差劲？

——那个老是自感羞愧的人。

你觉得什么最具人性？

——使某人解除羞愧心。

什么是获得自由的标志？

——不再自我羞愧。

每天的历史

你每天的历史是个什么样子呢？瞧瞧你的习惯吧，每天的历史就是由你的习惯写成的呀。这些习惯到底是无数小怯懦和怠惰的产物呢，还是你的勇敢之产物、你那富于创意的理性之产物呢？这两种情况泾渭分明，但是你可能得到人们的赞美，你也可能给人们带来同样的功利。

不过，赞美、功利和尊敬大抵只能满足那些只求有良心的人，却不能满足你这类考察人的人，这类人知道何谓良心。

必须学会喜爱

我们对待音乐，首先必须学会把握音乐形象和旋律，学会把它当成一种孤立和隔绝自我的生活，然后还需要良好意愿，作出努力，方能接受它。尽管它陌生怪异，我们仍然对其意境和表现方式保持忍耐，对其神奇保持慈善心态，久而久之，我们终于习惯它了，我们期盼它，缺少它时就若有所失；于是，它也就源源不断地施展魅力和强制，一发不可收拾，直到我们最终爱它，对它俯首帖耳，心醉神迷，乃至不知世上还有什么更美妙的事物。

我们就这样学会了喜爱音乐，对其他事物也是这样。我们总是对陌生怪异的东西保持良好的意愿、耐心、谦逊和温和的态度，因而最终获得激赏：陌生怪异之物慢慢抛却面纱，呈现出新奇的、无可言状的美，这是它对我们殷勤好客的酬谢啊。

凡是自爱的人都是通过这样的途径学会喜爱的，舍此别无他途。人，必须学会喜爱。

以生活为媒介

生活没有让我失望，绝没有! 年复一年，我觉得生活更加实在、更加神秘和值得贪恋了。这感觉始于这一理念：生活是求知者的试验，并非义务、灾难和欺骗! 这理念是伟大的解放者!

知识对他人也许意味着别的什么，比如是歇息的床笫，或达到歇息的途径，或消遣，或无聊的玩意; 在我，知识则是一个既充满危险又充满胜利的世界。在这里，英雄也有用武之地。

"生活是获取知识的途径"，心里有了这一原则，人就不仅勇敢，而且也活得快乐、笑得开怀! 而善于笑和生活的人，难道不首先善于战斗并夺取胜利吗?

大自然的吝啬

大自然为何对人如此吝啬，不让人根据其内在的光辉或多或少地发光呢?

伟人的升降沉浮为何不像日出日落那样，呈现可视的绚丽呢? 人类的一切生命竟然简单明确到如此地步!

【中国】钟叔河

一片二片三四片①

　　一个人做了皇帝，权力就使他产生错觉，以为自己无所不能，包括吟诗作画。乾隆皇帝一心要完成"十全武功"，他一人所作的诗，相当于《全唐诗》的总和，但现代人所记得的，只是电视剧中的一个笑柄："一片二片三四片……"皇帝在位时，胡言乱语都是"诗"，因为他拥有"话语权"，皇帝一鸣，马屁四响。皇帝升天了，他的"诗"就落地了，因为它没有"文学价值"。有权说话，与说得好不好，是两回事。

一片二片三四片，
五片六片七八片，
九片十片十一片……

　　乾隆皇帝的这几句诗，因《宰相刘罗锅》而天下闻名。我没有恭读过乾隆御制诗集，对它们却似曾相识，想查一查出处，而手边只有一部《清稗类钞》，《恩遇类·高宗南巡赋诗》云：

　　沈文悫公尝扈从高宗游幸西湖，严冬大雪，高宗戏吟曰："一片一片又一片，三片四片五六片，七片八片九十片……"沈鞠躬而前曰："请皇上赐与臣续。"高宗许之。沈吟曰："飞入梅花都不见。"高宗击节称善，且以貂裘赐之。

　　沈文悫公即沈德潜变成了刘墉，因为"不是历史"，无需辩说；"飞入梅花"改为"飞入草丛"，也许是迁就布景的缘故。却不禁使人有点铁成渣之感。

　　电视片的水平如何，非我所敢多谈；此刻只想稍微谈谈皇帝的诗，因为现在已经没有皇帝了，谈谈大概还不要紧。

　　学过点历史的人都知道，专制时代的皇帝，在权力的等级上是至高无上的。年轻的朋友们却未必都知道，乾隆皇帝作为一位"诗人"，他在诗歌创作的数量级

---

　　① 选自《钟叔河散文》，浙江文艺出版社，1999年版。

上也是至高无上的。梁章钜《浪迹丛谈·诗集之富》云：

> 乾隆一朝御制，以集计者五，分卷者四百三十四，分篇者四万二千七百八十八，而《乐善堂全集》三十卷更在前焉。

从古至今作诗做得多的，唐朝数白居易，有二千八百多首；宋朝数陆游，人称"六十年间万首诗"，实数亦有九千多。而乾隆所作，在位期间的五部御制诗集，加上即位前和退位后所作，竟相当于陆游的五倍，白居易的一十六倍，几乎等于《全唐诗》二千二百多位诗人全部存诗的总和。这真如《四库全书总目》所云：自古吟咏之富，未有过于我皇上者矣。

可惜的是，万岁爷的这四万多首诗，能够在天下后世人们口上和心中流传下来的，却连万分之一，不，连四万分之一还不到；直到这一次，才有了这经过加工变形了的四分之三首"一片二片三四片……"

皇帝作为国家最高领导人，本只需对社稷安宁、人民福祉负责，完全不必靠笔墨功夫来"作秀"。当然皇帝也是人，也具有人的欲望和爱好，若真有魏武之诗才，后主之词格，徽宗之笔力，亦未尝不可以做诗词书画名家，虽然这对于国运民生未必是好事。无奈我们的皇上当"文华天子"之心虽切，却不够格充当"魏武之子孙"，以曹芳、曹髦样的才智，偏想克绍箕裘，在文化上露一手，破"自古吟咏之富"的纪录，正所谓心有余而力不足，于是只好"一片一片又一片"，靠沈德潜等文学侍从之臣帮忙了。此盖是悲剧，非滑稽戏也。

沈德潜替皇上当枪手，清人多有记载。《清稗类钞》说乾隆曾一次交诗稿十二本叫沈德潜改，命之曰："改几处，均依汝。"这时的君之爱臣，可谓无以复加，在一首赐语中，甚至公然说"我爱沈德潜"，又恭维沈的"诗当不朽照千秋"。可是，当沈德潜老病退休后，"圣眷"便渐渐衰减了。最不可思议的是，据《清实录》记载，乾隆四十三年十一月癸丑，忽然发出一首上谕，借徐述夔《一柱楼诗》一案，对死去的沈德潜大加斥责，说沈"并未为国家丝毫出力，众所共知"，又骂沈"贪图润笔，为囊橐计，其卑鄙无耻，尤为玷辱缙绅"，宣布"将沈德潜所有官爵及宫衔谥典尽行革去，其乡贤祠牌位亦一并撤出，所赐祭葬碑文派专人前往查明扑毁，发昭炯戒"。这与其说是专制帝王天威莫测，喜怒无常，还不如说是靠秘书笔杆子放创作卫星的主子想将枪手焚尸灭迹。

我读史时常想，在装斯文"搞文治"皇帝的陛下帮忙或帮闲，恐怕比跟自称无赖无法无天的刘秀朱温们干活更加危险，此吴学究之宁肯跟托塔天王而不要白衣秀士也。沈德潜忝为"江南老名士"，于保身之道其实并不高明，一句"飞入梅花都不见"，当时虽拿到了一袭貂裘这个特等奖，殊不知已蹈"庭草无人随意绿"和"空梁落燕泥"之覆辙，也就种下死后扑碑的祸根了。

在服侍皇上作诗这件事情上，纪昀似乎要比沈德潜更聪明。何刚德《春明梦录》中记有一则故事，大意是：有次纪晓岚随侍乾隆游幸白龙寺，寺里的钟声一响，乾隆就要吟诗（不然怎么能弄出四万几千首），起句云：

白龙寺里撞金钟

一听如此高雅的诗句，纪晓岚忍不住扑哧一笑。乾隆的脸色立刻大变，斥问纪何敢如此不敬。纪晓岚闯了大祸，但他脑子特别灵，随即恭恭敬敬回奏道："陛下出口成章，竟得一副绝妙好联，故臣喜极而笑。"乾隆问是何联语，纪奏曰：

黄鹤楼中吹玉笛

并云"陛下所作，与唐人此语，岂非绝妙好联？所谓文章本天成，妙手偶得之，真真可喜可贺。"于是龙颜大悦。

纪大烟斗本将"刘玉树小住芙蓉庵"对"潘金莲大闹葡萄架"的本事，这不是旁人轻易学得到的。次一等的还有梁绍壬在《两般秋雨庵随笔》中介绍的一位李总兵。乾隆的御制诗集刻成后，普赐天下文武百官，他也得到了一部，照例须上谢表，赞颂御制诗篇的思想性和艺术性。这种颂歌也是不大好唱的，以前朱洪武就砍过几个上谢表拍错了马屁的官儿的脑壳。李总兵的谢表却做得十分精到，其警句云：

乍聆天语，真目所未睹之奇；
欲赞微词，凛口不能言之惧。

得到的评语是"立言最为得体"。我则觉得这里很有几分幽默感，也就是高明的挖苦话，虽然代李总兵草谢表的师爷未必有这贼心贼胆。

然而，御制诗在御体康泰时虽然占尽了风光，一换代（更不要说改朝了）身价就一落千丈，大约也是不争的事实。《清稗类钞·考试类·龙汝言一体会试》记述，乾隆爷龙驭上宾后，嘉庆皇帝便亲口说过："南方士子，往往不屑读先皇诗。"他虽然奖赏了能背诵"先皇诗"的龙汝言，却并没有对"不屑读先皇诗"的士子们实行严办，因为这时需要崇拜的已经是新皇而不是先皇了。我甚至怀疑，"一片一片又一片"和"白龙寺里撞金钟"此类对先皇不足增光只能丢丑的"诗"得以刊布流传，恐怕还是新皇和替新皇帮忙或帮闲的侍从们有意安排的结果。有位外国文人说过，若是忌恨某某，希望他跌一点价，最妙的办法便是把他那些荒谬不通的诗文印出来示众，供大家取笑。试想一想，如果创造了"自古吟咏之富"纪录的先皇头上的光环不减损一点，新皇的形象又怎么能在那耀眼的光辉突现出来呢？

据说，有的人一生只作过一首诗，如"劝君莫惜金缕衣"的杜秋娘；这一首诗不朽，这一个人也就不朽了。白居易、陆游的诗作得多，多了就不免夹杂平庸之作；但他们毕竟是真正的诗人，所以仍有不少好诗传世。香山居士已经死去一千一百多年了，放翁"身作稽山土"也已经快八百年，"司马青衫""沈园柳老"之类佳句名篇，却仍能永葆其不老的生命，此亦即是真正的文学艺术的一点为帝力所不及的力量。我们的乾隆皇帝升遐还不到二百年，却只剩下可说是他作也可说不是他作的"一片二片三四片"，在插科打诨的电视片中充当笑料，这固然是他过河拆桥拆毁"江南老名士"墓碑的报应，岂不也应验了共产党的一句话，"群众的眼睛是雪亮的"么？

1996年12月

【土耳其】阿齐兹·内辛

赵国玺 译

神圣的遗物①

　　阿Q喜欢说：我们先前阔多了。先前到底怎么样呢？阿Q其实未必清楚。年代久远的物事，组成了民族的传统，传统，就是祖先留下的，至今仍在我们的生活中发生作用的文化遗产。那些东西原本是什么，传到今天到底又是些什么呢？后人一般不去追问，只是按照惯性遵从传统行事。假如，像这篇讽刺小说所言，那些神圣的遗物，出于各自的私利，被一代代人偷换，早已不是最初的那个圣物，我们却依然对它顶礼膜拜，岂不是在自欺欺人中过活？故事提醒我们，面对以传统为名目的事物，我们要时时警醒，拒绝受骗。

　　很早很早以前，有一个世界上最贫穷的国家。统治这个一贫如洗的小国的君主苏丹，却有一个宝库。宝库里珍藏着全国独一无二的，最最宝贵的遗产。举国上下，人人都用吹嘘祖先留给自己的这份遗产聊以自慰："尽管我们一贫如洗，起码祖先留下的这份遗产是属于我们自己的。"就这样，他们用自我安慰来填补贫困生活带来的精神空虚。

　　他们祖先留下的这份遗产，不是一两个人的私有财产，而是整个国家的公共财物。每个公民都以自己是拥有这一宝贵遗物的一分子而自吹自擂，津津乐道，全心全意地护卫着它。

　　为了保护好这个属于整个国家的圣物，它一直被密藏在苏丹的宝库里——这里是最适宜于珍藏它的地方——守卫宝库的哨兵都是全副武装，他们执勤的时候，连眼睛都不准眨动；宝库所在的地方，小鸟都不准飞过。

　　苏丹、首相、大臣，以及宫内所有的文武官员，每年都有一天要用自己的名誉宣誓：一定要保护好祖先留下的这个珍贵而又神圣的遗物。

　　时间年复一年地过去了，有一天，苏丹突然想弄清楚，大家用鲜血和生命保

快乐的知识

---

① 选自赵国玺译《阿齐兹·内辛小品文》，敦煌文艺出版社，1996年版。

卫的这个圣物,究竟是什么?想看看圣物的强烈欲望,像烈火在心里燃烧。最后,他再也无法控制自己的欲望,终于走进了宝库。哨兵们没有阻挡他,因为苏丹、首相、大臣们都经常自由地进出宝库,检查圣物是否放在原来的地方。宝库是由一间套一间的41个房间构成的,在第41个房间里,又有一个套一个的41个宝盒,圣物就珍藏在第41个宝盒里。

苏丹通过了40个房门,然后走进第41个房间,打开了40个宝盒。当他抓住第41个盒子的时候,激动的心情猛烈地敲打着心房,又惊又喜地想:"我们珍藏多年的这件圣物,将会是什么模样?"

他揭开了第41个盒盖,一看:啊!原来是一颗光辉灿烂,光芒四射的稀世珠宝!这么珍贵的宝物,苏丹王以前在世界的任何地方都没见过!你说是黄金吧,这不是黄金;是白金吧,也不像;银子吧,更不是!苏丹越看越高兴,边看边思索:"如果我把祖先留给大家的这件圣物拿走,归我所有,别人会不会知道呢?"

想着想着,苏丹把那神圣的遗物——像从太阳上摘下来的一样的金光闪闪的珠宝——从宝盒里拿出来,装进了自己的口袋。他把圣物装好以后,突然心里害怕得发抖:"要是有人知道我偷走了圣物,那怎么办呢?"他又想:"如果我把这圣物拿走,在宝盒里放上一块白金,再用红宝石、珍珠母、绿宝石、珍珠、金刚石什么的装饰起来,即使以后别人打开宝盒,也不会知道圣物被人偷走,因为以前谁也没见过真正的圣物嘛!"

他就按他的想法做了。然后把41个宝盒按原样一个套一个地放好,把41个房门一个一个地锁了,最后才离开了宝库。然而,他唯恐自己的诡计被人识破,便把一年一次保卫遗物的宣誓仪式,改为每半年举行一次,以为这样一做,别人就会认为他更忠实,从而不会怀疑他偷盗了祖先留下的神圣遗物。从此,每年人们在广场上聚集两次,苏丹带领着臣民举行宣誓仪式,要他们用鲜血和生命保卫祖先留下的圣物。

首相是个狡猾的人,他心里怀疑说:"以往我们的护宝宣誓都是一年举行一次,苏丹为啥要突然改为两次呢?"有一天,他又想:"我们多少年来精心保卫的这个遗物到底是什么样子?"想着想着,便走进了宝库。他走进第41间房子,打开了第41个盒子,当他看见一大块用各种宝石装饰着的白金时,不禁大吃一惊!那本来是苏丹偷换稀世珍宝的赝品,他却满以为是祖传的圣物,心里想:"我要把这遗物拿走,换上一块金子,再用彩色宝石埋住;反正没有人知道圣物是什么样子,即使有一天人们打开宝盒,他们也会相信这就是神圣的遗物……"他虽然按自己的想法做了,害怕别人发现,心里总不踏实,于是增加了宣誓典礼,把苏丹改的一年两次变为四次:春、夏、秋、冬。

不幸,大臣里有个奸诈的人也起了疑心:"为啥要把半年一次的宣誓增加到一季一次？"他也是能够自由进入宝库的人员，便大大方方地走进了宝库。经过41个房间，打开了41个宝盒。当他看到用五色宝石掩埋的金子时，两眼闪出了愉快的光芒："我要拿走这块金子，在原地放块银子，别人根本不会发现！"他这样想，就这样做。但做过以后心里十分恐惧。为了掩盖自己的偷窃行为，让全民族看到他保卫圣物的赤诚，又带头把每季一次的宣誓典礼按每月一次举行。全国的老百姓每月都要在广场上聚集一次，每个人都要发誓：用自己的最后一滴血，保卫神圣的遗物！

宫廷侍从官是个机灵鬼，他也对增加宣誓次数产生了怀疑。"我要去看看我们的圣物，那里肯定出了事情！"他低声说着走进宝库，通过41个房间，打开了41个宝盒，看到了"遗物"。他太爱祖先遗赠给后代的这个神圣的遗物了，所以他想："如果我把它拿走，用一块铜来代替，别人怎么会知道呢？"他像他想的那样做了。做是做了，心里总怕自己的偷盗行为被别人揭露。为了向公众显示自己在一丝不苟地保卫神圣的遗物，他把一月一次的宣誓典礼又变为一周一次。

更倒霉的是，那个保卫宝库的警卫官也有了怀疑，他自言自语："宝库里出了什么事？要我们一周宣誓一次！我也要亲自去看看这个神圣的遗物……"像前边的那几个人一样，他也穿过了41间房子，打开了41个宝盒。当他看到那个发光的铜块时，也十分高兴。"我把这拿走，放上一块铸铁，谁也不会知道。"他说。他照他说的做了，老不放心，总怕自己的鬼把戏被人戳破。为了向所有的人证明他全心全意守卫圣物的虔诚心意，他每天宣誓：要用自己的生命保卫祖先留下来的神圣遗物！

时间过了一年又一年。最后从公众之中站出一个人来，他说：

"举国上下，每天宣誓要用鲜血和生命保卫祖先留给我们的遗物。实际上，我们把遗物一直珍藏在宝库里，保护得很好。但这神圣的遗物是什么东西？毕竟我们不是保管人。给大家打开房门吧，揭开宝盒吧，让我们见见祖先留给我们的圣物，使每个人知道，为什么要这样的珍惜它！"

这些话，就像爆炸了一枚重型炮弹。以苏丹为首的一伙，尤其害怕自己背信弃义偷盗国宝的罪行败露，他们像一个人一样，亲自起来攻击那个人的请求。他们惊恐不安，惶惶不可终日，都以为只有自己偷换了神圣的遗物，却不知道他们都是盗窃国宝、私放赝品的窃贼。

他们愤怒地指责说："'让我们见见祖先留给我们的圣物！'这纯粹是有意玷污、诽谤圣物的叛徒言行——可耻的叛徒卖国贼！有什么资格去见我们祖先留下来的无价之宝？有什么资格去看我们的圣物？"他们欺骗、鼓动所有的人联合起来，把那可怜的人推倒在地，打了个半死。

然而，苏丹说："如果要把这家伙处死，我们最好还是按法律正正当当地办事!"

于是,苏丹和他的大臣们首先制定了一条法律;然后,经过一个特殊法庭的审判,他们才处死了这个多嘴而又可怜的人!

可是,事情并没有到此结束。因为死者的话已经从一个人的嘴里传到另外一个人的嘴里,他的想法像雪崩似的扩散开来。一天,又有一个老百姓想:"我们为什么活着不能看看我们的圣物?我们用生命和鲜血保卫它又有什么意义?"因为他铭记着以前那个人的悲惨遭遇,他的想法只能深埋在自己心里,不敢向任何人透露。但他暗暗下了决心,要秘密地到宝库去一趟,看个究竟。

但是苏丹、首相、大臣,以及所有盗窃过圣物的罪犯,为了使他们的罪行不被别人揭露,加紧了对宝库的守卫,以防有人成功地溜进宝库,把"圣物"拿给公民们去看。所以当一个老百姓突然从宝库里走出来的时候,就被哨兵抓住了。那人手里拿着一个生了锈的罐头盒,那是最后一个盗窃犯留下的国宝代替物。当警卫官看见那个人手里的罐头盒时,大声地喊道:

"这不是我们的圣物!"

"这不是真的!"宫廷侍从官异口同声地说。

"这不是我……"大臣们也说。

"不是!不是!!"苏丹看见以后简直发了疯,"不是它!"

那个人高高举起生了锈的罐头盒,一字一顿地问:"你们怎么知道这不是祖先留给我们的圣物?如果这个不是,那真正的圣物到哪儿去了呢?"

这时候,没有一个人能回答他的问题。因为他们都知道,在自己偷走遗物、换上赝品以后,又有别的人进行了偷换。他们把那个人逮捕起来,当场绞死以后,又把生锈的烂罐头盒放进宝盒里,盖好41个宝盒,锁好41间房门。但是他们还放心不下,又通过了另一个保卫神圣遗物的法律。根据这个法律的规定,一日三餐,全国公民每顿饭以前,都要举行保卫神圣遗物的宣誓仪式。那些虔诚地宣誓的人,没有一个人知道,他们发誓要用鲜血和生命来保卫的圣物被人反复偷盗,最后已经变成了分文不值的烂罐头盒子!

【英国】奥威尔

黄磊 译

射 象①

英国作家奥威尔（1903~1950）一生致力于写作"政治小说"和时评，嘲讽专制统治，名作有《1984》《动物庄园》。在这篇自述性的文字里，作者回忆了自己年轻时遭遇的一件"小事"。作者当时的身份是英国殖民政府派驻缅甸某地的警官，一方面对英国殖民暴政不满，一方面又讨厌当地民众的暗中戏弄。这天，一头发情的大象在市场横冲直撞，甚至踩死了一个苦力，警官必须出面制服它。"我"根本不懂如何对付大象，本能的反应是操起枪自我保护。等我赶到现场，大象已经安静得像一头母牛，完全没有必要射杀大象。但是，我的身后陆续聚集了两千名看热闹的当地民众，他们充满期待的神色预示着一场好戏必定会上演，我不开枪，会被人当成傻瓜，以后再也没脸面在这里呆下去了。"白人老爷的行动必须像个白人老爷。"我虽然手持武器，却感觉异常空虚，"我不过是身后的这些黄脸看客的集体意志所操纵的一个可笑的玩偶"。或者说，"我"成了他们手中的一杆枪，是手无寸铁的他们扣动扳机，用"我"作为子弹射杀了大象。结果，"我"的内心知道，自己成了更大的"傻瓜"——"我第一次意识到了白人在东方世界里空虚和无用的统治"。"我看到，一旦一个白人开始变成一个暴君，他就毁了自己的选择权力。"他不得不永远做一个虚弱的"暴君"，他别无选择。暴君和暴政，从根本上无法"从良"，这是作者现身说法传递的一个信息。

我曾经遭到很多人的憎恨，在我一生之中，我居然这样地受到注目，也就是屈指可数的一次而已。那是在缅甸的毛坦棉地区，我当时担任该市的分区警官，那里的排欧情绪非常强烈，但是毫无目标，只是在小事情上发泄发泄。没有人胆敢去制造一场暴乱，但是要是有一个欧洲妇女单身经过市场，就有人会对她的衣

快乐的知识

068

---

① 选自黄磊译《奥威尔经典文集》，中国华侨出版社，2000年版。

服大吐槟榔汁。我作为一个警官，自然也就成了明显的目标，在保证安全的前提下，他们总是捉弄我。在足球场上，会有个手脚灵巧的缅甸球员把我绊倒，而缅甸裁判会装着视而不见，于是观众就轰然地爆发出一阵幸灾乐祸的狂笑。这样的事发生了不止一次。到了最后，我走到哪里，哪里就有年轻人不怀好意的黄脸迎接我，待我走远了，他们就在后面起哄叫嚷，这真叫我受够了。闹得最凶的是年轻的和尚，这座城市的几千个和尚似乎都没有别的事可做，只是站在街头无聊地嘲弄我们。

那时我已认清帝国主义是桩邪恶的事，下定决心要尽早辞职滚回老家。从理论上来说，我完全站在缅甸人一边，反对他们的压迫者英国人。至于我所干的工作，并非出自我的本心，这种不情愿的心情非我言语所能表达。这样的工作岗位可以直接让人发现帝国主义的肮脏卑鄙。关在臭气熏天的笼子里的犯人，长期监禁的囚徒面黄肌瘦的脸，他们被竹鞭打后伤痕累累的屁股，这一切压迫得我无法忍受，都使我有犯罪的感觉。但是我无法认识到这一切。我当时很年轻，教育程度很低，我不得不独自思索这些问题，在东方的英国人都进行着这种思索。我当时甚至不知道大英帝国已日暮途穷，更不知道即使这样它比将要代替它的一些新帝国还是要好得多。我只知道处于两难境地，我一边服务于我所憎恶的帝国，一方面又受那些存心不良的敌对者的气，他们总是想方设法破坏我的工作。我一方面认为英国统治是不折不扣的暴政、一种长期压在被制服的人民身上的重负；另一方面我又认为世界上最大的乐事莫过于把刺刀捅入一个缅甸和尚的肚子。这样的感情是帝国主义制度的副产品，随便哪个英属印度的官员都会这么回答你，要是你能在只有你们两个人的时候问他。

有一天发生了一件颇具象征意味的事。这本是一件微不足道的小事，但它使我更清楚地看清了帝国主义的真正本质——政府以暴虐政策处事的真正动机。有一天清早，镇上的一个派出所的副督察打电话给我，说是有一头象在市场上撒野，问我能不能去处理一下。我不知道怎么办，但是我想一睹究竟，就骑马挎枪出发了。我的武器是一支老式的0.44口径温彻斯特步枪，要打死一头象有点不够用，不过我想枪声可以起到震慑作用。一路上有各种各样的缅甸人抓住马头告诉我那头象干了些什么。这不是野象，而是一头发了情人工驯养的象。它本来是因为处于发情期而被用铁链锁起来的，但在头一天晚上它挣脱锁链逃跑了。唯一能在发情期制服它的驯象人出来追赶，但搞错方向南辕北辙，已到了十二小时的路程之外，而这头象又突然杀了回马枪。缅甸人赤手空拳，对付它简直毫无办法。它已经踩塌了一所竹屋，踩死了一头母牛，撞翻了几个水果摊，饱餐了一顿。它还掀翻了市里的垃圾车，司机跳车逃跑，车子被踩个面目全非。

几名印度警察和那个给我打电话的缅甸副督察在发现那头象的贫民区等

我。这个地方在一个陡峭的山边，破烂的竹屋子挤在一起，屋顶铺的是棕榈叶。这天清晨仿佛要下雨，天空阴云密布，空气沉闷。我开始问大家那头象到哪里去了，像平常一样，仍旧得不到确切的情报。在东方，情况总是这样：在远处的时候，事情总是清楚，可是你离发生地越近，事情就越模糊。有的人指了一个方向，有的人马上又指了相反的方向，有人甚至说根本没有什么大象逃跑的事。我几乎觉得整个事情可能都是缅甸人的又一次捉弄我们的行动。这时忽然听到不远的地方有人在大声吵吵。我听到有人在惊恐地喊着"走开！孩子！马上走开！"一个老妇人手中拿着一根树枝从一所竹屋的后面出来，死命地赶着赤身露体的孩童。后面跟着另外一些妇女，嘴上发出表示惊恐的啧啧声，显然那里有什么东西不能让孩子们见到。我绕到竹屋的后边，看到一个男人的尸体趴在泥中。一看便知死者是个印度人，一个黑皮肤的苦力，刚死去不大工夫，身上几乎一丝不挂。他们说那头象在室外突然向这个人袭来，用鼻子把他捉住，一脚踩在他背上，把他踏进了地里。当时正好是雨季，地上的泥土很软，他的脸在地上划出了一条一尺深，几尺长的深槽。他俯扑在地上，双手张开，脑袋扭向一边，脸上尽是泥，眼睛瞪得很大，龇牙咧嘴，一脸剧痛难熬的样子。我所见到的尸体中，大多数是惨不忍睹的，这又是一个例子。大象的巨足撕破了他背上的皮，像人剥兔皮一样干净利落。我一见到尸体，就马上派人到附近去借一支打象的步枪来。我已经把我的马让人牵走，免得它嗅到象的气味，受惊之下把我从它背上扔下来。

几分钟后，派去的人便带着步枪和五颗子弹回来了，其间又有几个缅甸人来到，说那头象就在下面几百码远的稻田里。我边走边回头看，几乎全区的人都跟在我后面。他们看到了步枪，都兴奋地叫喊说我要去射杀那头象了。在那头象撞倒踩塌他们的竹屋时，他们对它并没有多大的兴趣，可是如今它要给开枪射杀了，情况忽然之间就大为改变了。他们觉得实在好玩，英国群众大抵也会如此。此外，他们还想弄到象肉。这使我隐隐约约地感受到一点忐忑不安。我派人去把那支枪取来只不过是在必要时进行自卫而已，我其实并不想杀死那头大象。这一大群人跟在我后面总是令我神经紧张。我肩上扛着那支步枪大步下山，后面紧紧跟随着一群越来越多的人，我自己看上去一定像个傻瓜，心中也感到自己就是一个傻瓜。到了山脚下，绕过了那些竹屋子，走完那条铺了碎石子的路，再过去，就是一片到处都是泥浆的稻田。稻田有一千码宽，还没有犁过，因为下过雨，田里水汪汪的，零零星星地长着一些杂草。那头象站在路边八码远的地方，侧身站着。它一点也没有注意到人们正靠近。它把成捆的野草拔下来，在双膝上拍打干净，然后送进嘴里。

我一见到那头象就完全知道不应该打死它。把一头驯养得能劳动的象打死是桩严重的罪行，这等于是捣毁一台昂贵的能量巨大的机器，事情很明显，只要能避免就要尽量避免。在如此近的距离之外,那头象在安详地嚼草,看上去像一头母牛一样安全。我当时想它的发情大概已经过去了,因此它顶多就是漫无目的地在这一带游游荡荡,等它的主人回来逮住它。何况,我当初根本不想开枪打死它。因此我决定在边上看着,看它不再撒野了,我就回去。

但是我身后的人群却越聚越多,至少已经有两千人,把马路两头都紧紧地堵死了。我看着花花绿绿的衣服丛中一张张黄色的脸,这些脸上都因为看热闹的乐趣而浮现着高兴和盼望的神情,大家都认定这头象是死定了。他们就像看魔术师变戏法一样看着我。他们并不喜欢我,但是由于我手中有那支神奇的枪,我就值得一观了。我突然意识到,我非得射杀那头象不可。大家都这么期待着我,我非这么做不可。我可以感觉得到两千个人的意志形成一股巨大的力量把我推向前。就在这个时候,就在我手中握着那支步枪傻乎乎地站在那儿的时候,我第一次意识到了白人在东方世界里空虚和无用的统治。我这个持着武器的白人,站在没有任何武装的本地群众面前,表面看来似乎是一出戏的主角,但在实际上,我不过是身后这些黄脸看客的集体意志所操控的一个可笑的玩偶。我看到,一旦一个白人开始变成一个暴君,他就毁了自己的选择权力。他成了一个空虚的、装模作样的空壳,常见的"白人老爷"的角色。因为正是他的暴政使得他一辈子要尽力镇住"土著",因此在每一次紧急时刻,他非得做"土著"期望他做的事不可。他开始只是戴着面具,日子长了以后,他的脸按照面具长了起来,与面具紧密地长在了一起。我非得射杀那头象不可,我在派人去取枪时就似乎已经表示要这样做了。"白人老爷"的行为必须像个"白人老爷"。他必须表现出态度坚决,做事果断。如果他手里握着枪,背后又有两千人跟着,到了这里又临阵退缩,甩手不干,这可不行。大家都会笑话我,我的一生,在东方的每一个白人的一生,都是自我奋斗的一生,是绝不能给人留下任何笑柄的。

但是我真的不想杀死那头大象。我看着它卷起一束草在膝头甩着,神情专注,像一个安详的老妈妈。我觉得朝它开枪无疑是谋杀。按我当时的年龄,杀死几个动物我是没有什么顾忌或不安的,但是我从来没有开枪打过大象,我也不想这么做。何况,还得替象主人考虑考虑。这头活象至少可值100镑,死了,也许只能卖5镑的象牙钱。不过我得马上行动。我转身向几个一直跟在我后面的看起来颇有经验的缅甸人,问他们那头象老实不老实。他们都异口同声:如果你轰它走,它很老实;如果你走得太近,它就不老实。

我知道我应该如何做,我应该走近一些,大约25码左右,去试试它的脾气,要是它冲过来,我就开枪;要是它不理我,我也就不理它,等驯象人回来再说。但是我也知道,这事我恐怕办不到。我的枪法不好,田里的泥又湿又软,走一步会陷很深。要是大象冲过来而我又没有射中它,我的命运就像推土机下的蛤蟆一样危险。不过即使在这时，我也很少想自己的性命，而是身后那些看热闹的黄脸。因为在那时候，有这么多人瞧着我，我不能像只有我自己一个人那样害怕。在"土著"面前，白人不能表现出害怕。因此，一般来说，它是感觉不到害怕。我心中唯一的想法是：要是稍有差池，这两千个缅甸人就会看到我被大象追赶、逮住、踩成肉酱，就像刚才那个龇牙咧嘴的印度人一样。要是发生这样的事情，他们中间有些人很可能会笑话我一辈子。我不能让他们笑话，我只有一个办法。我把子弹上了膛，趴在地上开始瞄准。

人群忽然停止了喧闹，十分的寂静，许许多多的人的喉咙里终于可以叹出一口低沉、高兴的气，好像看戏的观众终于看到帷幕拉开，终于等到好戏上演了。那支造型优美的德国步枪上有十字刻线。我当时根本不知道，要射杀一头象得瞄准它双耳之间的那块区域，然后开枪命中即可。因此，如今这头象侧面对着我，我就应该直射它的一只耳孔就行了。实际上，我却把枪口瞄准了耳孔前面的几英寸处，以为象脑在这前面。

我扣扳机时，没有听到枪声，也没有感受到后坐力，但是我听到了群众轰地爆发出高兴的欢呼声。当子弹在非常短的时间内飞到那里以后，那头象一下子变了样，神秘而又可怕地变了样。它没有动，也没有倒下，但是它身上所有的线条都变了。大象一下子变老了，全身萎缩，好像那颗子弹的可怕威力使它僵死在那里了。我估计大约有5秒之久，它终于四腿发软跪了下来。它的嘴巴淌着口水。全身出现了老态龙钟的样子。我觉得这头大象仿佛已有好几千岁了。我朝原来的地方又开了一枪。它中了第二枪后还不肯就此死掉，虽然很迟缓，它还是努力着站起来，四腿发软，脑袋耷拉。我开了第三枪。这一枪终于放倒了它。你可以看到这一枪的痛苦使它全身一震，把它四条腿剩下的一点点力气都打掉了。大象在倒下的时候好像还要站起来，因为它两条后腿瘫在它身下时，它上身却抬了起来，长鼻冲天，像棵大树。它吼一声，这是它第一声吼叫，也是最后的一声吼叫。最后它肚子朝着我这一边倒了下来，地面一颤，甚至在我趴着的地方也感觉到猛地一震。

还没有等我回过味来，那群缅甸人早已抢在前面跑到田里去了。显然那头象已经彻底倒下，但它还没有死，还在有节奏地呼噜呼噜地喘着气。它的身子痛苦地一起一伏。它的嘴巴张得很大，我可以一直看到它喉咙的深处。我在边上守了很久等它死去，但它的呼吸并未停止。我把剩下的子弹射进了我估计是它心脏的位置。象血喷涌而出，好像红色的天鹅绒一般，可是它还不肯死。它中枪时身子一动不动，痛苦的呻吟仍连绵不断。它在慢慢地、极其痛苦地死去，但是它已到了一个遥远的世界，子弹已经不能够再伤害它了。我觉得我必须制止这折磨人的喘息声。看着那头没法动弹、又不能马上死去的巨兽躺在那里，很不是滋味。我又把我的小口径步枪取来，朝它的心脏和喉咙里开了一枪又一枪，但似乎一点影响也没有。大象痛苦的喘息声就像钟声一样，永无尽头。

再也受不了这种折磨，我离开了那里。后来听说过了半个小时它才完全死去。缅甸人还没有等我离开就提着桶和篮子来了。据说到了下午他们已把它剥得片甲不留了。

关于射象的事，当然众说纷纭。主人很生气，但他没有一点办法。何况，站在法律的角度来说，如果主人无法控制的话，发狂的象是必须打死的，就像疯狗一样。我并没有做错。至于在欧洲人中间，大家各持自己的观点。年纪大的人说我做得对，年纪轻的人说为了一个被踩死的苦力而开枪打死一头象太不像话了，因为象比那苦力值钱。事后我心中暗喜，那个苦力死得好，正好给了我一个体面地杀死那头象的借口。我常常在想，别人也许永远不会知道我射死那头象只是为了不想在期待的人们面前显得像个傻瓜罢了。

【美国】海伦·杜卡斯 等编

傅善增 译

爱因斯坦的来信①（24则）

　　我们可以不明白爱因斯坦（1879～1955）的相对论，但这并不妨碍我们认识和亲近这位巨人。这里选择的二十余封短简，大多是他写给孩子们的回信，从他真诚、明晰、不失幽默的文字间，可以听见一个伟人的心跳。他从不含糊其辞，从不居高临下，在诸多问题上，他表态明确，发人深省。读这些短信，就像与一位明智而慈爱的长者对话，可以荡涤心胸，一洗俗尘，同时感到人间的温暖和生活的希望。就像高尔基曾经这样表达对托尔斯泰的敬仰和依恋："只要这个人活在世上，我便不是孤儿。"收到和读到爱因斯坦来信的人，同样可以说：因为爱因斯坦的存在，我感觉到自己作为人的高贵、力量和希望。

1

1936年5月26日，在回答一位科罗拉多州记者的问题时，爱因斯坦写道：

　　每个人的一生都会遇到足以决定这个人思想和行为的外界事件。但是在多数人身上这种事件并不起作用。至于我，小时候我的父亲曾把一个指南针拿给我看。这件事给我的深刻印象肯定影响了我的一生。

　　爱因斯坦常常谈到当他见到那个指南针时的新奇感。显然这是他一生的一件大事。

2

下文引用爱因斯坦在1918年春从柏林寄给他在苏黎世的朋友海因里奇·桑格尔

---

① 选自海伦·杜卡斯、巴纳什·霍夫曼编著《爱因斯坦短简缀篇》，傅善增译，百花文艺出版社，2000年版。标题为编者所拟。

的信。他的广义相对论理论已经完成了，但日食的证明和世界名望尚未来。爱因斯坦的大儿子，当时大约十四岁，已经表现出对工程技术方面的充满生机的兴趣。

我当初也曾想当工程师。但我发现这个想法是不可容忍的，因为那样就得把我的创造性用到使日常生活更加人为地复杂化上去——一切都只为了钱，令人厌恶。为思想而思想，就像音乐那样！……当我的头脑一有空闲，我爱把自己久已熟知的数学和物理学的定理拿来重新求证。我这样做没有什么目的，只是以此来动动脑筋，寻求消遣。……

3

1944年8月20日，在回答一封询问他为什么从事研究的信中，爱因斯坦用英语写道：

驱动我从事科学研究的不是什么别的情感，而是一种无可阻挡的想要揭示自然界秘密的渴望。我热爱正义，我为改善人类生存环境而努力。但这同我在科学研究方面的兴趣不是一回事。

4

1952年2月25日，英国的一个重点中学的"毕业班协会"的代表们写信给爱因斯坦，热情洋溢地告诉他，他已被几乎一致地推荐为他们组织的会长。当然，这是个没有职责的会长。其实根据这个组织的规定也并不允许有自己的会长。但他们觉得爱因斯坦会把这一推举视为对他的伟大成就的认定。3月17日，爱因斯坦用英语写了回信。

作为一个年老的教师，我怀着极大的喜悦和骄傲收到了你们提名我作为你组织的会长。尽管我是一个四处漂泊的吉卜赛式的老头，而老年人总是希望受人尊重，我也不例外。可话说回来，我必须告诉你们，我有一点点（不很多）迷惑不解：你们的提名事先并未征得我的同意。

爱因斯坦的回信被加了框子，放置在学校的图书馆里，那里曾是"六年级协会"聚会的地方。很可能信还在那个地方。

5

纽约市一个礼拜日学校六年级的孩子在教师的鼓励之下于1936年1月19日写

信给在普林斯顿的爱因斯坦，问他科学家们是否也有祈祷，如果祈祷的话他们祈祷什么。爱因斯坦在同年1月24日回信说：

我尽可能简单地回答你的问题。下面就是我的答复。

科学研究是基于这样的思想：即每一事物的发生都是由自然法则决定的，因此这个思想对人的行为也适用。正因为如此，一个从事研究的科学家很难相信事物会受到祈祷的影响，很难相信向一种超自然的存在物表达愿望会对事物产生影响。

然而，还必须承认的是，我们关于这些法则的实际知识是很不完全的，以至实际上人们相信自然界包罗万象的基本法则的存在也依赖类似于某种信仰的东西。迄今为止科学研究上的成功在很大程度上说明了这种信仰的存在是有它的道理的。

可是另一方面，每一个严肃地从事科学研究的人都深信不疑的是，在宇宙诸法则之中存在着一种精神，它远超越于人类的精神，在它面前我们人类以自己区区有限的力量而感到渺小。就这样，对科学的追求导致了一种特殊的宗教感情。确切地讲，这种情感很不同于某些比较天真的人的那种宗教虔诚。

值得一提的是，这封信是写在海森伯格的模糊原理和量子机理的概率解释出现的十年之后。

6

下面这封信是爱因斯坦从普林斯顿于1935年12月20日发出的，是一封用不着多做说明的信。当时也没有留下什么记录可以理解他写此信的原因。很可能是应别人的口头之约而写的。

亲爱的孩子们：

想到你们在圣诞节明亮的灯光下聚集一堂，我感到极大的快乐。在庆祝圣诞节的时候，你们还要想着在这一天出生的那个人的教导。他的那些教导很朴实，可是将近两千年里这些教导却没有被普遍接受。要学会从你的同胞的幸福和快乐中感受到你自己的快乐，而不是从人与人可怕的争斗中寻找快乐！如果你们发现自己有了这样的自然情感，你们生活中的每一重负都会变轻，至少变得可堪忍受，你们将找到容忍和无所畏惧之路，你们将随处播撒欢乐。

7

一位母亲向爱因斯坦转达了她的女孩口头提出的问题。爱因斯坦在1951年6月19日用英语写了下面的回信：

快乐的知识

地球已经存在十多亿年了。至于你问什么时候它毁灭,我向你建议:等等看!

他在信中加的附言是:

内函一些邮票,供你收藏。

8

1920年9月,爱因斯坦去斯图加特讲学。在那里他的夫人艾尔莎邀请所有的亲戚郊游,但遗憾的是没有邀请亲戚们的孩子。其中有一个是八岁的伊丽莎白·内伊。爱因斯坦知道这个小女孩有幽默感,于是在9月30日寄给她一张明信片,上面写了一些善意的玩笑话。内伊很珍爱这张明信片,一直保存至今。

亲爱的内伊小姐:

艾尔莎告诉我你不高兴,因为没有见到你的叔叔爱因斯坦。好吧,让我告诉你我是什么样子:苍白的脸,长长的头发,肚子刚开始有一点点大。还有,走路时步伐蹒跚,嘴上有一支雪茄(如果他偏巧有雪茄的话)。衣袋或手上有一支钢笔。然而罗圈腿和脸上的疙瘩他确实是没有的,因此他是相当漂亮的——而且手上也没有毛,不像那些丑男人的手上常常长满了毛。所以,很遗憾你没见到我。

谨致热情的问候。

你的叔叔爱因斯坦

9

人们知道爱因斯坦不修边幅,他的穿着经常很随便。1955年3月初,纽约州一些五年级的小学生知道了这些,并知道几天后是爱因斯坦的76岁生日,于是他们在老师的帮助下,在3月10日给爱因斯坦寄去了信,祝愿他长寿。随信还寄给爱因斯坦一些礼物,包括一枚领带夹和一套袖口链扣。这是爱因斯坦的最后一次生日。

1955年3月26日,爱因斯坦用英语写了回信。

亲爱的孩子们:

谢谢你们大家给我的生日礼物,也谢谢你们来信对我的祝福。你们的礼物提醒我在今后的衣着上应该比以前漂亮些,这个建议是适时的。因为领带和袖口的链扣对我来说只存在于遥远的记忆中了。

10

费得里科·恩利克斯教授组织一次科学会议，爱因斯坦去参加了。会议期间他结识了教授的女儿阿德丽安娜。她可能要求他亲笔写点什么。爱因斯坦写给她下面的话。时间是1921年10月。

从事研究以及对真和美的追求是这样一个人类活动的领域，在此我们被允许永葆童年的纯真。

致阿德丽安娜·恩利克斯。以此作为我们友谊的纪念物。1921年10月。

11

在科迪勒拉山脉最高峰的稀薄大气环境中，植物学家阿·弗·弗利克发现了一种很小的当时尚不为人知的开花仙人掌类植物。在文辞优雅的报告书中，他给这种植物起名为"爱因斯坦尼亚"，并寄给爱因斯坦一份该报告的副本。1933年9月9日爱因斯坦从拉考格回信如下：

亲爱的先生：

您这一经过深思熟虑的做法给了我极大的快乐。这不仅使这小小的植物，而且也使我，能免于寂寞地被遗忘在不食人间烟火的高山之巅。

对您的好意，我深表谢忱。

12

1946年7月10日，南非开普敦一所寄宿学校的一个英国学生写信给在普林斯顿的爱因斯坦，希望得到他的亲笔签名。信很长，充满稚气。信上说："要是我知道你还在世，我可能早就写这封信了。我对历史不感兴趣，我过去以为你是18世纪前后的人。我一定是把你和牛顿或其他什么人给弄混了。"这个学生接着讲到了自己的一个朋友，说他们两个都对天文学颇感兴趣。他们常常在夜里偷偷溜过值班室，跑出去观察星星。尽管已经被逮住并处分了好几次，他们依然我行我素。这个学生还提到无法理解所谓"弯曲的空间"。信的结尾是颇有爱国色彩的话："你已经是美国的公民了，这使我很失望。你要是生活在英国就好了。"8月25日爱因斯坦用英语复信：

亲爱的公子……

谢谢你7月10日的来信。我不得不向你道歉我依然活着。不过这种状况将来会补救的。

不要担心所谓的"弯曲的空间",你会在以后理解它。对于空间来说,这可能是它最容易呈现的状态。以合于理性的方式使用"弯曲"一词,其意义和日常所说的"弯曲"不完全相同。

我希望你和你的朋友今后的天文观测将不再被校方的耳目发现。这也是大多数优秀的公民对自己的官方所采取的态度,我认为这些公民们是对的。

你真诚的朋友

这个学生接到爱因斯坦亲笔签名的信后很激动,尽管爱因斯坦因为女孩的名字特别而把她错当成了男孩。1946年9月19日她在回信中写道:"我当时忘记告诉你我本来是个女孩。……我是说我真的是个女孩。我一直对此特别感到遗憾,但现在我已经变得多少有些认可了。"信的最后她说:"我需要和你说一下,就是我发现你还活着,我的意思并不是感到失望。"

爱因斯坦在回信中说:

不介意你是个女孩,但重要的是,你自己不能介意。那是没有道理的。

13

爱因斯坦到了普林斯顿不久,他应一种名为"小帽子"的大学一年级学生的出版物之邀写一段话。下面就是这段话,发表于1933年12月。

生活在你们这些幸福的年轻人中间我感到非常愉快。如果一个年老的学生有话要对你们说,这就是:永远也不要把学习当成是一种任务,而只应看成是令人羡慕的机会,这个机会使你为自己的快乐而去认识精神王国中美的事物所具有的解放力量,还使你将来为社会做有益的工作。

14

1950年4月12日,爱因斯坦的一个远亲从巴黎写信给爱因斯坦,说他们的儿子就要进大学学习物理和化学了。孩子很想让这个家庭中最著名的成员为他写几个字。

5月18日爱因斯坦写了回信。开头有两行诗:

世事沧桑依旧,我的窘困日甚。
假如我是牧师,一定为你祈福。

话虽如此说,我很高兴收到你们的来信,很高兴知道你们的儿子想投身于物理学

快乐的知识

的研究。但我不能不告诉你们，如果一个人不满足于浮浅表面的成果的话，那么从事物理学研究是件难事。在我看来，一个人把自己的内在追求同他的生计尽可能分割开来是最好不过的事情。如果一个人每天的面包得靠上帝的特别赐予，那可不是好事。

几年以后，在1954年3月1日，这个亲戚又写信给爱因斯坦，告诉他这期间发生的事情。他的儿子把爱因斯坦的信加了框子挂在书房里。这个亲戚说，爱因斯坦的话显然有奇异的力量，因为他的儿子在第一证书的考试中名列前茅。父母为了鼓励他，同他许诺要么他可以去滑雪旅游，要么直接给他钱，供他选择。儿子胆怯地说，他或许能得到一张他的著名庇护者和崇拜者的签名照片。

签了名的照片及时寄出了。

15

1947年7月11日，一个爱达荷州的农民写信给爱因斯坦，说他给自己的儿子起名也叫阿尔伯特，并问爱因斯坦能否写几个字，作为"护身符"来激励儿子的成长。7月30日爱因斯坦用英语为他写了下面这句话：

真正有价值的东西没有一件是出于个人的雄心或仅仅纯粹是出于一种责任感，而是源于对人类和客观事物的爱和献身精神。

爱因斯坦收到了回信，信中夹有小阿尔伯特的照片。喜出望外的父亲在信中说，为了表示感谢，他将寄给爱因斯坦一袋爱达荷土豆。爱因斯坦果然收到了一大袋土豆。

16

1951年3月24日，加利福尼亚州某学院的一个学生写信给普林斯顿的爱因斯坦，问他是否还记得她那里小天文馆的落成。接下去她征求他的意见：她长期以来对天文学深感兴趣，想成为专业的天文学家。但她的两位老师说天文学家已经够多了，并说她的功课不行，无论如何也不会在这个领域取得成功。她承认自己的数学成绩不太好，所以才问爱因斯坦她究竟应继续争取从事天文学或改变主意。

爱因斯坦用英语回答如下：

如果一个人不是以从事科学为其生计的话，那么科学是一件美好的事情。一个人应从事他有能力从事的工作来维持生计。只有当我们不对任何人负有义务的时候，我们才能在科学开拓中找到欢乐。

鉴于上述的建议是给予一个爱因斯坦了解很少的学生，他把建议本身看成是最基本和广泛适用的。他很清楚当一个人被指望创造新思想的时候所感到的精神压力。当年他被请去柏林工作的时候，他把自己比成一只可指望继续下蛋的母鸡。他经常劝诫有志于当科学家或者学者的人应该选择一种不那么费力的工作，例如皮匠，来维持生活，这样能免除"公众的和令人窒息的"压力，这样的压力会使一个人在创造性的研究工作中的乐趣荡然无存，并导致他总出些浮浅的成果。以斯宾诺莎为例，这是爱因斯坦十分敬重的伟大的哲学家，竟以磨制透镜为职业。爱因斯坦常留恋他在伯尔尼的专利局工作时令他快乐的日子，而他的一些最伟大的思想就是在那个时候产生的。

17

1917年12月6日，正是在一战期间，爱因斯坦从柏林寄给苏黎世的海因里奇·桑格尔下面这封信。信中的话并未过时。

这个热爱文化的时代竟然变得如此可怕地不道德，这是怎么成为可能的呢？我越来越把对同胞的宽容和博爱看得高于一切……我们所有的令人赞叹的技术进步，即我们仅有的文明，像是拿在神经病罪犯手中的斧子。

18

1934年爱因斯坦为一家美国杂志写了一篇题为"宽容"的文章。当编辑部想要对文章做一些他所不喜欢的改动时，爱因斯坦撤回了文章，因此这篇文章当时未发表。下面是文章的摘录：

现在当我问自己，什么是真正的宽容，我想起了富有幽默感的威尔海姆·布什给"禁欲"下的定义：

"禁欲是我们从各种得不到的东西里捕捉到的快乐。"

同样，我可以这样说，宽容就是对别人的品质、观点和行为，这些不同于自己的习惯、信仰和趣味的东西所做的礼貌性质的肯定。这就是说，宽容并非意味着他们的行为和情趣的冷漠。这其中必须包括理解和情感的关注。

不管是一件艺术作品或是意义重大的科学成就，其伟大和高尚之处均来自特定的个人。当文艺复兴时代为个人提供了摆脱枷锁求得发展的可能性的时候，欧洲文化才结束了令人窒息的停滞状态，实现了自己最重要的突破。

因此，最重要的一种宽容，是社会和国家对个人的宽容。国家当然是必不可少的，为的是保障个人的发展。但是当国家变成了主要的东西，当个人沦为它的工具和意志方面的弱方,于是所有各种细微的价值就全丧失了。石头必须先破碎开以便让植物生长,土壤必须先疏松开才能使植物果实累累,只有当社会疏松到足以使个人的能力得到自由发展的时候,有价值的成就才会从人类社会中萌发。

19

在1954年或1955年爱因斯坦接到了一封信,信中引用了他和一位著名的进化论者的话,都谈及宇宙间智能的地位,看上去似乎这两段话抵触。下面就是爱因斯坦德文回信原稿的译文。不清楚回信在当时是否发出。

误解是由于对德文原文的错译而造成的,特别应指出的是mystical(隐秘的)一词的使用。我从来没有给大自然赋予一种目的、目标或一切可以被理解为拟人的东西。

我所了解的大自然是一个宏伟的架构,而我们对它的理解还只是非常不完全的。这个架构会使有思想的人产生一种"谦卑"的情感。这是一种坦诚的宗教情感,与神秘主义是两回事。

20

1950年12月初,爱因斯坦在普林斯顿收到一封手写的长信,发信人是拉特格尔斯大学的一个19岁的学生。他向爱因斯坦提出"人活着到底为了什么"的问题。他在驳斥了人活着为了挣钱,为了名声,以及为了帮助别人等可能的回答之后,这个学生说:"坦率地讲,先生,我甚至不知道我为什么要上大学要学习工科。"他感到世上的人"根本就没有目的"。接着他援引了布雷斯·帕斯卡①《思想录》中下述的话。他说这些话概括了他的情感:"我不知道谁把我放到这个世界上,我不知道这个世界是什么,不知道我自己是什么,我对一切都感到茫然无知。我不知道我的躯体是什么,不知道我的感官是什么,不知什么是我的灵魂。我甚至不知道我身体的哪一部分在思考我要说的话,哪一部分能思考外界以及它本身的信息,哪一部分既了解自身也了解外界。我看到我周围令人惧怕的宇宙空间。我发现自己被捆绑在广阔太空的一个角落里,不知道我为什么被安置在这个角落而不是别的什么地方,不知道我这短暂的一生为什么是在这个年代而不是在时间长河中的过去或未来年代。除了包围着我的无限的空间之外我看不到任何别的东西。这无限的空间包围着我,就像包围着一个原子,我就像稍纵即逝永不再来的一个阴影。我所知道的只是我必须死,而使我最感受迷惑的正是我所无法回避的死

① 布雷斯·帕斯卡（1623~1662）,法国科学家、文学家、哲学家。译者注

亡。"

这个学生说帕斯卡是在宗教的教义中寻求答案的,而这个学生他自己却做不到。他说人在宇宙之中微不足道。接着他要求爱因斯坦告诉他哪里能找到正确的思路,以及为什么那是正确的思路。他说:"请不吝指教。如果你认为我的想法误入迷途,那么就把我从迷途中带回。"

面对这个学生要求帮助的强烈愿望,爱因斯坦给予的不仅是几句安慰的话。他的回信肯定使那个学生重新振作,肯定减轻了那些疑问所带来的困扰。下面就是爱因斯坦的复信。信是用英文写的,1950年12月3日从普林斯顿寄出,即在爱因斯坦收到信后的一两天内。

你为寻求每个人及整个人类的生存目的而苦恼探求,这给了我深刻的印象。我认为,如果问题以这样的方式提出,那就不可能作出合理的回答了。如果我们谈及某一行动的目的或者目标,意味着我们仅是简单地提出这样的问题:通过这个行动及其后果我们应满足什么欲望,或者应当避免怎样的不符合我们愿望的后果。当然,我们也可以用清楚明了的语言从整个社会的角度来谈一项行动的目的,即使在这样的情况下,行动的目的至少也会间接地与满足构成社会的个人的愿望相联系。

如果你寻求作为一个整体的社会的目的或目标,或者是把某个人作为整体来探求个人的目的或目标,问题本身就失去了意义。当然,如果想了解大自然存在的目的和意义,那问题本身就更加失去了意义。因为这些情况下,先假定某个人的愿望与客观发生的事情相联系,如果不是不合理的也是相当武断的。

然而我们都觉得问一问自己应该怎样活着,这的确是合情合理,也是重要的。在我看来,答案是在我们人类能力所及的范围内满足所有人的愿望和需要,并达到人类相互关系的和谐和美好。这是以大量认真的思索和自我教育为前提的。不能否认,希腊的先知以及古代东方哲人们在这些极重要领域所达到的高度,超过了现今学校和大学里的认识。

21

下面这一篇声明是爱因斯坦在1937年9月写的。只知道它与一个什么"布道团体"有关,不知道导致爱因斯坦写这个声明的详情。可能是应普林斯顿神学院某人请求而写的,这只是猜想。

我们时代的特色,表现为令人赞叹的科学研究成就以及这些成就在技术上的应用。谁会不为这些所动呢?但是让我们不要忘记,光是知识和技术不可能导致人类的幸福和尊严。人类有充分理由把提出高度道德标准和价值观的人放在发现客观真理的人之上。释迦牟尼、摩西以及耶稣对人类所作的贡献，我以为高于那些善于探索的富于建设性的思想家们的所有的成就。

如果人类想不失去自己的尊严，不失去自己生存的保障，不失去生的快乐，就必须捍卫这些圣人们留给我们的财富，并用我们的全力使其永葆活力。

22

爱因斯坦寄给汉斯·穆赫萨姆博士一个他自己的蚀刻像。后者是他在柏林的一个医学界朋友。在肖像的下面他写了一段话。时间大约是1920年或更晚一些。蚀刻像是赫曼·斯特拉克制作的。

客观地讲，一个人在热情的奋斗中所能获得的对真理的认识微乎其微。但在奋斗中使我们摆脱自我束缚，使我们臻于成为最好的人和最伟大的人的战友。

23

下面这一段话德文原稿是爱因斯坦从帕萨迪那与其他文档一起带到拉考格去的，那是爱因斯坦1932年至1933年冬天最后一次去帕萨迪那。那页纸上没有注明日期，也无法知道这些字是在什么情况下写的。有可能是回答某人或某团体的来信，或者是对纳粹自我吹嘘的反应。当然，这些话完全可以看成是对我们大家讲的。

不要以历史上出生在你那块土地上的几个伟大人物就以为你自己也了不起，因为那不干你的事。不如想一想当时你们是怎样对待他们的，以及你们在遵从他们的教导方面做得怎样。

24

1936年5月1日，一位著名的美国出版商致函爱因斯坦，请他帮忙。这位出版商要为自己乡间的别墅建侧厅，用于藏书。他要在房基下埋一个密封的金属盒子，里面放一些供后世进行考古发掘的东西，比如放一期用高级纸张特别印制的《纽约时报》等。他请爱因斯坦亲笔写一段话，也写在一张特制的纸上，他向爱因斯坦保证说，这种纸能在地下埋一千年不变样。1936年5月4日爱因斯坦把下面这段话寄给了出版商，大概是打印在那种特制的纸上的：

亲爱的后来人：

如果你们还没有变得比我们更公正，如果你们还没有过上比我们更加和平的生活，如果你们总的说来还没有变得比我们更有理性，那是为什么呢？你们让魔鬼给缠住啦。

我充满敬意,致以虔诚的祝愿。

我是(以前是),
你们的,
阿尔伯特·爱因斯坦

【美国】阿兰·莱特曼

黄纪苏 译

爱因斯坦的梦① （6则）

　　曾经，人们一般相信时间是线性的，佛教认为时间是轮回的，而人的记忆时间可以是错乱的。爱因斯坦的相对论一出来，把人类对时间的观念"搞乱"了，变得复杂了。小说家的想象自然比科学家更复杂，把这个话头扣在爱因斯坦身上，透露这样一个发现时间秘密的人的梦境，似乎是个合乎情理的构想，由此，把读者拽入对时间的狂想：假如时间是一个圆圈，所有的事情都在重复，你会不会厌倦？假如时间会制造秩序，你岂不是可以随便胡来？假如时间有个静止的中心和逐渐加速运动的外缘，你愿意生活在哪一层？假如人没有了记忆，你只能活在当下？假如世界各地的时间快慢不同？假如时间是一群夜莺，你可以捕捉……关心时间的人，就是关心生命的秘密，你不想一试？

　　阿兰·莱特曼（1948年生），美国麻省理工学院物理学与人文学教授，科学家兼小说家。

1905年4月14日

　　设想时间是一个圆圈，弯转过来首尾相接。世界重复着自己，无休无止，不差毫厘。

　　人们大都不知道，活过的日子还会从头再来。商人不知道同一桩买卖要一做再做；政治家不知道在时间的轮回中，他们还要在同一讲台上叫嚷无数遍；父母将儿女的第一声笑珍藏在心，好像再也不会听到；头回做爱的恋人怯生生除却衣裳，对软腿酥胸叹为观止，他们哪里晓得那眉目之意、肌肤之亲都将一而再、再而三，一成不变。

　　马克街上也是如此。那儿的店老板哪里知道，他们出手的每件手编毛衣、每条绣花手绢、每块巧克力糖、每只精巧的手表和罗盘，都还将回到他们手上。日落

---

　　① 选自《爱因斯坦的梦》，接力出版社，2005年版。

黄昏，老板们有的回家享天伦，有的下酒馆，冲着外边廊巷呼朋唤友，他们把每寸时光像待销的绿宝石一样抓紧把玩。他们哪里知道，天底下没有过客，一切都将重来，就像水晶吊灯边沿上爬行的蚂蚁，当然不会知道它正返回起步的地方。

在盖勃胡同的医院里，一个妇人在向丈夫道别。他躺在床上，茫然地望着她。过去两个月里，他的喉癌扩散到了肝、胰和大脑。两个年幼的孩子坐在屋角的椅子上，不敢看那老人般塌陷的面颊、皱缩的皮肤。妻子来到床前，轻轻吻过丈夫的额头，低声说了"再见"，带着孩子匆匆离去。她肯定这是最后一吻。她哪里知道一切将周而复始，她还要出生，还要上中学，还要在苏黎世的画廊举办画展，还要在弗里堡的小图书馆遇见他，还要同他在暖洋洋的7月去图恩湖荡舟，还要生儿育女，丈夫还要在药房干上八年，然后一夕归来喉咙长了瘤子，还要呕吐，还要衰竭，还要在这个钟点、这家医院、这间病房、这张床上奄然化去。她怎么会知道呢？

在时间为圆的世界里，每次握手、每次亲吻、每回生产、每个字眼都将毫不走样地重复。朋友闹翻，龃龉生于琴瑟，亲情毁在金钱，上司嫉妒给小鞋穿，许了的愿不算……这一切都将重演。

正如一切都将重复下去，一切都已发生万遍。每个城市里都有个别人，会在睡梦里隐约觉出所有事都曾发生在从前。这些人趑趄踉跄，而且意识到自己前世即已想错做错、多灾多难。倒霉人与床单鏖战于死一样的夜晚。既已明白前世覆辙来世还要重蹈，每个举动都无法改变，他又怎么能够安生？这些两头落难的人说明了时间是个圆。每个城市后半夜的空街与阳台，都被他们的唉声叹气填满。

1905年5月11日

走在马克特街上可以看到一幅奇异的景象：水果摊上的樱桃齐齐码着，帽店里的帽子好好摞着，阳台上的花儿对称地摆着。面包房的地上没撒落一点儿面包屑，餐饮店的石头地上也没溅上一滴奶。一切都各就各位。

餐馆里，一个欢天喜地的聚会结束，餐桌倒是更干净了。轻风掠过街道，吹净了路面，脏物灰尘都溜到城边。水波拍岸，岸自修自补。落木时节，树叶雁阵似的列队而下。云幻作嘴脸，脸留在天上。烟斗将烟吹入屋子，烟却飘向一隅，满室依然清爽。阳台的彩绘历经风雨，倒是越发鲜艳。一声响雷，碎瓷片一跃而起，破罐重圆。装桂皮的车子远了，香气却浓了，并不随时间消散。

这些事奇怪吗？

在这个世界里，流逝的是时光，增添的是秩序。秩序是自然的法则，普遍的趋向，宇宙的归宿。时间如果是支箭，它便射向秩序。未来是规范，组织，强化，联合；而过去则是嘈嘈杂杂，纷纷攘攘。

哲学家说，没有秩序，时间就没了意义，将来和过去便混为一谈。事件的此替彼兴沦为千部小说场面的堆积，杂乱无章，历史便像树梢的暮霭朦胧不清。

在这个世界里，居室邋遢的人可以卧等自然之手来拂去窗台上的尘土，摆正壁橱里的鞋子。办事邋遢的人可以悠闲地去野餐，日程自会调整，约会自会安排，收支自会平衡。唇膏、刷子、信笺，扔包里就是了，它们会自己拾掇自己。树木无须剪枝，杂草不用芟除。一天过了，桌子自会干净。晚上掉在地上的衣服早晨却搭在椅子上。失踪的袜子可以再度复出。

春天走访一个城市会看到另一奇观。人在春日讨厌井井有条。在春天，他们在屋里大造垃圾，把脏土往里扫，摔椅子，砸窗户。春天的阿勒拜尔街或任何居民街区，都能听到打破玻璃，大喊大叫，大吵大笑。春天的人才不按时赴约呢。他们烧掉记事本，丢开手表，一喝一通宵。这样无法无天，到夏季才恢复理智，重归秩序。

1905年5月14日

有个地方时间凝然不动：雨滴定在空中；钟摆停在半途；狗扬脖却听不见它叫；尘土的街道上行人的腿半屈不伸，仿佛被绳拽着；枣、芒果、香菜、茴香的气味都悬在那里。

无论从哪里来这里的人，都是越走越慢。心久久一跳，气缓缓一喘，体温下降，思想衰微，直至到达死亡的中心，一动不动。这里是时间的中心。时间从这里同心圆似的一层层向四下展开——在圆点为静止，半径加长，速度加快。

谁会到时间的中心去朝圣呢？爹娘和儿女，相亲相爱的人。

在这个时间静止的地方，爹娘搂定了孩子，再不松开。那美丽的金发碧眼小女儿，她微笑的此刻将成为灿烂的时时刻刻，颊上的桃红永远不会褪色。她不会起皱不会疲惫不会受伤害，不会忘父母所教导的，不会想父母所不知的，她不会懂得邪恶，不会向父母说不爱，不会离开那间看得见海的房，不会不像现在这样亲近爹娘。

在这个时间静止的地方，恋人在楼影里相拥相吻，再不分开。他们的手臂再不挪开，再不还君明珠，再不独走天涯，再不冒险犯难，再不羞诉衷肠，再不嫉妒，再不移情别恋，再不失却此刻的缱绻。

但要知道，这些塑像却是映在最黯淡的红光里，因为光在时间的中心几乎消失殆尽。是光的波动减弱，有如大峡谷的回声，只剩下萤火般的微明。

那些稍稍离开中心的人倒是动，但速度和冰川差不多。梳次头要一年，接回吻要千年。回眸一笑的工夫,外面已春去秋来。搂搂孩子,桥已凌空。说罢再见,沧海桑田。

至于那些回到外面的人……孩子迅速长大,早忘了爹娘累世经年的拥抱,那在当时不过几秒。孩子大了,远离父母,住自己的房,走自己的路,历经苦难,孩子老了。孩子恨父母要永远拴住他们,恨时间弄皱了他们的皮肤,弄哑了他们的嗓音。如今老去的孩子也想留住时间,当然是留在另一时间。他们也想在时间的中心固定住自己的孩子。

回转来的恋人发现朋友早已不在。到底过去了生生世世。他们生活在一个陌生的世界里。回转来的恋人依然在楼影中相拥,但如今的拥抱显得空空寂寂。他们很快忘掉了千秋万载的约定——那在当时不过几秒。他们即使在陌生人中也要妒火中烧,恶言相向,没了激情,分道扬镳,在这弄不明白的世界里孑然终老。

有人说最好别走近时间的中心。生活固然忧伤,活着也很高尚。没有时间也就没有生命。有人不这么想。他们宁要永恒的满足,即使永恒意味着固定凝滞,像标本盒里的蝴蝶一样。

1905年5月20日

只消看看斯皮塔尔街上挤满的商亭。买东西的人从一个摊位寻寻觅觅到另一个摊位,瞧瞧每处都卖些什么。这儿卖烟草,可哪儿卖芥末? 这儿卖甜菜,可哪儿卖鳕鱼? 这儿卖羊奶,可哪儿卖黄樟? 这些人都不是头回来伯尔尼的游客。他们是伯尔尼的居民。谁也记不起前天在这条街17号叫做"费迪南"的店里买过巧克力,或在36号的"霍夫"美食屋买了牛肉的事情。各个铺子及其特色商品都是常逛常新。许多人带着地图上街,并为另一些按图索骥的人指点迷津,从住了一辈子的城市的这条街前往走了多少年的那条道。许多人带着笔记本,记下头脑中稍纵即逝的见闻。在这个世界里,人没有记忆。

白天过完该回家了,于是人人都打开通讯录看家在何方。割肉割得无聊的屠夫发现自己住在拿格里街29号。因稍稍了解市场而做了出色投资的股票经纪人,发现他如今的住址是邮政街8号。到了家,每人都见有女人孩子等在门口。于是,报上姓名,帮着做晚餐,给孩子念故事。同样,每个女人下班回家,也要碰上丈夫,还有孩子、沙发、灯、壁纸、瓷画什么的。到了夜里,夫妇俩并不耗在桌旁话说白天,什么孩子上学、银行账户之类。他们彼此微笑,感到血是热的,两腿间有苦难言,就好像十五年前初次见面。他们找到卧室一路跌撞进去,才不认得那些家庭老照片,一夜合欢。情欲因习惯和记忆而迟钝。没有记忆,夜夜都是初夜,日日都是首日,回回接吻、次次触摸都是空前。

没有记忆的世界是现在的世界。过去只存在于书本里。为了了解自己，每个人都有本传记，上面记载着生平事迹。通过天天读，他反复了解到自己的父母是谁，自己出身高贵还是低贱，自己在学校表现如何，自己这辈子有什么成就。没有这实录，人就仅仅是张照片，一个两维影像，一缕孤魂。在布仑嘎斯哈特街木叶婆婆的咖啡馆里，可以听到某男的哀鸣——他刚读到自己杀过人；某女的叹惋——她得知自己以前被王子追过；另一位的惊呼——十年前她在大学曾得过最佳学生奖。日暮时分，一些人坐在桌旁浏览自己的行状；另一些人则忙不迭地补入白天的事件。

每个人的传记随着时间增厚，厚到无法通读。于是便有所取舍。上了岁数的或许专读前面的篇章，重温自己的青春岁月；或许只翻结尾，了解一下近来的境况。

有些人干脆不读了。他们抛弃了过去，打定主意，昨天富也罢穷也罢，满腹学问也罢，目不识丁也罢，骄傲也罢，谦逊也罢，有情也罢，无聊也罢，不去管它，只当微风吹了头发。这样的人会直视你的眼，握紧你的手。这样的人步履轻快，懂得怎样活在没有记忆的世界里。

1905年6月20日

在这个世界里，时间因地而异。两个放在一起的钟步调几乎一致。两个离得很远的钟走得就不大一样，越远越不一样。岂止钟走，心跳、呼吸、风行草上，都很不同。在这个世界里，时间在不同的地方有不同的速度。

做买卖要求时间上的一致，因此城市之间便不存在贸易。城市彼此离得太远。如果数一千瑞士法郎在伯尔尼要十分钟，在苏黎世得一小时，两个城市还搞什么交易？其结果，每个城市都是一座孤岛。每个城市都得自种桃李，自养牛羊，自备面粉厂。每个城市都要自给自足。

偶尔也有旅行者冒险前往其他城市。他会困惑吗？在伯尔尼只需几秒钟的事在弗里堡要几个小时，到了卢塞恩就得好几天。此地一片树叶飘下的工夫，彼地一朵花盛开了。甲处一声霹雳响过，乙处一对男女坠入了爱河。这里是孩子长大成人，那里是一滴雨溜下窗子。不过旅行者感觉不到这些差别。当他从一个时空来到另一个时空，身体便适应了那里的时间运动。如果心的每一跳，钟的每一摆，鹈鹕翅膀的每一次扇动都那么和谐，旅行者又怎么知道他进入了新的时域？如果心里的欲念和湖塘的水波还是一块儿起落，旅行者又怎么知道有任何改变？

只有当旅行者与离开的城市联系，他才觉出自己来到了新的时间领地。他或许得知,他不在的这段日子里,自己的布店办得兴旺红火;或许了解到,女儿青春已过,人到暮年;或许听说,他出大门时邻居家老婆正唱的那首歌,这会儿刚刚唱完。只有到了这时候,旅行者才发现,自己和从前的时间还有空间已经一刀两断。旅行者回不到原来的城市了。

有些人倒是乐于孤单。他们说,既然自己的城市最大,干吗要同别的城市来往?哪儿的绸缎能比他们的更轻软?哪儿的牛羊能比他们的更肥壮?哪儿的钟表又能比他们的更精致?当旭日从东山升起,他们站在阳台上眺望,从未望到城郊之外的地方。

另一些人喜欢往来。偶有旅人来到,他们便没完没了地盘问,打听他们到过的地方,打听那边落日的景色,人有多高,动物有多大,讲什么样的语言,如何谈情说爱,有哪些发明创造。终于,有位好奇者要亲眼看看,他离开家园去云游百城烟水。他成了旅行者,再不回还。

这个时因地异、彼此隔绝的世界产生了各式各样的生活。只要城市不合并,生活就可以有千种模样:这个城市的人挨得近,那个城市的人离得远;这个城市的人衣着拘谨,那个城市的人啥也不穿;这个城市的人哀悼仇人之死,那个城市的人无冤无仇也无朋友;这个城市的人步行,那个城市的人坐奇怪的车子;这五花八门的生活只隔百里之遥,就在山那边,河对岸。但它们彼此不交流,不共享共担,不互利互帮。隔绝产生多样,又扼制多样。

1905年6月28日

"别吃太多了,"母亲拍拍儿子的肩,"你死在我前面谁照管我的银器?"这家人正在伯尔尼以南十公里的阿勒河畔野餐。女孩吃了午饭,围着云杉玩逮人,乏了,就倒在厚厚的草上老实躺会儿,然后再打滚再疲乏。儿子和他的胖太太还有母亲坐在布单上吃葡萄、芥末酸面包,还有火腿、奶酪、巧克力蛋糕。吃着喝着,河上吹来清风,他们吸着夏日甜甜的空气。儿子脱了鞋,在草丛里摆弄脚指头。

突然,一群鸟从头上飞过。年轻人从布单上跳起,鞋也没有穿,跑去追鸟。他跑过山顶不见了。不久,城里一路追来的人也跟了上去。

一只鸟落在树上。有个女人爬上树伸手去抓,却让它跳上了更高枝。她继续攀援,小心翼翼地骑在一根树枝上,一点一点向前挪。鸟又蹦回到低枝。当这个女人无助地挂在树上时,另一只鸟却落到了地上吃草籽。两个男人手持罐子,蹑手蹑脚去包抄。他们哪里快得过鸟,它冲天而去,回到鸟群。

群鸟飞过城市。圣文森教堂的牧师站在钟楼里,想把鸟儿诱入拱窗。客来香公园里一个老太太看到鸟儿在灌木中小憩。她拿了个罐子慢慢走去。她知道自己捉不住那鸟，便扔了罐子哭泣。

她不是唯一灰心丧气的人。实际上，每个男女都想抓住一只鸟。时间就是这群夜莺。时间同这些鸟儿一起蹦蹦跳跳。用罐扣住一只，时间便停止。对于被扣住的土地、人民、树木，时间凝固了。

事实上，这些鸟儿是难以捉到的。只有孩子能追得上鸟，但孩子并不想扣留时间。对于孩子，时间真是太磨蹭了。孩子从此刻奔向彼刻，想生日，盼新年，对于来日迫不及待。上了岁数的人想留住时间，可慢慢腾腾，有气无力的又擒不住鸟。对于上了岁数的人，时间稍纵即逝。早饭桌上慢慢饮茶，看小孙子脱衣又脱不下。乐声悠扬，雪映斜晖满堂。这样的光景哪怕是多停留一分钟呢。可他们太慢了，只能看着时间蹦跳飞走，束手无策。

这时如果有谁抓住了夜莺，他便陶然于凝固的时间。他细细地品味亲友的坐姿卧态、笑貌音容，把玩那奖状到手、孩子出世、明月入怀，还有花的冷韵幽香。他陶然于那一动不动的时间，但很快就发现夜莺死了，如笛的清歌消失了，罐中的时间凋谢了。

【美国】门肯

薛鸿时 译

活着总是非常有趣的①
——致威尔·杜兰特书

> 总有人爱问：人生的意义究竟是什么？这回，是《哲学的故事》的作者威尔·杜兰特，向另一位名作家、编辑和批评家，《美国语言》和《偏见集》的作者门肯（1880～1936）询问这个话题。门肯的回复，风趣中显露着自信，咄咄逼人的语气中表现出对人生的坚定信念。他认为，每个生灵都有一种积极行动的冲力，"生命要求你积极地生活"。而找到适合你的工作，活着就有乐趣。不必信教，不信永生，活着本身就是非常有趣的。至于活着有什么意义，谁能做出标准答案呢？

你所问我的话，扼要地说，是我从人生得到什么满足以及我为什么要继续工作。我之所以要继续工作，正与母鸡继续生蛋的理由相同。每一个活的生灵里都潜藏着一种朦胧而强大的、要积极行动的冲力。生命要求你积极地生活。无所作为对于一个健康的生物体来说既痛苦又有害，事实上几乎是不可能的，除非是作为一次次迸发出来的积极行动之间的恢复过程。唯有垂死的人才能真正地懈怠。

一个人确切的活动方式当然是由他与生俱来的机能所决定的。换句话说，他的活动方式取决于他的遗传。我不能像母鸡一样生蛋是因为我生来完全没有这样的机能。由于同样的道理，我不能当选为国会议员，不能拉大提琴，不能在大学里讲授形而上学，也不能进钢铁厂做工。我只能做我得心应手的工作。我恰好生来就对思想具有非常强烈、永不餍足的兴趣，因此我喜欢玩思想游戏。此外，我恰好生来就比一般人更善于把思想化为文辞。结果我就成了作家兼编辑，也就是说，成了一个贩卖和编造思想的人。

在这一切之中，几乎没有我的自觉意志。我做的事并不出于我的选择，而是由不可思议的命运所决定的。我童年时由于对精确的事实怀有强大的、然而还是次

---

① 选自李文俊主编《外国散文名篇赏析》，中国青年出版社，1993年版。标题为编者所拟。

要的兴趣，我曾想当化学家；与此同时，我那可怜的父亲想让我当商人。又有些时候，我像一般家境比较贫寒的人一样，很想靠什么轻巧的欺骗手段发财致富。但我还是成了作家，并且将保持这个身份直到我写完人生的篇章，这就像一头母牛终生只得不断产奶一样——尽管按它自己的心愿，它是宁肯生产杜松子酒的。

我远比大多数人幸运，因为我从童年起就能靠工作谋得优裕的生活，我所做的恰恰就是我一直想做的事——要是不给我报酬，我照样会干的，而且还很乐意。我相信像我这样幸运的人不会很多。千百万人不得不为了生活而从事他们其实是不感兴趣的工作。至于我，除了也曾遭逢人生难免的不幸之外，一直过着非常愉快的生活。因为我在不幸中仍享受到自由行动所带来的巨大满足。总的说来，我所做的恰好是自己想做的事。我对自己所做的事可能会对别人产生什么影响不感兴趣。我写文章、出书并不是为了取悦于人，而是为了自己的满足，正如一头母牛产奶不是为了使奶粉商获利而是为了自己的满足一样。我希望自己的大部分思想是健全的，但我其实并不在乎。世人可以对它任意取舍。反正我在构思时已经得到了乐趣。

我认为，获取幸福的手段除满意的工作以外，就要数赫胥黎所谓的家庭感情了，那是指与家人、朋友的日常交往。我的家庭曾遭受过重大的痛苦，但从未发生过严重的争执，也没有经历过贫困。我和母亲及姐妹在一起感到完全幸福；我和妻子在一起也感到完全幸福。经常和我交往的人大多是我多年的老朋友。我和其中一些人已有三十多年的交情了。我很少把结识不到十年的人视为知己。这些老朋友使我愉快。当工作完成时，我总是怀着永不消歇的渴望去找他们。我们有着共同的情趣，对世事的看法也颇为相似。他们中的大多数都和我一样爱好音乐。在我的一生中，音乐比任何其他外界事物给我带来更多的欢愉。我对它的爱与年俱增。

至于宗教，我可以说是完全没有。我成年以后从未有过任何堪称宗教冲动的经历；我的父亲和祖父在我面前都是不可知论者，虽然我小时候也曾被送进主日学校，接触基督教神学，但他们从没有教我信仰宗教。我父亲认为我应该学习宗教知识，但他显然从未想到过要我信教。他真是一位优秀的心理学家。我在主日学校的收获——除熟悉了大量的基督教赞美诗以外——就是建立了这样的一个坚定的信念：基督教信仰充满着明显的荒谬之处，基督教的上帝是反常、悖理的。从那时以后，我读了大量的神学著作——也许远比一般的牧师读得更多——但我从未发现有任何理由要我改变自己的想法。

在我看来，基督教徒所奉行的礼拜式只能贬低基督教而不是使它变得崇高。它让人们在上帝面前顶礼膜拜，要是那个上帝确实存在，他非但不应当受到尊敬，而且还应当遭到谴责。在这个世界上，我几乎看不到有所谓上帝的善行的证据。相反，在我看来，根据他平日的所作所为，我们就得把他看做是一个愚蠢、残忍和邪恶的家伙。这么说，我可以问心无愧，因为他一直待我很好——事实上简直太客气了。但我还是不得不想到他对其他大多数人的肆意折磨。我简直不能想象怎么能尊敬那个战争与政治、神学与癌症的上帝。

　　我不相信有什么永生，也不想得到它。这种信念来自低能儿们的幼稚的自我。这仅是他们以基督教的形式对于在世上享受较好生活的人们的一种报复手段而已。我不知道人生的意义是什么：我倾向于认为人生根本没有任何意义。我对人生的全部了解仅在于——至少对我来说是这样——活着总是非常有趣的。甚至人生的困苦确实也可以是有趣的。再者，困苦将有助于培育起我最敬慕的人类美德——勇敢和其他类似的品质。我想，最高贵的人就是与上帝作战并战胜他的人。我从来还没有这样做过。在我死的时候，我将满意地归于寂灭。一场再好的戏也不能指望它好得没有尽期。

【中国】毕淑敏

精神的三间小屋①

　　曾子曰："吾日三省吾身。"就像一位勤劳的主妇每天要洒扫庭除一样，有时候，一个人也有必要"收拾"一下自己的生活，检点人生。当代作家毕淑敏（1952年生）对人的精神家园建设，提出一个简洁的规划：构筑"精神的三间小屋"。一间盛放爱与恨，人要爱憎分明；一间盛放事业，做好一件自己喜欢做的事；一间安放自身，永远保持一个独立的自我。总而言之，要有情有义有质量地活出一个自我。

　　面对那句——人的心灵，应该比大地、海洋和天空都更为博大的名言，自惭自秽。我们难以拥有那样雄浑的襟怀，不知累积至哪种广袤，需如何积攒每一粒泥土、每一朵浪花、每一朵云霓？

　　甚至那句恨不能人人皆知的中国古语——宰相肚里能撑船，也让我们在敬仰之余，不知所措。也许因为我们不过是小小的草民，即便怀有效仿的渴望，也终是可望而不可即，便以位卑宽宥了自己。

　　两句关于人的心灵的描述，不约而同地使用了空间的概念。人的肢体活动，需要空间。人的心灵活动，也需要空间。那容心之所，该有怎样的面积和布置？

　　人们常常说，安居才能乐业。如今的城里人一见面，就问，你是住两居室还是三居室啊？……喔，两居室窄巴点，三居室虽说不富余，也算小康了。

　　身体活动的空间是可以计量的，心灵活动的疆域，是否也有个基本达标的数值？

　　有一颗大心，才盛得下喜怒，输得出力量。于是，宜选月冷风清竹木潇潇之处，为自己精神修建三间小屋。

　　第一间，盛着我们的爱和恨。

　　对父母的尊爱，对伴侣的情爱，对子女的疼爱，对朋友的关爱，对万物的慈爱，对生命的珍爱……对丑恶的仇恨，对污浊的厌烦，对虚伪的憎恶，对卑劣的蔑

　　① 选自王剑冰主编《2000中国年度最佳散文》，漓江出版社，2001年版。

视……这些复杂对立的情感,林林总总,会将这间小屋挤得满满,间不容发。你的一生,经历过的所有悲欢离合喜怒哀乐,仿佛以木石制作的古老乐器,铺陈在精神小屋的几案上,一任岁月飘逝,在某一个金戈铁血之夜,它们会无师自通,与天地呼应,铮铮作响。假若爱比恨多,小屋就光明温暖,像一座金色池塘,有红色的鲤鱼游弋,那是你的大福气。假如恨比爱多,小屋就阴风惨惨,厉鬼出没,你的精神悲戚压抑,形销骨立。如果想重温祥和,就得净手焚香,洒扫庭除。销毁你的精神垃圾,重塑你的精神天花板,让一束圣洁的阳光,从天窗洒入。

无论一生遭受多少困厄欺诈,请依然相信人类的光明大于暗影。哪怕是只多一个百分点呢,也是希望永恒在前。所以,在布置我们的精神空间时,给爱留下足够的容量。

第二间小屋,盛放我们的事业。

一个人从25岁开始做工,直到60岁退休,他要在工作岗位上度过整整35年的时光。按一日工作8小时,一周工作5天,每年就要为你的职业付出2000个小时。倘若一直干到退休,那就是70000个小时。在这个庞大的数字面前,相信大多数人都会始于惊骇终于沉思。假如你所从事的工作,是你的爱好,这70000个小时,将是怎样快活和充满创意的时光!假如你不喜欢它,漫长的70000个小时,足以让花容磨损日月无光,每一天都如同穿着淋湿的衫衣,针芒在身。

我不晓得一下子就找对了行业的人,能占多大比例?从大多数人谈到工作时乏味麻木的表情推算,估计这样的幸运儿不多。不要轻觑了事业对精神的濡养或反之的腐蚀作用,它以深远的力度和广度,挟持着我们的精神,以成为它麾下持久的人质。

适合你的事业,白桦林不靠天赐,主要靠自我寻找。这不但因为相宜的事业,并非像雨后的菌子一样,俯拾即是,而且因为我们对自身的认识,也是抽丝剥茧,需要水落石出的流程。你很难预知,将在18岁还是40岁甚至更沧桑的时分,才真正触摸到倾心的爱好。当我们太年轻的时候,因为尚无法真正独立,受种种条件的制约,那附着在事业外壳上的金钱地位,或是其他显赫的光环,也许会灼晃了我们的眼睛。当我们有了足够的定力,将事业之外的赘生物一一剥除,露出它单纯可爱的本质时,可能已耗费半生。然费时弥久,精神的小屋,也定需住进你所爱好的事业。否则,鸠占鹊巢,李代桃僵,那屋内必是鸡飞狗跳,不得安宁。

我们的事业,是我们的田野。我们背负着它,播种着,耕耘着,收获着,欣喜地走向生命的远方。规划自己的事业生涯,使事业和人生,呈现缤纷和谐相得益彰的局面,是第二间精神小屋坚固优雅的要诀。

第三间,安放我们自身。

这好像是一个怪异的说法。我们自己的精神住所,不住着自己,又住着谁呢?

可它又确是我们常常犯下的重大失误——在我们的小屋里，住着所有我们认识的人，唯独没有我们自己。我们把自己的头脑，变成他人思想汽车驰骋的高速公路，却不给自己的思维，留下一条细细羊肠小道。我们把自己的头脑，变成搜罗最新信息网络八面来风的集装箱，却不给自己的发现，留下一个小小的储藏盒。我们说出的话，无论声音多么嘹亮，都是别的喉咙嘟囔过的。我们发表的意见，无论多么周全，都是别的手指圈画过的。我们把世界万物保管得好好，偏偏弄丢了开启自己的钥匙。在自己独居的房屋里，找不到自己曾经生存的证据。

如果真是那样，我们的精神小屋，不必等待地震和潮汐，在微风中就悄无声息地坍塌了。它纸糊的墙壁化为灰烬，白雪的顶棚变作泥泞，露水的地面成了沼泽，江米纸的窗棂破裂，露出惨淡而真实的世界。你的精神，孤独地在风雨中飘零。

三间小屋，说大不大，说小不小。非常世界，建立精神的栖息地，是智慧生灵的义务，每人都有如此的权利。我们可以不美丽，但我们健康。我们可以不伟大，但我们庄严。我们可以不完满，但我们努力。我们可以不永恒，但我们真诚。

当我们把自己的精神小屋建筑得美观结实、储物丰富之后，不妨扩大疆域，增修新舍，矗立我们的精神大厦，开拓我们的精神旷野。因为，精神的宇宙，是如此的辽阔啊。

【中国】张晓风

眼神四则①

眼神四则，说的是对人生的四句感悟：1.人不是生活的旁观者，而是参与者。原本是拍救人的新闻照片的记者自己却成了新闻，就是在参与生活（《眼神》）。2.生命的意志代代相续，一代老去的生命的最终使命，是把自己的基因传递给新的一代（《枯茎的秘密》）。3.信仰的真义就在于毅然决然的奉献（《黑发的巨索》）。4.失去家园的灵魂必定是苍白凄惶的，要给心灵一个故园，让生命留痕（《不必打开的画幅》）。

1. 眼　神

夜深了，我在看报——我老是等到深夜才有空看报，渐渐地，觉得自己不是在看新闻，而是在读历史。

美联社的消息，美国佐治亚州，一个属于WTOC的电视台摄影记者，名叫柏格，23岁，正背着精良的器材去抢一则新闻，新闻的内容是"警察救投水女子"。如果拍得好——不管救人的结果是成功还是失败——都够精彩刺激的。

凌晨3时，他站在沙凡纳河岸上，9月上旬，是已凉天气了，他的镜头对准河水，对准女子，对准警察投下的救生圈，一切紧张的情节都在灵敏的、高感度的胶卷中进行。至于年轻的记者，他自己是安全妥当的。

可是，突然间，事情有了变化。

柏格发现镜头中的那女子根本无法抓住救生圈——并不是有了救生圈溺水的人就会自然获救的。柏格当下把摄影机一丢，急急跳下河去，游了40公尺，把挣扎中的女人救了上来。

"我一弄清楚他们救不起她来，就不假思索地往河里跳下去。她在那里，她情况危急，我去救她，这是最自然不过的事！"他说。

那天清晨，他空手回到电视台，他没有拍到新闻；他自己成了新闻。

----

① 选自楼肇明编《八十年代台湾散文选》，中国友谊出版公司，1991年版。

我放下报纸望着窗外的夜色出神，故事前半部的那个记者，多像我和我所熟悉的朋友啊！拥有专业人才的资格，手里拿着精良准确的器材，负责描摹记录纷然杂陈的世态，客观冷静，按时交件，工作效率惊人且无懈可击。

而今夜的柏格却是另一种旧识，怎样的旧识呢？是线装书里说的人溺己溺的古老典型啊！学院的训练无非在归纳、演绎、分析、比较中兜圈子，但沙凡纳河上的那记者却纵身一跃，在凌晨的寒波中抢回一条几乎僵冷的生命——整个晚上我觉得暖和而安全，仿佛被救的是我，我那本质上容易负伤的沉浮在回流中的一颗心。整个故事虽然发生在一条我所不认识的河上，虽然是一个我所不认识的人救了另一个我所不认识的人，但接住了那温煦美丽眼神的，却是我啊！

2. 枯茎的秘密

秋凉的季节，我下决心把家里的翠玲珑重插一次。经过长夏的炙烤，叶子早已疲老滞绿，让人怀疑活着是一项巨大艰困而不快乐的义务，现在对付它唯一的方法就是拔掉重插了。原来植物里也有火凤凰的族类，必须经过连根拔起的手续，才能再生出流动欲滴的翠羽。搬张矮凳坐在前廊，我满手泥污地干起活来，很像有那么回事的样子。秋天的播种让人有"二期稻作"的喜悦，平白可以多赚额外一季绿色呢？我大约在本质上还是农夫吧？虽然我可怜的田园全在那小钵小罐里。

拔掉了所有的茎蔓，重捣故土，然后一一摘芽重插，大有重整山河的气概，可是插着插着，我的手慢下来，觉得有点吃惊……

故事的背景是这样的，选上这种翠玲珑来种，是因为它出身最粗贱，生命力最泼旺，最适合忙碌而又渴绿的自己。想起来，就去浇一点水，忘了也就算了。据说这种植物有个英文名字叫"流浪的犹太人"，只要你给它一口空气，一撮干土，它就坚持要活下去。至于水多水少向光背光，它根本不争，并且仿佛曾经跟主人立过切结书似的，非殷殷实实的绿给你看不可！

此刻由于拔得太干净，才大吃一惊发现这个家族里的辛酸史，原来平时执行绿色任务的，全是那些第二代的芽尖。至于那些芽下面的根茎，却早都枯了。

枯茎短则半尺，长则尺余，既黄又细，是真正的"气若游丝"，怪就怪在这把干瘪丑陋的枯茎上，分明还从从容容地长出些新芽来。

我呆看了好一会，直觉地判断这些根茎是死了，它们用代僵的方法把水分让给了下一代的小芽——继而想想，也不对，如果它死了，吸水的功能就没有了，那就救不了嫩芽了，它既然还能供应水分，可见还没有死，但干成这样难道还不叫死吗？想来想去，不得其解，终于认定它大约是死了，但因心有所悬，所以竟至忘记自己已死,还一径不停地输送水分。像故事中的沙场勇将,遭人拦腰砍断,犹不自知,还一路往前冲杀……

天很蓝,云很淡,风微微作凉,我没有说什么,翠玲珑也没有说什么,我坐在那里,像接触一份秘密文件似的,觉得一部翠玲珑的家族存亡续绝史全摊在我面前了。

那天早晨我把绿芽从一条条烈士型的枯茎上摘下来,一一重插,仿佛重缔一部历史的续集。

"再见!我懂得,"我替绿芽向枯茎告别,"我懂得你付出给我的是什么,那是饿倒之前的一口粮,那是在渴死之先的一滴水,将来,我也会善待我们的新芽的。"

"去吧!去吧!我们等的就是这一天啊!"我又忙着转过来替枯茎说话,"活着是重要的,一切好事总要活着才能等到,对不对?你看,多好的松软的新土!去吧,去吧,别伤心,事情就是这样的,没什么,我们可以瞑目了……"

在亚热带,秋天其实只是比较忧悒却又故作爽飒的春天罢了,插下去的翠玲珑十天以后全部认真地长高了,屋子里重新有了层层新绿。相较之下,以前的绿仿佛只是模糊的概念,现在的绿才是鲜活的血肉。不知道冬天什么时候来,但能和一盆盆翠玲珑共同拥有一段温馨的秘密,会使我自己在寒流季节也生机益然的。

3. 黑发的巨索

看完大殿,我们绕到后廊上去。

在京都奈良一带,看古寺几乎可以变成一种全力以赴的职业,早上看,中午看,黄昏看,晚上则翻查资料并乖乖睡觉,以便养足精神第二天再看……我有点怕自己被古典的美宠坏了,我怕自己因为看惯了沉黯的大柱、庄严的飞檐而终于浑然不动了。

那一天,我们去的地方叫东本愿寺。

大殿里有人在膜拜,有人在宣讲。院子里鸽子缓步而行,且不时到仰莲般的贮池里喝一口水。梁间燕子飞,风过处檐角铃声铮然,我想起盛唐……

也许是建筑本身的设计如此,我不知道自己为什么给引到这后廊上来,这里几乎一无景观,我停在一只大柜子的前面,无趣的老式大柜子,除了脚架大约有一人高,四四方方,十分结实笨重,柜子里放着一团脏脏旧旧的物事。我仔细一看,原来是一捆粗绳,跟臂膀一般粗,缠成一圈复一圈的圈形,直径约一公尺,这种景象应该出现在远洋船只进出的码头上,怎么会跑到寺庙里来呢?

等看了说明卡片,才知道这种绳子叫"毛纲","毛纲"又是什么?我努力去看说明，原来这绳子极有来历：那千丝万缕竟全是明治年间的女子的头发。当时建寺需要大材，而大材必须巨索来拉，而巨索并不见得坚韧，村里的女人于是便把头发剪了，搓成百尺大绳，利用一张大橇，把极重的木材一一拖到工地……

美丽是什么？是古往今来一切坚持的悲愿吧？是一女子在落发之际的凛然一笑吧？是将黑丝般的青发委弃尘泥的甘心捐舍吧？是一世一世的后人站在柜前的心惊神驰吧？

所有明治年间的美丽青丝岂不早成为飘飞的暮雪，所有的暮雪岂不都早已随着苍然的枯骨化为滓泥？独有这利剪切截的愿心仍然千回百绕，盘桓如曲折的心事。信仰是什么？那古雅木造结构说不完的，让沉沉的黑瓦去说；黑瓦说不尽的，让飞檐去说；飞檐说不清的，让梁燕去说；至于梁燕诉不尽的、廊然的石板前庭形容不来的、贮水池里的一方暮云描摹不出的、以及黄昏梵唱所勾勒不成的，却让万千女子青丝编成的巨索一语道破。

想起京都，我总是想起那绵长恒存如一部历史的结实的发索。

4. 不必打开的画幅

"款，我来跟你说一个我的老师的故事。"他说。

他是美术家，70岁了，他的老师想必更老吧？"你的老师，"我问，"他还活着吗？"

"还活着吧，他的名字是庞薰琹，大概80多岁了，在北京。"

"你是在杭州美专的时候跟他的吗？那是哪一年？"

"不错，那是1936年。"

我暗自心惊，刚好半个世纪呢！我不禁端坐以待。下面便是他牢记了50年而不能忘的故事：

他是早期留法的，在巴黎，画些很东方情调的油画，画着画着，也就画了9年了。有一天，有人介绍他认识当时一位非常有名的老评论家，相约到咖啡馆见面。年轻的庞先生当然很兴奋很紧张，兴冲冲地抱了大捆的画去赴约。和这样权威的评论家见面，如果作品一经品题，那真是身价百倍，就算被指拨一下，也会受教无穷。没想到人到了咖啡馆，彼此见过，庞先生正想打开画布，对方却一把按住，说：

"不急，我先来问你两个问题——第一，你几岁出国的？第二，你在巴黎几年了？"

"我19岁出国，在巴黎待了9年。"

"唔，如果这样，画就不必打开了，我也不必看了，"评论家的表情十分决绝而没有商量的余地,"你19岁出国,太年轻,那时候你还不懂什么叫中国。巴黎9年,也嫌太短,你也不知道什么叫西方——这样一来,你的画里还有什么可看的?哪里还需要打开?"

年轻的画家当场震住,他原来总以为自己不外受到批评或得到肯定,但居然两者都不是,他的画居然是连看都不必看的画,连打开的动作都嫌多余。

那以后,他认真地想到束装回国,以后他到杭州美专教画,后来还试着用铁线描法画苗人的生活,画得极好。

听了这样的事我噤默不能赞一词,那名满巴黎的评论家真是个异人。他平日看了画,固有卓见,此番连不看画,也有当头棒喝的惊人之语。

但我——这50年后来听故事的人——所急切的和他却有一点不同,他所说的重点在昧于东方、西方的无知无从,我所警怵深惕的却是由于无知无明而产生的情无所钟、心无所系、意气无所鼓荡的苍白凄惶。

但是被这多芒角的故事擦伤,伤得最疼的一点却是:那些住在自己国土上的人就不背井离乡了吗?像塑胶花一样繁艳夸张、毫不惭愧地成为无所不在的装饰品,却从来不知在故土上扎根布须的人到底有多少呢?整个一卷生命都不值得打开一看的,难道仅仅只是50年前那流浪巴黎的年轻画家的个人情节吗?

【法国】圣西门等

飞越樊篱①（10则）

这是选自《读者》杂志《意林》专栏的十则短文，是生活长河中十朵细碎的浪花，这样的浪花，每一朵，却都可以滋润我们的人生。请你细细品味，并与好友讨论。

1. 豪猪的哲学

寒冷的冬天，一群豪猪挤到一起取暖，但各自身上的刺迫使它们马上分开；御寒的本能使它们又聚到一起，疼痛则使它们再次分开。这样经过几次反复，它们终于找到了相隔的最佳距离——在最轻的疼痛下得到最大的温暖。

在人类中，自我的空虚和孤寂使人们需要社交，但许多令人厌恶的本性和使人难以忍受的缺点又使他们分开……终于人们也找到了最佳距离，使得他们通过礼节共同生活在一起。

2. 甘地的告诫

有七样东西可以毁灭我们：

没有道德观念的政治，

没有责任感的享乐，

不劳而获的财富，

没有是非观念的知识，

不道德的生意，

没有人性的科学，

没有牺牲的崇拜。

---

① 选自《人生百味》，甘肃人民出版社，1990年版。

3. 小 镇

老头坐在镇外,一个生人问他道:"镇里住的是怎么样的人?"

"你刚住过的那个镇上的人怎样?"老头回答。

"非常可爱。我在那里开心极了。他们和善、慷慨、乐于助人。"

"这个镇里的人也差不多。"

另外一个人走到老头跟前问他:"这个镇里住的是怎样的人?"

"你刚住过的那个镇上的人怎样?"老头问。

"那是个可怕的地方。他们自私、刻薄,没有一个愿意帮助别人。"

"恐怕你会认为这里的人也是如此。"老头说。

4. 谁最快乐

英国一家报纸举办有奖征答活动,题目是《在这个世界上谁最快乐?》

四个最佳答案是:作品刚完成,自己吹着口哨欣赏的艺术家;正在筑沙堡的儿童;忙碌了一整天后,为婴儿洗澡的妈妈;千辛万苦开刀后,终于救了危急患者一命的医生。

5. 鸟 笼

我曾和一个朋友打赌:如果我给他一个鸟笼,并挂在他房中,那么他就一定会买只鸟。我的朋友同意打赌。因此我就买了一只非常漂亮的瑞士鸟笼给他,他把鸟笼挂在起居室桌子边。结果大家可想而知。当人们走进时就问:"乔,你的鸟什么时候死了?"

乔立刻回答:"我从未有过一只鸟。"

"那么,你要一只鸟笼干吗?"

我的朋友后来说,去买一只鸟比解释为什么他有一只鸟笼要简便得多。人们经常是首先在他们头脑中挂上鸟笼,最后就不得不在鸟笼中装上些什么东西。

6. 飞越樊篱

王尔德说:"只有缺乏想象的人做事才一成不变。"所以你不要在6点5分起床,而要在5点6分起床,黎明时出去散步。开车上班时,找条新路。下周周末,跟你的配偶把工作调换一下。研究野花。独自整夜做事。念书给盲人听。订一份外埠报纸。午夜出去泛舟。学意大利语。教孩子做你最擅长的事。连续不断地听两个小时莫扎特的作品。学习翻筋斗跳舞。

要跳出常规。要记住，我们只活一生。

7. 跃入人生

一个春天的中午，父亲陪他5岁的儿子在广场上玩。男孩子拿篮球在脚前拍打着，他瞄准篮筐，双手托球，试图把球扔进篮圈，父亲坐在远处一条长凳上望着儿子的一举一动。不一会儿，有几个大一点的男孩摇晃着走过来，一把将球抢走了，那个男孩被抛到了一旁，变成了观众。

为了摆脱儿子的困境，父亲走向儿子问他是否想收回那个篮球。孩子回答说："不，我想我能对付。"他静静地站在其他孩子们中间耐心等待，然后抓住时机猛然接住篮球，再将它扔给大孩子中间的一个人，直到他们之中的一个又把篮球传给了他。

父亲坐在阳光下仔细注视着儿子的身影，心里默默地说：再见，我的孩子，你长大了。

8. 黑板上的解剖图

自上卫生课的第一天开始，黑板上就画有人体解剖图，表明重要骨骼肌肉的名称和部位。整个学期那幅图都留在那里，不过老师从没有提起它。在最近一次测验时，我们一进教室，就看见黑板擦得干干净净，上面只写了一道试题："列举人体各主要骨骼的名称和部位。"

全班同学异口同声提出抗议："我们从没学过这个。"

"这不是理由，"老师说，"那些知识已经写在黑板上好几个月了。"我们勉强回答了一会以后，老师便把试卷收起来，撕得粉碎。"永远记住，"他告诫我们，"教育不只是学人家告诉你的东西。"

9. 关于卵石的寓言

教育学家威廉·坎宁安对加利福尼亚州州长乔治·先克默杰恩说过一则寓言：

一个人正在沙漠里散步，突然一个声音对他说："捡一些卵石放在你的口袋里，明天你会又高兴又后悔。"

这个人弯腰捡了一把卵石放进口袋。第二天他将手伸进了口袋，发现了钻石、绿宝石和红宝石。他感到又高兴又后悔。高兴的是他拿了一些；后悔的是没能多拿一点。

教育也与此同理。

10. 两个假设

法国的思想家圣西门,曾在《寓言》一文中提出两个有趣的假设。

一个假设是:假如法国突然损失了自己的50名优秀物理学家、50名优秀化学家、50名优秀诗人、50名优秀作家、50名优秀军事和民用工程师……法国马上就会变成一具没有灵魂的僵尸。因为这些人,"在全体法国人当中,对祖国最有用处";他们"在干对整个民族最有益的工作",能够促进法国达到"最高的文明和最大成就"。而再重新培养这样一批人,则"至少需要整整一代的时间。"

另一个假设是:假如法国只是不幸地失去了国王的兄弟和那些王公大臣、参事、议员、主教、元帅、省长和上万名养尊处优的最大财主,并不会因此"给国家带来政治上的不幸"。因为这些人并没有用自己的劳动去促进科学、美术和手工业的进步。

列宁很欣赏圣西门的这篇精彩的政治寓言,曾在笔记本上摘下了这段话,并标上:"圣西门的名言。"

青春做伴好读书

下编

知识改变命运，
文化造就人。
腹有诗书气自华，
青春做伴好读书。

【中国】中央电视台

知识改变命运①

　　这是中央电视台制作的一组公益广告，每条一分钟，用纪实手法表现多个社会底层人士的求知故事，传达一个强烈的信念：知识改变命运。这里选择了几则完成台本：名导演张艺谋曾经是个弹棉花的，北大副校长陈章良曾经是个野孩子，走进知识殿堂之后，他们的生命潜能才得以辉煌地展示。而"一根稻草，两种命运"的故事，令人悲哀无助，贫困依然在中国大地上不断制造如此残酷的命运。把10万亩沙漠化为绿洲的王明海，显示了人的信念加上智慧，具有化腐朽为神奇的力量。

弹棉花的辅助工

　　人物：张艺谋，原陕西国棉八厂辅助工，1978年考入北京电影学院，后成为国际知名导演。

　　完成台本：棉纺厂辅助工就是打杂的那种工作。梳棉车间用今天的话来说就是弹棉花的，是机器弹棉花的车间。特别脏，飞好多棉絮。要经常掏地洞，出来之后人就完全看不见了，全都是棉花和杂质，戴了三层口罩里面都是黑的。那时候的想法，在工厂的时候很简单，就是学习一点东西，来填充自己比较空虚的时光。自己买了照相机，偷了好多书，偷那种摄影书。最高目标就是到我们厂的工会或宣传科以工代干当个干事。平常老说人是有命运的，1978年考上北京电影学院是我一生最大的命运的改变。

一根稻草，两种命运

　　人物：肖琴、肖燕云，湘西土家族人。上小学时由于家中贫困，两姐妹抓阄上学。妹妹抓了长的稻草就上了学，而成绩一向优异的姐姐只能辍学回家当农民。

---

　　① 选自《读者》杂志，1999年第6期。

完成台本：

姐：本来我读书也是很不错的，家里凑不出那么多钱，所以我妈就说让我们姐妹俩抓阄，谁抓长的就去读书，抓短的就不读。当时我二妹抓了长的就去读了。

妹：当时她哭了，我也哭了。第二天我背着书包去上学，可我的姐姐却赶着牛上了山坡。

姐：她进了那学校的大门，对我触动很大的。

妹：我想她要是能够上学的话，她考的学校肯定比我好得多。我心里觉得非常对不起她。

姐：目前我做梦还经常想读书。

妹：将来我要让她的孩子去上一个很好很好的学校。

我9岁才开始读书

人物： 陈章良，1961年出生于福建，现为北大副校长，生命科学院院长。

完成台本： 我9岁才开始读书。像许多海边长大的孩子一样，9岁的时候，我已经很大了，整天带着一群小孩到处跑，不是捉鸟就是捉鱼，然后还打架。应该说是比较野了。我一直听说不好好读书的人手要被打的，所以我就一直害怕上学。实际上是半哄半骗才勉勉强强去读书的。我回国的时候是26岁。35岁成为北京大学副校长。下个世纪是知识经济的世纪。到2005年，差不多要把我们每一个人所有的遗传密码进行全面破译。有很大一批农作物是基因工程的，有很多动物是克隆的。很明显，在这个世纪没有知识真是一点儿都不行。

沙漠变绿洲

人物： 王明海，原鄂尔多斯羊绒集团副总裁，他率众10年在大漠上植树200万株，灌木数千万株，使10万亩沙漠绿树覆盖率达到90%。

完成台本： 恩格贝过去是蒙古族聚居的地方，我第一次来的时候，刮着大沙暴，连5米以外的东西都看不清楚。后来我们好不容易辛辛苦苦种出来的草，来一场大风后，就连根全被拔掉。当时种活一棵草非常难。生存的本能告诉我，必须用一种手段生存下去，让大家种树。人不能吃树叶啊，这种情况下，我就拼命研究，也吸收世界各地对于开发和利用沙漠的一些做法和经验，所以我们搞了这些种羊和鸵鸟的开发。过去在这儿生活过的人，突然来我们这儿，感觉到这是另一块天地了。我想在过去人不能生存的地方，我们将是在这里生活得非常富裕的、文明的而且也很现代的一些人。

【美国】沃尔特·李普曼

唐荣杰 译

爱迪生：发明之父①

113

　　上帝说：要有光。爱迪生就发明了灯。爱迪生成为人间发明大师的代名词，他的无数用途广泛的发明，改变了人们的生活。然而，爱迪生带给人类的最大的贡献，不是这些发明，而是一个信念：人类不再默默接受大自然赋予的生存方式，科学可以改变任何事物，造福于人类，人类可以按照自己的意愿和智慧，在地球上创造一种全新的生活模式。爱迪生带给了人们无休止的改变生活的期望，使科学发明成为一种持续不断的类似"智力接力"的艺术。沃尔特·李普曼（1889～1974），美国政治评论家、作家和思想家，大众媒体的风云人物，他认为，知识分子的责任就是向世人解释当今世界所发生的一切。

　　要衡量爱迪生究竟有多重要，仅仅把与爱迪生有关的所有发明相加，这是行不通的。虽然这些发明中有许多对现代文明具有深远的影响，但爱迪生的一生对现代文明的总的影响超过了他所有发明的总和。他并非仅仅发明了白炽灯、留声机以及其他无数具有一般用途的设备，更重要的是，他如此具体地、如此易于使人理解地、如此令人信服地展示了应用科学的力量，从而使整个人类改变了看法。在他的一生中，由于他所取得的众多成就，使得人们广泛地接受了一个革命化的观念，即人类能够运用自己的智慧在地球上创造出一种全新的生活模式。在这之前所有的时代，人类一直认为生活条件是无法改变的，是人类无法左右的。现在，这种新的精神面貌使人类充满信心地——也许有点幼稚地——接受了这样一个观点：任何事物都能被改变，人类能驾驭一切。

　　以历史观点来衡量，这是一种崭新的进步思想。最初，在17和18世纪，随着纯科学的巨大进步，这种进步思想似乎已经占据了少数几个人的头脑。在19世纪的前半世纪，由于蒸汽动力的应用创建了工业文明，这种新思想得以更广泛地传播。但是，当时的这些变革虽然给人们留下了深刻的印象，但其采用的原理、残

---

　　① 选自李荫华、张介眉主编《当代世界名家随笔》，上海教育出版社，1998年版。

酷的方式却给人们带来无数的不幸。因而在整个19世纪中，人们本能地惧怕并反对机器带来的进步，反对机器所依赖的科学上的进步。只是到了19世纪末，随着电灯泡、电话、留声机之类的日臻完善，大众才开始感到科学确实能造福于他们。爱迪生通过涉及人们日常生活的种种发明，确保了科学被普遍地接受，并结束了始于达尔文的那场关于人类应如何看待科学在生活中的位置的著名争论。

因此，他成了高级科学普及员，他的名字也成为一种伟大的象征。人们对爱迪生这一名字怀着一种近乎盲目的崇拜，似乎它无所不能。30年前当我还是小学生时，人类自古就有的那种保守主义仍是所有孩子正常的遗传特征。虽然我们开始有了电灯、电话，目睹了不用马拉的客车厢，但我们的态度仍然混杂着惊奇、恐惧和怀疑：也许这些玩艺儿能行，也许它们不会爆炸，也许玩弄它们会很有趣。今天，每一个小学生都会认为已有的这些发明创造是理所当然存在的，就像以前的人们认为马和狗的存在是理所当然的一样。不仅如此，他们还深信其他所有人想要的东西都能够、并且一定会被发明出来。在我还是青年时，发明家总是孤家寡人，没人会愿意听他的话，他通常被看做是个想入非非的家伙。今天，恰恰只有电视的发明者本人才会对电视能否进一步完美没有绝对的把握。在改变人类的期望这一方面，没有人起的作用比得上爱迪生。随着他的发明的普及推广，他的影响亦逐渐增强。再加上现代宣传术以及人类自古就有的编造神话的本能，在大众的想象中，爱迪生的地位被大大地提高了。爱迪生不仅被看做是个象征，而且还成了新时代的创始者。

实际上，严格地说，任何发明几乎从来都不是个人的产物。真正的发明家几乎毫无例外地总是成功地把前人的发现综合起来并加以完善，使之便于实际应用并产生效益。爱迪生具有一种特殊的天赋，使他能将已有的发现推进到新的高度，使其转变成实用的东西。如果侈称他独自一人创造了一个又一个奇迹，这既非是对他最好的纪念，也无益于他为之极其出色地奋斗过的科学事业。电灯虽然在52年前诞生于门罗公园①的他的实验室里，却孕育于在此之前近40年的时间里许多国家的许多人所做的各种实验之中。而这些实验之所以得以进行，又只能归因于之前的两个世纪的时间中数学和物理科学方面的进步。

爱迪生的那些独特的发明最终取得成功，这表明发明有可能成为一种持续不断的艺术。胡佛先生在昨天出版的悼念爱迪生的文章中直接指出，正是这种持续的艺术构成了爱迪生在历史上的重要性。因为爱迪生，科学研究才能在我们的社会中确立其地位；因为他的示范，纳税人和股票持有者的钱才可能被用于各项研究。通常这些人并不理解这些研究的性质，可他们知道这些研究是值得的，并期待最终会带来金钱上的效益。

---

① 门罗公园系美国新泽西州境内一地名。爱迪生于1876年在此建立了他第一个实验工场。

【中国】张建术

魔镜里的钱锺书①

钱锺书成为知识界的"传奇人物",是中国内地开始崇尚知识和智慧的一个象征。作为一名作家和学者,他的名字长期与普通读者疏离。他的讽刺小说《围城》,是在海外博得盛誉之后再"出口转内销";他的文化巨著《管锥编》,经过"文革"的冷藏,在改革开放以后才得以面世。时势通达之后,中国学界尊之为"文化昆仑",树为知识分子的楷模。据传,海外嘉宾到北京必看三件物事:长城、故宫、钱锺书。钱的回应是:你吃了一个鸡蛋觉得味道不错,何必要见那只生蛋的母鸡呢? 本文展示魔镜两面的钱锺书形象,在惊世骇俗、恃才傲物乃至童心憨痴的魔镜背面,是一个骨气铮铮的完整的人。

去年10月30日,夏衍生日那天,夏的女儿给同住一个医院的钱锺书送来一块蛋糕,钱先生脏器衰竭症状刚消失,病情缓解,胃口大开。他坐在床上边品尝蛋糕,边与人谈天说地。突然发现被记者的摄像机捕捉,钱老先生一撩被子,连人带头带蛋糕就捂了进去,也全然不管白、红奶油弄得满头满身满被子。

遥想当年,钱锺书名震清华,后来,他也以恃才傲物、喜臧否人物、擅讽刺文学闻名于世。然而,他的同学老友里,北有吴晗,南有傅雷,皆遭横死。晚年乔冠华亦足堪咨嗟。唯独他钱先生,晃晃悠悠走过来,历40载变迁而声望日隆、光彩益炽。深层的原因外人无法道出,表层的原因却可浅浅看见:《毛泽东选集》英译组主任委员的身份,给了他12年的平安清静,此为一。闭门读书,不沾政治,谨守默存,此为二。第三条,则该归功于他过人的洞察力和聪明了。"文革"中他也挂了牌子,扫过楼道,被遣往干校劳动。那时钱锺书是为自己未完成的书而活着的,他渴望在堕入衰竭之前再来一次"金翻健摩空",不了此愿,这辈子太冤。

1974年到1977年,钱锺书全力以赴投入《管锥篇》的写作。他说自己写作的目的是"销愁纾愤,述往思来,托无能之词,遣有涯之日"……

① 选自《读者》杂志,1995年第6期。

钱锺书的清华校友胡乔木，最先发现了这部空前之作的价值，并促其顺利出版。今人评："《管锥篇》不仅是钱锺书最能传世的代表之作，恐怕也是学术史上壁立千仞的一个高峰吧。"

1978年9月至1980年底，是中国作家、学者钱锺书在国际学术会议上大放异彩的季节。一位叫费景汉的汉学家，这样描述座谈会上的钱锺书：

> 会场上最出风头的要算是钱锺书——他给我的印象是机智，善于征服别人。他在茶话会上提到一位美国诗人，他用优美的英文背诵一段那位诗人的诗作。提起另一位德国诗人，他就用标准德文背诵了他的一篇作品。再提及一位拉丁诗人，他也能用拉丁文来背诵一段。这些诗人未见得是什么大诗人，提及的诗作也未必是他们的重要之作，但钱锺书能出口成章，流利无滞地背出，真是把在场的美国人吓坏了。

其实，这些吓坏了的外国人还不知道有一部真正能吓坏他们的书《管锥篇》，正在由中国内地的中华书局出版。这些美、法、意、日和东欧的汉学家们，却都知道《围城》。

进入80年代，从天上往钱家掉金子的事接二连三。美国普林斯顿大学曾竭诚邀请他前往讲学半年，开价16万美金，交通、住宿、餐饮费另行提供，可偕夫人同往。像这样的价码，恐怕也会让大陆的歌星大腕们咋舌的吧！可钱锺书却拒绝了。他对校方的特使说："你们的研究生的论文我都看过了，就这种水平，我给他们讲课，他们听得懂吗？"

英国一家老牌出版社，也不知从什么渠道得知了钱锺书有一部写满了批语的英文大辞典，他们专门派出两个人远渡重洋，叩开钱府的门，出以重金，请求卖给他们。钱锺书说："不卖。"与钱锺书签署了《围城》版权协约的美国好莱坞片商，多次盛邀钱锺书夫妇时间自便地做客观光，随便吃住，或监督影片制作，他们都摇头婉拒。

黄佐临之女黄蜀芹，之所以在如鲫的导演堆里独得钱锺书亲允开拍《围城》电视剧，实因怀揣老爸一封亲笔信的缘故。钱锺书是个别人为他做了事一辈子都记着的人。40多年前钱锺书困居上海孤岛写《围城》之时，黄佐临导演上演了杨绛的四幕喜剧《称心如意》和五幕喜剧《弄假成真》，并及时支付了酬金，才使钱家渡过了难关。钱锺书40多年后报还此义助。

夫人杨绛笑钱锺书一辈子开不了钱庄。古典文学组的人找他借钱，他问："你要借多少？"答："1000。"钱锺书说："这样吧，不要提借，我给你500，不要来还了。"同一个人二次来借，他还是如法炮制，依旧对折送人。他当副院长期间，给他开车的司机弟兄出车上街撞伤行人，急切中找钱锺书来借医药费。听清情况后，他问："需要多少？"司机答："3000。"他说："这样吧，我给你1500，不算你借，就不要还了。"

有人评论说，钱锺书说到底是数学不好，只学会了个被二除，假如有人求借百万，又该怎么办呢？

凡进过钱锺书家的人，都不禁惊讶于他家陈设的寒素。沙发都是用了多年的米黄色的卡面旧物。多年前的一个所谓书架，竟然是四块木板加一些红砖搭起来的。没有人能弄明白钱锺书究竟看过多少书，但他家里却几乎没有书。相传犹太人认为把知识的财富装进脑子里，比置什么财产都划算、安全。钱公馆主人较之犹太人，有过之而无不及。

"我都姓了一辈子'钱'了，还会迷信这个东西吗？"他指着孔方兄的怪脸说。

杨绛在《记钱锺书与〈围城〉》这篇文章里，写到了丈夫的许多"痴气"、"傻气"，归根到底都是童心与童趣。杨绛写了他手舞足蹈看《福尔摩斯探案集》，写了他给妻子脸上画花脸，写了他往女儿被窝里藏笤帚疙瘩、埋"地雷"，写了他帮猫打架不怕天寒夜冷，写了他爱看魔鬼飞跑后部撒气的西洋淘气画……却似乎漏掉了他还爱看当代侦探小说（包括克里斯蒂的），漏掉了他爱看儿童动画片，爱看电视连续剧《西游记》……

钱锺书看《西游记》与众不同。边看边学边比划，口中低昂发声不住，时而孙悟空，时而猪八戒，腾云遁地，"老孙来也"，"猴哥救我"，手之舞之足之蹈之咏之歌之，不一而足。

看过了舞过了还没有过足瘾，又左挑点毛病右挑点遗憾，一连写好几篇短评，起个化名装入信封，歪歪斜斜摹仿小学生字体写上投寄地址，8分钱小邮票一贴，扔进邮筒里。上海《新民时报》的编辑接信在手，莫名大惑："这是哪里的小孩子写来的，怎么连个发出地址都不晓得写？稿费寄给谁？"拆开一看，文章真好，正是热点话题。"发了。"

其实稍稍联系一下就不难发现，那个活泼胆大有本领、敢管玉帝叫"老儿"的孙猴子，从小时候就潜移默化地钻入了钱锺书的性格里，以至于人家万乘之尊的英国女王到中国，国宴陪客名单上点名请他时，他竟称病推掉。事后，外交部的熟人私下询及此事时，钱锺书说："不是一路人，没有什么可说的。"

巴黎的《世界报》上刊文力捧中国作家钱锺书，极言：中国有资格荣膺诺贝尔文学奖殊荣的，非钱莫属。每天看外国报纸的钱锺书，迅速作出反应，在《光明日报》上发表笔谈式文章历数"诺奖委"的历次误评、错评与漏评。条条款款有根有据，让人家顺着脊梁流汗，并且他一反公论断言，诺贝尔发明炸药的危害还不如诺贝尔文学奖的危害为甚。

更早的时候，诺贝尔评奖委员会的汉学家马悦然上府拜访他。钱锺书一面以礼相待，一面尖锐地说：你跑到这儿来神气什么？你不就是仗着我们中国混你这碗饭吗？在瑞典你是中国文学专家，到中国来你说你是诺贝尔文学奖评奖委员会的专家。你说实话，你有投票表决权吗？作为汉学家，你在外面都做了什么工作？巴金的书译成那样，欺负巴金不懂英文是不是？那种烂译本谁会给奖？中国作品就非得译成英文才能参加评奖，别的国家都可以用原文参加评奖，有这道理吗？

80年代初，某"头牌学者"拼凑了一本《××研究》，钱锺书翻阅后，即下断语："我敢说×××根本就没有看过××的原著。"真是明眼如炬，让此等人物没处躲没处藏。这也就难怪有人按捺不住咒他："钱锺书还能活几年？"

一些年来，由于拒绝与传媒合作，钱锺书这个人，也似乎渐成"魔镜"中影像了。当我们把钱锺书这面"魔镜"翻转过来看时，便发现镜子背面有行镌刻的字迹：**做完整的人 过没有一丝一毫奴颜和媚骨的生活**

钱锺书身上体现了中国知识分子优秀部分与生俱来的突出要求和愿望：守住自己的精神园地，保持自己的个性尊严。

【中国】冯骥才

精神的殿堂①

　　先贤祠，法兰西民族的精神圣殿。不是中国乡间的祖先祠堂，不是皇帝自家的"天坛"，不是只要年长就是神灵，不是因为官儿大或是明星就能流芳百世。一个民族的精神栖息地，所供奉的是对一个民族的思想和精神有所贡献的人，是造就了民族气质和底蕴的杰出人物，因为他们，这个民族才称之为法兰西民族。我想说的是，如果中国也建这么一个先贤祠，哪些人可以入选呢？

　　人死了，便住进了一个永久的地方——墓地。生前的亲朋好友，如果对他思之过切，便来到墓地，隔着一层冰冷的墓室的石板"看望"他。扫墓的全是亲人。

　　然而，世上还有一种墓地属于例外。去到那里的人，非亲非故，全是来自异国他乡的陌生人。有的相距千山万水，有的相隔数代。就像我们，千里迢迢去到法国。当地的朋友问我们想看谁，我们说：卢梭、雨果、巴尔扎克、莫奈、德彪西等一大串名字。

　　朋友笑着说："好好，应该，应该！"

　　他知道去哪里可以找到这些人，于是他先把我们领到先贤祠。

　　先贤祠就在我们居住的拉丁区。有时走在路上，远远就能看到它颇似伦敦保罗教堂的石绿色的圆顶。我一直以为是一座教堂。其实，我猜想得并不错，它最初确是教堂。可是在法国大革命期间，曾用来安葬故去的伟人，因此它就有了荣誉性的纪念意义。到了1885年，它被正式确定为安葬已故伟人的处所。从而，这地方就由上帝的天国转变为人间的圣殿。人们再来到这里，便不是聆听神的旨意，而是重温先贤的思想精神来了。

　　重新改建的建筑的入口处，刻意使用古希腊神庙的样式。宽展的高台阶，一排耸立的石柱，还有被石柱高高举起来的三角形楣饰，庄重肃穆，表达着一种至高无上的历史精神。大维·德安在楣饰上制作的古典主义的浮雕，象征着祖国、历

---

① 选自《读者》杂志，2001年第19期。

史和自由。上边还有一句话："献给伟人们，祖国感谢他们！"

这句话显示这座建筑的内涵，神圣又崇高，超过了巴黎任何建筑。

我要见的维克多·雨果就在这里。他和所有这里的伟人一样，都安放在地下，因为地下才意味着埋葬。但这里的地下是可以参观与瞻仰的。一条条走道，一间间石室。所有棺木全部摆在非常考究和精致的大理石台子上。雨果与另一位法国的文豪左拉同在一室，一左一右，分列两边。每人的雪白大理石的石棺上面，都放着一片很大的美丽的铜棕榈。

我注意到，展示着他们生平的"说明牌"上，文字不多，表述的内容却自有其独特的角度。比如对于雨果，特别强调由于反对拿破仑政变，坚持自己的政见，遭到迫害，因而到英国与比利时逃亡19年。1870年回国后，他还拒绝拿破仑第三的特赦。再比如左拉，特意提到他为受到法国军方陷害的犹太血统的军官德雷福斯鸣冤，因而被判徒刑那个重大的挫折。显然，在这里，所注重的不是这些伟人的累累硕果，而是他们非凡的思想历程与个性精神。

比起雨果和左拉，更早地成为这里"居民"的作家是卢梭和伏尔泰。他们是18世纪古典主义的巨人，生前都有很高声望，死后葬礼也都惊动一时。1778年为伏尔泰送葬的队伍曾在巴黎大街上走了8个小时。卢梭比伏尔泰多活了34天。在他死后的第16年（1794年），法兰西共和国举行一个隆重又盛大的仪式，把他迁到先贤祠来。

将卢梭和伏尔泰安葬此处，是一种象征，一种民族精神的象征。这两位作家的文学作品都是思想大于形象。他们的巨大价值，是对法兰西精神和思想方面作出的伟大贡献。在卢梭的生平说明中写道，法兰西的"自由、平等、博爱"就是由他奠定的。

卢梭的棺木很美，雕刻非常精细。正面雕了一扇门，门儿微启，伸出一只手，送出一枝花来。拥有世上如此浪漫棺木的大概唯有卢梭了！再一想，他不是一直在把这样灿烂和芬芳的精神奉献给人类？从生到死，直到今天，再到永远。

于是，我明白了，为什么在先贤祠里，我始终没有找到巴尔扎克、斯丹达尔、莫泊桑和缪塞；也找不到莫奈和德彪西。这里所安放的伟人们所奉献给世界的，不只是一种美，不只是具有永久的欣赏价值的杰出的艺术，而是一种思想和精神。他们是鲁迅式的人物，却不是徐志摩和朱自清。他们都是撑起民族精神大厦的一根根擎天的巨柱，不只是艺术殿堂的栋梁。因此我还明白，法国总统密特朗就任总统时，为什么所做的第一件事就是到这里来拜谒这些民族的先贤。

1955年4月20日居里夫人和皮埃尔的遗骨被移到此处安葬。显然，这样做的缘由，不仅由于他们为人类科学作出的卓越的贡献，更是一种用毕生对磨难的承受来体现的崇高的科学精神。

读着这里每一位伟人生平，便会知道他们中间没有一个世俗的幸运儿。他们全都是人间的受难者。在烧灼着自身肉体的烈火中去寻找真金般的真理。他们本人就是这种真理的化身。当我感受到，他们的遗体就在面前时，我被深深打动着。真正打动人的是一种照亮世界的精神。故而，许多石棺上都堆满鲜花，红黄白紫，芬芳扑鼻。这些花是来自世界各地的人天天献上的，它们总是新鲜的，有的是一小枝红玫瑰，有的是一大束盛开的百合花。

这里，还有一些"伟人"，并非名人。比如一面墙上雕刻着许多人的姓名。它是两次世界大战中为国捐躯的作家的名单。第一次世界大战共560名，第二次世界大战共197名。我想，两次大战中的烈士成千上万，为什么这里只是作家？大概法国人一直把作家看做是"个体的思想者"，他们更能够象征一种对个人思想的实践吧！虽然他们的作品不被人所知，他们的精神则被后人镌刻在这民族的圣殿中了。

一位叫作安东尼·德·圣·爱逊贝利①的充满勇气的浪漫派诗人也安葬在这里。除去写诗，他还是第一个驾驶飞机飞越大西洋，开辟往非洲航邮的功臣。1943年他到英国参加戴高乐将军的"自由法国"抵抗运动，在地中海的一次空战中不幸牺牲，尸骨落入大海，无处寻觅。但人们把他机上的螺旋桨找到了，放在这里，作为纪念。他生前不是伟人，死后却得到伟人般的待遇。因为，先贤祠所敬奉的是一种无上崇高的纯粹的精神。

对于巴黎，我是个外国人，但我认为，巴黎真正的象征不是艾菲尔铁塔，不是罗浮宫，而是先贤祠。它是巴黎乃至整个法国的灵魂。只有来到先贤祠，我们才会真正触摸到法兰西的民族性，它的气质，它的根本，以及它内在的美。

我还想，先贤祠的"祠"字一定是中国人翻译出来的。祠乃中国人祭拜祖先的地方。人入祠堂，为的是表达对祖先的一种敬意、崇拜、纪念、感谢，还有延续下去并发扬光大的精神。这一切意义，都与法国人这个"先贤祠"的本意极其契合。

---

① 通译圣埃克苏佩里，《小王子》的作者。"浪漫"有之，但并非"诗人"。编者注。

【中国】朱学勤

从"五月花"到"哈佛"①

文化造就人

122

　　当"五月花"号将第一批英国移民送抵北美大陆的时候，在求生未稳的恶劣环境中，他们居然首先想到了立法和兴教。《五月花号公约》确立了民众自治的原则，而不是推举一个权威来领导大家。一位名叫哈佛的传教士，预想到蛮荒之地只能养成蛮野之民，所以决定办一所大学，从欧洲教育的终点开始，让后人一面传承欧洲文化，一面开创新世界。先人的先见之明，造就了世间独有的美国生活方式，一个民主、文明的社会由此奠基。试想，假如不是如此开篇，美国的历史又当如何书写？

　　圣诞节到了，我的南方朋友从佐治亚——中国人很熟悉的小说《飘》的家乡，长驱3000英里，开车两天来看我。而他们夫妇写的两本介绍美国社会、政治、文化的书，那一年在中国也上了热点图书排行榜，《历史深处的忧患——近距离看美国》和《总统是靠不住的》，已经为中国读书界熟悉。那两本书写得好，与他们的生活状态有关，抵美多年，他们以小贩为生，在草根层摸爬滚打，一点没有在美留学生阶层的那些坏毛病。夫妇俩遥闻哈佛大名，却总是自认为是南方的乡巴佬，轻易不敢来，这次乘着我在那里，就到哈佛来探头探脑了。因此，我戏称这一年的圣诞是"两个小贩到哈佛"，而他们对我的报复，则是带给我一本《总统是靠不住的》，扉页赠言居然如此回敬："1997年圣诞：哈佛不读书纪念！"他们开车载着我东跑西颠，走了很多我平时因没车而到不了的地方。那一个礼拜，我果然读不成书了，这一对小贩夫妇开心得哈哈大笑。

　　第一个地方是普利茅斯，离哈佛一个多小时车程。那是英国移民到北美登陆的最早口岸，有"圣地"之称。我们去的那天是阴天，彤云密布，景色萧瑟。唯见远处一条大帆船停泊在海岸，五颜六色，显得特别鲜艳。走近一看，才知道是著名的"五月花"号，却是后人仿制的。

　　那条真实的"五月花"号早就烂完了。它是在1620年11月11日一个寒冷的日子

――――――――――――

　　① 选自《书斋里的革命——朱学勤文选·访美五题》，长春出版社，1999年版。

抵达这里的，从船上摇摇晃晃走下102个清教徒移民，衣衫褴褛，形销骨立。他们原来的目的地是弗吉尼亚，风浪将他们吹到了这里，只能改变计划，落地为安，就在这里建立了第一个殖民地。他们当时是踏着一块海边岩石上岸的，那块岩石大约一米见方，经377年的海潮冲刷，还在原处，一半在海里，一半露出水面。美国人称它为"普利茅斯圣岩"，在它露出水面的那一侧刻了"1620"四个阿拉伯数字，迹近神秘，几乎朝拜它为整个北美文明的发祥物。岸上有一个回廊，好让参观者在它的上方来回走动，以仔细端详这一伟大的"圣岩"。

那批移民自说自话改变了出资组织这次航行的公司定下的目的地，以后的事情自然就只能靠他们自己管理自己了。全体移民签订了一份公约，自己约法三章，有点像我们70年代的凤阳小岗村农民的地下民约。史载《五月花号公约》全文如下：

> 我们这些签名者，为上帝的荣耀、基督教的进步和我们君主与国家之荣誉，已决心远航弗吉尼亚北部，去开垦第一个殖民地。兹由在场者在上帝面前、在彼此面前庄严地互定契约，把我们自己联合为一个公民团体，以便更好地实施、维护和推进上述计划；并根据公认为最适于和最有利于殖民地普遍福利的原则，随时随地出于至诚地制定、设立和构造出如此正义和公正的法律、条例、措施、组织和机构。我们约定：所有的人都应当服从与遵守这一切。作为证人，我们签名如下。
>
> （签名从略）

当时他们从英国来此，要航行5000公里，在海上颠簸4个月，还未抵岸就有人耐不住风浪折磨而死去，第一批幸运上岸者102人，上岸不久，即逢严寒来临，第一个冬天又冻死三分之一的人，以后的几个冬天，不断有人死去。就是这样一群奄奄一息的人，居然还有心情一字一板地签订那样一个公约，从此奠定北美13个殖民地的自治原则，这一原则后来又融进了现代宪政制下中央政府与地方自治的权力界限，其历史作用一点不亚于后来的《独立宣言》。后者只是宣布了与英国决裂，规定了13州殖民地与外部世界的关系，而《五月花公约》则奠定了13州人民自己管理自己的内部规则。毫不夸张地说，没有《五月花号公约》，就不会有后来的北美文明。19世纪吸引一代又一代欧洲人到这里移民的，第一是这里辽阔的土地，第二就是辽阔土地上的自治原则，土地加自治，以及由此形成的机会均等，这就是后来与"普鲁士道路"相对应的北美现代化模式——"美国道路"。而这条美国道路，就是从那块"普利茅斯圣岩"开始的。

还有更为令人惊异的。

我的两个小贩朋友嗜好阅读游览地各种铜牌上镌刻的纪念文字，离开"五月花"号不远，他们就发现了一块与哈佛大学历史有关的铜牌，文字大意为：

文化造就人

123

有一个叫"哈佛"的传教士，登陆不久就开始操心精神播种问题，他说，我们接受了欧洲的文化，但是这里谋生太艰难，以致我们的子孙后代很有可能在开辟草莱中遗忘了欧洲的文化，一切又要从零开始。为了避免这一荒蛮，我们从现在起，就应该节衣缩食，办一所大学，让我们的后代从欧洲教育的终点开始。这个叫做"哈佛"的人捐出他的藏书、财产，这就是1636年哈佛大学的起源。

哈佛离这里有多远？从空间上说，60英里开外。从时间上说，离初民在这里登陆仅仅16年，离美国独立建国还有140年。在那16年里，几乎每年冬天都有人在普利茅斯的海边冻饿而死。按照中国儒教有关物质充盈与教育起步的先后次序，仓廪足，知荣辱，知荣辱，民可教，这些"五月花"号上下来的初民却反过来了，仓廪不足人冻馁，荣辱未开民已教，他们怎么会在饥寒交迫奄奄一息时不想到发财致富，至少应该让一部分人先富起来，而是想起来要办一所劳什子大学，而且说干就干，从捐出自己的藏书开始？此前我在哈佛参加过那里的校庆，看到一幅标语说："未有美国，先有哈佛！"当时有所不解，还嫌他们太狂妄，今天身临普利茅斯的荒凉海滩，眼前一亮，豁然开朗，这才有所领悟。再回想哈佛校园里，还有一尊哈佛坐姿铜像，老哈佛坐在那里，一坐就是260年。谁知道那尊铜像是1736年校庆100周年浇铸的，并不是哈佛本人，而是1736年的一个普通学生！真实的哈佛先生已经无踪影可寻，但又必须给这个最初的创办者立一个铜像，于是哈佛的后代们就在活着的学生中挑出一个，认定哈佛就是像他，而不是他像哈佛，于是又自话自说，按那个学生的五官长相及身材，浇铸了那尊铜像。美国人的天真与幽默在这里毕现无遗：既有自我作古，拿不到300年的历史处处显摆，又有顽童般的嬉戏，经常消解自我历史中的神圣。他们并不像中国人那样动辄美化先贤，相反，在中国人认为很严肃要把脸板起来的地方，会突然来一个出人意料的幽默，甚至恶作剧，一下子松弛下来。但是，"假"哈佛并不妨碍"真"哈佛应该得到的敬意。260年过去了，那个"假"哈佛正襟危坐，一本正经地领受着世界各地游客仰视的目光。一双铜靴被每年秋季开学的上万名各国新生摸来摸去，260年摸下来，那还了得？自然是油光锃亮！260多年过去了，那个校园里的人几乎年年要喊"未有美国，先有哈佛"、"未有美国，先有哈佛"，牛气冲天，白宫和国会山只能自认晦气，总统俯首，美国低头，拿哈佛无可奈何。这就是哈佛，哈佛的精神财富！

中国人是会做生意的。即使在普利茅斯这样游人罕至的地方，也不难找到我同胞开设的餐馆，而且很大，有几十张桌面。我和佐治亚来的两个小贩在这里坐定，还能点到三罐从中国进口的正宗青岛啤酒，只是菜已经很不正宗了，味同嚼蜡。今天反正不读书，我们就在那里议论起这家餐馆的招牌，不知是什么意思：

"Ming Dynasty"，"明代"？"明朝"？"明皇朝"？是因为这家老板姓朱？还是因为老板来自明代立国之都南京？抑或别无深意，只是一个简单的纪年——以此提醒普利茅斯的游客，当"五月花"号靠岸的时候，当"哈佛"第一次动议捐办的时候，中国那时以"皇家"纪年，当时叫做"明代"。

【中国】晏阳初

平民教育的意义①

接受教育是人的基本人权之一。教育使人免于贫困、愚昧和做奴隶的命运，带给人平等的生存机会以期保留对未来的人生的希望。针对平民的教育，旨在从根本上消除贫富差距，让挣扎在社会底层的普通百姓，有可能改变屈辱的生存状态，获得人的尊严。

20世纪初，有一批持"教育救国"信念的有志之士，根据中国的民情，大力推行"平民教育运动"。晏阳初（1890～1990）就是该运动的主要代表，人称"中国平民教育之父"，一生致力于平民教育，倡"识字、生计、卫生、公民"四大教育以治旧中国的"贫、愚、弱、私"四大痼疾，首创中华平民教育促进会，在中国长沙、定县、北碚以及菲律宾、泰国、危地马拉等国推进平民教育。1943年在美国被评选为"最具有革命贡献的十大伟人"之一，是一个与爱因斯坦齐名的中国人。二战期间，美国总统罗斯福提出"四大自由"口号：言论自由、信仰自由、免于匮乏的自由、免于恐惧的自由。晏阳初提出"第五自由"："我们不只能拥有'四大自由'，还有第五自由：比较其他四项都显得伟大。没有它，我们能有'四大自由'？这就是免于愚昧无知的自由。"这篇发表于1927年的演说，提出了教育机会人人平等的"平民信条"；厘定了"平民界说"，特别明智地指出：平民教育不只是"扫盲"，"一般粗通文字没有常识的男女"也属于平民教育的对象；高屋建瓴地确定"平民教育的目的"是"教人做整个的人"——有智识力、有生产力、有公共心的人。一个世纪之后，晏阳初先生倡导的平民教育的理念和目标，依然对中国的教育现实具有指导意义。

一、平民信条：人的人格，本来平等，原无上下、高低之分；因为社会制度不良，一部分的人得有受教育的机会，一部分的人没有受教育的机会，于是各人的学问，德行，生出显然的不同，人格的上下，高低，即由是而判别。吾人在社会组织未

① 选自张泉君主篇《著名教育家演讲鉴赏》，山东人民出版社，1995年版。

经改良之前，唯有努力于教育机会的平等，使人人所蕴蓄的无限能力，都有发展的机会，那么，人格不平等的原因，就可以消除了。

二、平民界说：现在全国只有最少数的人民得受教育，其余最多数的人民，全没有教育。依中华教育改进社的调查统计，不识字的人民，占全国总数80%以上，就是全国4万万人中有3万万2000万不识字的人。其中有一部分是6岁至12岁的学龄儿童，虽不能定其概数；但依欧美各国的统计，学龄儿童，约占人口总数的1/5；所以现在国内至少有7000万的失学儿童。这种学龄儿童，应受国家的义务教育，假使政治上了轨道，还有受教的机会；其余2万万以上的青年和成人，政府对于他们不负责，社会对于他们没有设法补救，真是不幸极了。所以应受平民教育的平民，从狭义讲，就是指这一般失学的青年和成人；从广义讲，就是一般粗通文字没有常识的男女，也应包括在内。

三、平民教育：平民教育的目的，是教人做人。做什么人？做"整个的人"。什么叫做"整个的人"？第一要有智识力，第二要有生产力，第三要有公共心。要造就整个的人，须有三种教育：

1. 文字教育——民智。就我国人对于读书的观念来说：常有一种根本误谬的观念，以为读书是读书人的专业，其他的人，可不必读书。士农工商之中，唯士可以读书；若农若工商，就不必读书。所以现在除商人因需用文字，尚有一部分读书以外，其余农人工人几乎全数都是不识字的。我们应先将此种观念，根本推翻，使人人觉悟读书是人类共有的权利，无论什么人都应享受。若是只有一小部分人读书，最大多数人愚蠢，必致产生许多痛苦和羞耻的事。

就我国的新文化运动来说：所谓新文化运动，都是少数学者的笔墨运动，和多数平民真是"风马牛不相及"。其中虽亦有关于改进平民生活，免除平民压迫的问题；然而平民生活，只有一天比一天堕落，各种压迫只有一天比一天加重。尽管一些研究社会学的学者，在报章上对于工人有什么8小时工作制啦，增加工资啦，工人卫生、教育啦；对于农民，又有什么打倒地主啦，保障农民利益啦，高谈阔论，说得天花乱坠；而城市的工人，每天工作仍然在15小时以上，所得工资只顾个人的口腹，尚虞不足，至于教育、卫生，更是梦想不到；乡村的农民，终年忙碌，所有生产，都被政府、地主剥夺净尽，自己则"乐岁终身苦，凶年不免于死亡"。像这样无知识的人，对于自己的生活没有改进的方法，对于外界的压迫，没有免除的能力，社会上种种切身关系的运动，也不知道参加，岂不是，一生辛苦有谁怜。

再从人类和牛马的分别来说：牛马供人的驱使，所得不过满腹。现在的农民工人，为吃饭而劳动，为劳动而吃饭，和牛马有什么分别？与其名之为人，不如称为两腿动物。倘人类与牛马，仅在两腿与四腿之争，人生还有什么意义？有什么价值？但是人类无论如何决不屑自等于牛马，皆愿享受教育以培植其知识；更愿将所得的知识，分给多数的人，以消除其牛马的生活。

最后就人类的生存竞争来说：知识是生存竞争必不可少的东西。无论个人，无论国家，其优胜者，必定是知识超然的；其劣败者，必定是知识低下的。现在国家受异族的压迫，人民受军阀的摧残，其根本原因就在我国人民平均智识的低下。假使我们真有为民族争自由，为民权图发展的决心，则应先努力于提高民智，使我国过牛马、奴隶生活的民众，一变而为有智识有头脑的国民。

文字是传播知识的工具，也是寻求知识的锁钥；欲传播知识，须先传授文字；欲得知识，必须认识文字；所以平民教育第一步，必须有文字教育。

2. 生计教育——民生。文字教育可以消除大多数的文盲。即使文盲除尽，人人都能应用日常必需的文字，其与国家、社会的前途，究竟有什么利益？这是平民教育第一重要的问题。并且中国人还有一种最通行的毛病，在读书以前，尚肯做工，以谋个人的生活；一到抱了书本以后，便成文人，文人自己可以不必生产，社会应负供养的责任；还有一部分的人，终日埋头窗下，只求书本的知识，至于实际生活，尽可菽麦不分；这种寄生虫似的书呆子教育，不是平民所需求的，且应极力设法消除。所以平民教育于实施文字教育外，亟有生计教育，使人人备具生产的技能，造成能自立的国民。倘全国人民均有生产能力，国民生计，必皆富足，社会经济，自极活动；就是将来世界的经济，也都要受中国的影响了。

3. 公民教育——民德。平民教育，从文字方面，以提高民智，从生产方面，以裕民生；即使民智提高，民生充裕，对国家、社会的前途，究竟有什么利益？这是平民教育第二重要的问题。试看历史的卖国奴，何一非知识超越、经济富足的人呢？盖其人缺乏公德之心，一举一动，只知有自己的祸福利害，不顾国家社会的祸福利害；所有知识、经济，不足以供其为恶之资；所作之恶，常比无知识、无能力者，高出万倍。倘平民教育，处处都是养成这种自私自利的亡国奴，岂是国家之福？所以平民教育于实施文字教育和生计教育外，另须有公民教育，希望造成热忱奉公的公民。

总之，平民教育是养成有知识力，有生产力，和有公德心的整个人。

【法国】阿尔贝·雅卡尔

黄旭颖 译

我控诉：霸道的经济[1]
——经济主义在日常生活中

这个时代，世间的一切悲剧，无非是感情和财富的悲剧。人的欲望被缩小、窄化，只在一个点上膨胀：追逐最大的利润。霸道的经济正在用荒谬的方式控制着人们的思想及生活，一个少数富人统治多数穷人的"奴隶社会"正在悄然成型，而大众往往浑然不觉。以经济主义在日常生活中的表现为例："广告"企图把所有人变成白痴；"体育"被糟蹋成为商品和社会的麻醉品；"博彩"成为国家操控的合法赌博。本文节选自当代法国遗传学家、社会活动家阿尔贝·雅卡尔的社会评论小册子《我控诉：霸道的经济》，是一位冷静的思想者对狂热的经济发出的微弱的叹息。

人们希望找到一种共有的特性来衡量一切商品，这就是价值。价值由价格表现，价格本身又由另一个单位来衡量，即货币。自打货币出现的那天起，人们梦寐以求的就是怎样获取它；有了它，就能得到想要的一切。"金钱统治"至上。有关钱的重要性已经不是什么新鲜事儿了。世间的悲剧若非被人欺骗了情感或招人妒忌，就一定跟财富以及财富的分割有关。

要说在这个世纪末的社会中还有什么新鲜的事儿，那就是在证明各种决定的可行性中经济理论的无所不在。不仅要增加存款，还要竞争和竞赛，这里关键性的词汇是"赢利"以及"优胜劣汰"。当"赢家"是众人追逐的目标，仿佛戴上赢家的帽子，就稳赚不赔了。经济学家教我们要采取斗争的姿态，不停地你争我夺，把它当成每个人"为生活而战"的必修课，这样，他们就把今天的人类圈在一个最终将导致所有人走向失败的逻辑之中。

但是，这个普遍的失败为一些局部的、暂时的胜利所掩盖。每一件小事都被渲染成正面的，然而这一系列的小事只会导致灾难性的结局。最能说明这一假象的例子就是为了赢得胜利倾其所有的运动冠军们，他们成功了，得到了荣誉和财

---

[1] 选自阿尔贝·雅卡尔《我控诉：霸道的经济》，黄旭颖译，广西师范大学出版社，2001年版。

富，然而，一旦竞技生涯结束，他们会失望地发现自己竟然一事无成。

每一剂毒品在注入的瞬间都让人舒服、放松、飘飘欲仙，但是，每天需要的剂量都在增加，最后毒害人于无形之中。我们每天都接受一点经济学家的理论，就像吸毒——只会导致这个星球的覆灭。这里有三个例子：广告泛滥、体育成灾，还有博彩业的兴起。

当您于某个春日离开巴黎前往博韦①时，您将穿越"法兰西田园"。那里果园遍布，花香四溢，色彩斑斓。然而，在这片色彩之中您恐怕什么也见不着，路的两边高耸着巨幅广告牌，向您强力推荐X牌文胸比Y牌文胸戴着舒服；U牌酸乳酪比V牌的可口；更有甚者，干脆打出诸如"我崇尚家乐福！"之类毫无意义的标语。所有国家级公路的大小城市入口处都惨遭毁容，广告商们似乎在竞相展示自己的愚蠢、厚颜无耻和庸俗品位。这些地方原本用它们独有的风格、方式迎接四方游客的到来，如今人们怎么能如此无情地破坏这一切呢？

现在，您到卡奥尔②、贝桑松③或苏瓦松④去，满眼尽是这些同样可笑的标语，同样丑陋的画面。在墙上涂鸦的小孩会受到严厉的责罚，而广告商却有特权破坏我们的景致。

假设，也许和事实也相去不远，这些风景杀手并非存心践踏道路两旁的美景。他们只是根据经济理论来决定其所作所为：商家的利润很微薄，为了提高利润，就得卖出更多的商品，因此得动顾客的脑筋，说服他们去购买。可是又不可能靠产品的真实性来打动他们，因为它们根本就靠不住：大家都知道X牌产品的主要成分同Y牌是一回事。所以就要另外创造出一种条件反射，趁猎物不备发动袭击。司机只注意路标和其他车辆，乘客们或留意司机的驾驶，或昏昏欲睡。在他们毫无意识的情况下，广告牌上的信息就这么硬生生地闯入眼帘。出于纯粹的反射，他们明天就会去"崇尚"家乐福了。

只是这个绝妙的招数还有一处弊病：每个广告商都与其他人对着干，如果X牌竖了100幅广告牌，Y牌为了超过它就要竖120幅，竞争随之逐步升级。结果是大家都看得到的，广告画泛滥成灾，道路遭受的污染不亚于江河湖泊。

路边张贴的海报只是广告泛滥的一个极端表现，它们为达到目的，不惜欺瞒市民。后者无非是些任其摆布的消费者，对广告言听计从，会去相信那些荒唐的宣传。广告的这一用心在一句口号中表露无遗，这口号人们常提，而隐匿其中的无耻却少有人察觉——"提升品牌形象"。他们提高的不是某大公司生产的知名品

----

① 博韦（Beauvais），法国北部瓦兹省省会。——译注。

② 卡奥尔（Cahors），法国南部比利牛斯大区洛特省省会。——译注。

③ 贝桑松（Besancon），法国东部杜省省会。——译注。

④ 苏瓦松（Soissons），法国埃纳省城市。——译注。

牌的产品质量, 而是购买者的迷茫。老实说, 这些顾客可真够蠢的, 他们购买了某个牌子的香烟不是因为它的质量好, 而是因为新近赢得大奖赛冠军的那辆车子上印着这个商标。显然, 这项胜利取决于汽车底盘在行驶中的稳定性和发动机的性能, 与香烟没什么相干, 可它却带动了香烟的销售。这只能说明在广告的煽动和持续轰炸下, 全社会的意志都变得薄弱了。

广告商对于这样的欺瞒行为固然难脱干系, 可能他们本身也是受害者, 但奇怪的是, 他们对自己的行为不但不加掩饰, 反而引以为豪。1994年, 夏季, 有关广告之功效的宣传将一群明显没有大脑的人摆在了我们面前, 他们重复着前几个月在公众中流传最广的广告台词: 我只要……我崇尚……就差品牌名称了, 大家都会下意识地把它填补完整。在过路人脑海中, 省略号自动地、不自觉地被利卡尔[①]或家乐福所取代。广告商要传达给客户的信息很清楚: "瞧, 他们干得多棒。"这句话用到消费者身上就成了: "瞧, 我们把你们给耍的。"他们的用心再明白不过了: 为了达到目的, 广告要先把我们变成白痴。

最糟糕的是, 面对铺天盖地的广告谎言, 没有一个人起来反抗。我们已经习惯了这样的侵蚀, 就像一个对自己的病痛习以为常的病人或不断增加剂量的吸毒者一样。我们全都听从经济理论的安排, 将其视为天理: 国家的经济状况全都仰仗它了……然而, 这理论不对。有一个国家, 坚持认为沿路海报是没有用的, 并用实际行动加以证明, 这就是瑞士。该国政府严禁道路两旁张贴任何形式的广告。他们的国家因此就减少了竞争力吗?

"运动"(sport)一词, 尽管听上去像从英语来的, 其实却是来源于一个古老的法语单词, 直到19世纪中叶都被读作"desport"或"déport"。"Sedeporter"过去的意思是娱乐。进行体育运动, 就是要调动全身上下从筋骨到肌肉的所有部件, 控制自己的身体, 然后在两个人或两支队伍之间一决胜负, 从中寻得乐趣。

当然, 这份乐趣不单是由参赛者独享, 也要与在一旁观看的人分享; 这些人热衷于观看比赛, 为此不惜自掏腰包。

体育于是成为需要付费的演出, 在经济体制中占了一席之地。进入20世纪后, 人们对政治和宗教的热情减弱, 情感上腾出来的空间现在让体育占据了, 运动员和运动队的辉煌战果所掀起的热潮空前高涨。如今, 观看体育赛事取代了做弥撒或参加工会的集会。

失业, 使人们——尤其是年轻人——有了更多的自由时间, 确切地说是空白时间, 好歹得补上吧, 补这空白的就是对本地足球队的迷恋。

当局很高兴地看到老百姓通过看比赛摆脱了毫无希望的生活带来的沮丧和

---

① 利卡尔(Ricard), 法国著名酒厂名。——译注。

怒火。当失去工作的人们欢呼着"我们赢了"的时候，他们是不会想去闹什么革命的。

这一切更扩大了体育运动在人们日常生活中的影响。正是与此相似的环境造成了罗马帝国末期人们对竞技场的疯狂迷恋。当时有钱的商人斥巨资组建起他们的角斗士队伍，角斗士一度遍布罗马的竞技场，观众看到越多的基督教徒被狮子吞食就越满足。

如今呢，一些有钱人或贪钱的人重金网罗著名的优秀球员，组建足球队。为了吸引观众到体育场观看比赛，他们会先在法庭或报纸上制造俱乐部老板的法律争端。

此举显然和体育扯不上关系。他们就像角斗士的表演一样，为的仅仅是多多益善的利润。同没落中的罗马帝国相比，唯一的进步就是除汽车比赛外，现在的角斗士不用再拿性命冒险，他们恐怕是无耻及愚蠢最好的标本。

就连奥林匹克运动会，这个号称体育界最具公正性的盛会，也难以幸免。皮埃尔·德·顾拜旦的梦想是让来自所有国家的运动员们聚在一起，体验只有竞争才能带来的乐趣。然而今天，推动这项赛事的唯一动力是金钱。1996年的奥运会在亚特兰大举行，选择这个可口可乐公司总部所在城市的唯一理由，就是该公司是运动会的主要"sponsor"（赞助者）。这个英语单词在法语中能找到最相近的同义词就是"proxenète"（拉皮条的）。

再来看看顾拜旦的接班人，这位国际奥委会主席是步佛朗哥后尘而开始其职业生涯的卡塔卢尼亚商人，他一心只想把奥运会办成一个营利性的实体，致使法兰西学院终身秘书在一本写给他的书的前言中写道："皮埃尔·德·顾拜旦的心长眠在了奥林匹克圣殿之中，您的心是不是准备放到华尔街去呢？除了经济主义，再没有什么能让奥林匹克的理想扭曲至此了。"

借体育甚至冒险来掩盖纯粹的经济目的真是伪善到了极点。从巴黎到达喀尔①，若一路悠闲走来，不失为一段愉快的旅程。紧赶慢赶地，除了能够按到达的先后进行可笑的排名，又能怎样呢？自从举办了巴黎至达喀尔的汽车拉力赛，这段行程就变为愚蠢而又危险的游戏，赢的总是最舍得花钱的人，他们那不可一世的傲慢中流露出欧洲阔佬对非洲穷鬼的蔑视。经济主义又一次糟蹋了一切。

长期以来各国都禁止博彩，因为有了它，一些聪明人就能利用大多数头脑简单的人轻而易举地发财了。可是这种活动的诱惑力实在太大，所以国家最终还是解了禁，条件是要让国家获利。二战前，国家彩票允许一部分战争遗孀卖彩券维持生计，同时也给彩民送去每周一次的发财梦。

---

① 达喀尔（Dakar），塞内加尔首都，非洲主要城市之一。——译注。

文化造就人

现在，我们早就不充好人也不拿它当副业了。它已经成为一种货真价实的产业，几乎每个星期都要发动一波可观的人潮，即将落入幸运儿囊中的巨额奖金在铺天盖地的广告渲染下更显诱人。不过这些幸运儿并不具有代表性，占大多数的还是穷人。因为最忠实的彩民是那些渴望拥有上等生活的人，他们唯一的指望就是中"头彩"，因此虽屡屡失望，依然无怨无悔。

国家从中提取至少30%的彩金，而统计学家计算出的中奖率却微乎其微。因此这玩意儿只是一块赋税的遮盖布，抛向缺乏希望的人。社会不该为了一点收获沾沾自喜，并不断翻新花样吸引更多的人参与，而应当从中感受到绝望情绪的惊人的上升态势。

人的尊严在于能够掌握自己的发展，在于拥有选择的自由。今天，我们正处在前所未遇的分岔路口：一边是波澜不惊的大道，通往少数人统治大多数穷人的社会——一个彻头彻尾的奴隶社会，节奏明快，秩序井然，可是几乎所有人都活得没有希望；另一边是一条陡峭险峻的路途，人们在途中探寻着全人类的平等，一个从未实现过的社会，在那里，每个人在地球上的任何地方都感觉像是回到了家。

要野蛮还是要民主，今日就当决断。

【美国】约翰·肯尼斯·加尔布雷思

胡利平 译

好社会：人道的记事本①

应该有一个"好社会"存在吧？人类文明几千年，不会甘愿把自己赶进一个死胡同吧？当代美国学者加尔布雷思用一本言简意赅的小册子《好社会：人道的记事本》，描绘了"一个可以实现的好社会"。他的基本理念是："没有民主就没有好社会。有了真正的民主就可以建成，甚至可以说一定会建成好社会。"作者试图阐明：什么才是全体人的目标，而不是少数有钱人的目标。从人的生存价值入手，作者指出："对个人自由最彻底的剥夺莫过于一贫如洗。对个人自由最大的损害莫过于囊中羞涩。"因而，"好社会的基础"应该是"人人有工作并有改善自己生活的机会"。形成好社会的前提之一是"教育的决定性作用"，人人享有教育平等的机会，教育使人聪明地管理自己，使人可以尽情地享受人生。"教育不仅使民主成为可能，还使民主成为必需。"本文节选的两章，希望能引发读者对相关问题的关注。

社会的基础

如果只是泛泛而论的话，说明什么是好社会的实质并不难。好社会即社会的每一个成员，不分性别、种族或民族，均可以享受有价值的生活。毫无疑问，人与人之间在志向和才能方面有很大的差异。这一点不容忽视。每个人的体魄智力、毅力和目标各不相同。这种差别导致成就的大小和经济收入的多寡。对此人们没有异议。

但是在好社会里，能否有成就不应受到可以改变的因素的限制。所有成员都应享有经济上的机会。这个问题下一章还要充分强调。年轻人的成长阶段需要得到关心和爱护。当然，他们也要严于律己，尤其要受教育，这样才可以抓住并利用经济上的机会。任何人不得因为家庭出身或贫寒而被排斥在外。如果父母或其他

---

① 节选自约翰·肯尼斯·加尔布雷思《好社会：人道的记事本》，胡利平译，译林出版社，1999年版。

的家人不愿或不能提供这种照料和指导，社会就必须切实地负起这方面的责任。

经济为好社会之本。经济决定论是一个无情的力量。好社会的经济体制应使所有的人受益。只有这样个人的抱负无论大小才有机会实现。

非常具体地说，好社会的经济必须有大幅度的、可靠的增长，即每年的生产和就业水平都有大幅度的、可靠的增长。这反映了一国人民寻求改善自己的经济状况的需要和愿望。无论是常人之见还是正经八百的经济学理论均认为生活水平提高有利无害。更重要、对社会也更为紧迫的是，良好的经济对于创造就业机会以及就业带来的收入必不可少。为此必须增加就业和生产，必须不断扩大经济。经济停滞绝不是好社会的条件之一，也不应公开鼓吹它，尽管这种论调事实上的确反映了很多过得不错的公民的私下看法。同通货膨胀的风险或政府为配合或确保经济增长采取刺激性措施比，他们宁愿选择经济停滞。

机会存则社会安。经济停滞和贫穷带来广泛有害的社会后果。当人们无处就业、生活困苦、陷入绝望时，最容易的解脱办法就是转向吸毒或暴力以逃避严酷的现实。反映在生活中就是犯罪和发泄不满，还有对此徒劳的镇压。从中不难看到贫穷的影子。美国城市里的富人区和附近的郊区相对平安无事。其他的发达国家也是一样。只有置身于穷人住区的街道上才会感受到或受到暴力的威胁。人们对此已习以为常。唯一的歧见在于为数不少的人把社会动乱归咎于种族或民族积习，而不是归咎于贫穷。1992年春洛杉矶骚乱后，人们认为洛杉矶中南部的居民疯狂报复社会的行为乃遗传基因在作祟。住在比弗利山庄或马利布①的优等公民自然做不出这样的事。

环顾世界各国情况也是如此。互相杀戮的是贫穷的非洲、亚洲和中美洲各国。富裕国家的人民无论在本国还是同其他国家总的来说相安无事。正是本世纪二三十年代的经济困难助长了法西斯主义在意大利和德国的兴起并最终把两国引向灾难。近几年来，正是经济上的困难和不安全感孕育了从苏联分裂出的各个国内的政治冲突和社会动乱。

对当今美国政策和政治来说，可汲取的教训是清楚的。发生在我们大城市里的犯罪和社会震荡是贫穷和一个无视或轻视穷人的不合理的阶级结构的产物。现在公认的办法是动用警察把犯罪分子关在一起或耗费巨资徒劳地去查禁毒品交易。从更长远的观点看，更人道、而且很可能也是花钱更少的办法是根除导致社会动乱的贫穷。

鉴于此，稳定强大的经济以及它所提供的机会是好社会的关键。此外，还有一个基本条件，即在最好的情况下也会有些人无力或不想工作。在好社会里谁也不得被排斥在外，丧失收入，沦入挨饿、无家可归、有病无处医或一贫如洗的地

---

① 两地皆是加利福尼亚州著名的富人区。

文化造就人

135

步。富裕的好社会绝不允许这种情况发生。

……以上即好社会的社会轮廓：人人有工作并有改善自己生活的机会。有可靠的经济增长以维持这种就业水平。青年人走向社会之前得以享受教育，可以感受到家庭的温暖而且可以做到严于律己。海内外社会的安定为弱者建立一个安全网。人人都有根据自己的能力和抱负取得成功的机会。损人利己的致富手段受到禁止。为安度晚年用的储蓄不会因为通货膨胀而付诸东流。对外交往要体现合作与同情的精神。

教育的决定性作用

教育在现代社会中的作用，特别是教育同经济目标的关系一向是最热门的课题。对美国经济竞争能力做的分析无一例外地强调指出，拥有一支受过教育的，职业上合格的劳动力队伍至关重要。这一点通过人们常常把教育开支称为人力投资再次显示出来。投资通常是为了增加经济收益。教育于是成了整个经济政策的一个方面，或者更准确地说，它的一个组成部分。对这种认识好社会需要加以审视。

毫无疑问，教育的确对经济有好处。人们早已认识到这一点。在上一个世纪的美国，任何人在讲演中列举争取经济进步所必需的条件时首先会提到，而且常常只提到教育、运输，还有善政。今天，世界上许多大规模生产基础工业仅靠半文盲工人即可运转得很好，因为这些工人刚从原始农业的经济贫困和社会隔绝中摆脱出来，干劲十足，又老实听话。于是大部分的劳动力密集工业都迁到新兴工业化国家。在这些国家里，一个人只要身强体壮，任劳任怨，就不愁过不上好日子。

但在发达的工业化国家，教育在经济中却起着举足轻重的作用。正在日益扩大的社会部门，如依赖技术、工艺设计的生产部门、日益发达的旅游业、文化娱乐业以及其他的专业行业等，都需要有一支受过教育的劳动力队伍。教育不仅造就了发明家、创造家，还启发他们不停地去发明创造，以满足具有文化素养的人们的种种兴趣和爱好。办教育的结果是经济离不开教育。

也就是说，人们强调最多的是教育对经济的贡献。教育家争取财政资助时以经济为理由，指出教育对经济发展做出的特殊贡献。但是，这里必须划一条界限。好社会绝不认为在现代经济中，教育首先是为经济服务的。教育具有更大的政治和社会作用。教育本身就含有其存在的价值。

首先，教育事关社会是否安定。正是通过受教育人们才有希望或有可能从不利的社会经济底层摆脱出来，加入更高的社会经济阶层。

好社会无法杜绝其社会成员在一定程度上分为不同的社会经济阶层的现象。完全消灭阶级制度几乎可以肯定是做不到的。但是，从保证起码的社会正义和政治稳定的需要考虑，必须存在一种上升的机会，即从社会底层升到更高阶层的机会。如果没有这种机会，社会必然会滋生不满，甚至有可能会酿成暴力的反抗。

在美国，昔日那些爱闹事的爱尔兰、意大利和犹太移民以及少数民族，随着自己社会地位的上升终于放弃了过去令人不安的抗上行为，有时甚至是犯罪行为，选择了和平参与社会生活的道路，最后上升为政界和经济界的领导人。无论对个人还是对他或她的孩子来说，教育是改善自己地位的决定性因素。缺乏知识的人只能干枯燥、单调、繁重的工作，常常还找不到工作。改变这一切的途径，也是唯一的途径，就是受教育。不受教育则毫无希望。不满的人就有可能走向犯罪。让社会中最穷的人享受一流的教育不仅有道理，而且对此也毋庸讳言。他们最需要从现状中挣脱出来的手段。

在好社会里，教育还有两项至关重要的用途：其一，教育可以使人们聪明地管理自己。其二，教育可以使他们尽情地享受人生。

毫无疑问，自治和民主做起来绝非易事。在一个落后的农业国里，人民对国家无所求。政府也好，老百姓也好，凡事略通一二即可。随着经济的发展和伴随而来的社会责任，政府面临的问题无论从难度还是从广度讲大大增加了。各种各样的难题不是呈算术级数，而是呈几何级数涌现出来。为此，要么有一个通晓所有这些问题的选民阶层，要么把这些问题完全交给国家及其官僚机构去处理。不然就是听任不学无术的人瞎指挥。这样做的后果又损害了社会及政治结构本身。

最后这一种情况并不是什么新鲜事。所有的民主国家每日每时无不担心愚昧无知的人对社会的影响。社会中有那么大一批人唯恐天下不乱，四处捣乱破坏。只有凭借教育才可以确保这一小撮人成不了气候。

但是教育和民主之间还有一层不那么明显的关系。教育不仅使民主成为可能，还使民主成为一种必需。教育不仅造就了懂得政府应负什么职责的人民，还培养了他们的参政意识。如果对象是目不识丁的男男女女，尤其是散布各地、依附地主的男男女女，政府可以轻而易举地压制他们的声音对他们为所欲为。若是换了受过教育、从而关心政治并善于表达自己观点的公民，政府则不敢这样干。当今世界已证明了这一点。没有一国受过良好教育的人民生活在独裁统治之下，或在这种独裁统治下不反抗的。另一方面，对穷人和文盲的独裁则是司空见惯。

我们习惯于把民主看做是一项基本人权。不错，民主是一项基本人权。但它也是教育和经济发展的自然产物。受过教育的人民视参政为己任，决不肯默默当顺民。民主于是成了唯一可行的政治制度。也就是说，教育带来了民主，而且随着经济的发展，民主还成为一种必需，甚至一种必然。它还有另一个甜头。

教育首先是为了丰富人生，享受人生。正是教育为个人打开了一扇窗子，使他窥见语言、文学、艺术、音乐以及大千世界里五彩缤纷的种种乐趣。古往今来，受过教育的人从未怀疑过教育给予他们的优厚回报。

昔日人们认为，今天依然认为，上一流学校受最好的教育是特权阶层子女的事。他们会为此付学费，而且常常是高额学费。于是各种私立中小学和大学在美国应运而生。教育可以改变一个人的一生，所以学费再贵也值。

在现代社会里，这种现象受到人们的普遍关注和抨击。于是私立学校开始向穷人的孩子提供奖学金和经济支助，以便给这些昔日纯粹的特权子弟学府带来一点民主色彩。美国公立高等教育制度的兴起和发展——即兴办州立大学——也是为了同样的自由，但因此受益的人更多。这类公立大学就其总的质量而言是世界各国同类大学中的佼佼者。但是公立教育给有钱人带来的好处更大。穷人享受公立高等教育的机会远比富人为少，因为他们上的中小学质量差，经费少，尤其是大城市里的公立中小学。美国社会中存在的社会歧视也许是最野蛮的：部分人尽情享受人生，仿佛这是天经地义；大批人则与此无缘。

从以上所述中可以清楚地看到教育在好社会中所起的作用。每个孩子都应该受到良好的初级和中级教育。接受初级和中级教育应当成为一项义务。另外还必须严格要求每个孩子，这是办教育不可缺少的一条。一方面老师要对学生认真负责，另一方面学生也要听老师的话。在好社会里，青少年只有刻苦学习的义务，没有荒废学业的自由。中学毕业后，凡渴望上大学并具有这种能力的学生应充分享有深造的机会。政府必须为以上教育事业提供资金。对好社会最大的考验就是看它是否愿意为建立和维持一个完善的全民教育体系征税，即牺牲个人眼前的收入和消费并放弃奢华的消费习惯。这样做给经济带来的好处显而易见。政治上也可以得分。但真正的好处还在于每一个人均可活得更有意义，更有价值，更幸福。只有教育才能做到这一点。

私立学校和教会学校及大学当然应该受到鼓励。这类学校的存在体现了自由社会里一项基本自由。但这些学校不应只对付得起学费的人敞开它们的大门。

教师的社会地位和收入必须与教育在现代社会中的重要位置对称。学校必须是人才荟萃的地方。所有关心好社会的人都应该认真思考一下两个非常实际的问题。第一，为制作孩子们现在整天看的电视节目可以轻易弄到大笔经费，而拨给这些孩子们的学校的经费和付给学校老师的工资则相形见绌。第二，军费支出充足，而教育经费拮据。这个问题后面还会再次予以强调。

【美国】房龙

迮卫 靳翠微 译

宽 容①

　　把房龙笔下的"无知山谷"替换成陶渊明笔下的"桃花源"，中国读者可能想象会贴切一些。试想，桃花源中的人们过着自成一体的生活，没有战争，所以安宁；没有向往，也没有对比，所以幸福；与世隔绝，而不是与时俱进，所以他们不知道自己的无知。千年典籍和守旧老人是当然的统治者。走出桃花源的人再也回不来，回来了也要被乱石砸死，因为他动摇了桃花源的社会秩序，让人们有了向往和对比。终于，一场灾荒把人们逼出了桃花源，求生的欲望是任何保守势力都阻挡不了的，人们来到更大、更美的新世界的绿色牧场，过着另一种幸福的生活，经过自己的奋斗和选择所获得的新生活。无论是一个人、一个桃花源、还是一个国家，封闭、保守，只有死路一条；开放、交流、创新、合作，才有生机无限。

　　房龙（1882~1944），美国作家、历史学家。作品有《宽容》《人类的故事》《与世界伟人谈心》等。

在宁静的无知山谷里，人们过着幸福的生活。

永恒的山脉向东西南北各个方向蜿蜒绵亘。

知识的小溪沿着深邃破败的溪谷缓缓地流着。

它发源于昔日的荒山。

它消失在未来的沼泽。

这条小溪并不像江河那样波澜滚滚，但对于需求浅薄的村民来说，已经绰有余裕。

　　晚上，村民们饮毕牲口，灌满木桶，便心满意足地坐下来，尽享天伦之乐。

　　守旧的老人们被搀扶出来，他们在阴凉角落里度过了整个白天。对着一本神秘莫测的古书苦思冥想。

墙变成了窗

---

① 选自房龙《宽容》序言，迮卫、靳翠微译，三联书店，1985年版。

他们向儿孙们叨唠着古怪的字眼，可是孩子们却惦记着玩耍从远方捎来的漂亮石子。

这些字眼的含意往往模糊不清。

不过，它们是一千年前由一个已不为人所知的部族写下的，因此神圣而不可亵渎。

在无知山谷里，古老的东西总是受到尊敬。

谁否认祖先的智慧，谁就会遭到正人君子的冷落。

所以，大家都和睦相处。

恐惧总是陪伴着人们。谁要是得不到园中果实中应得的份额，又该怎么办呢？

深夜，在小镇的狭窄街巷里，人们低声讲述着情节模糊的往事，讲述那些敢于提出问题的男男女女。

这些男男女女后来走了，再也没有回来。

另一些人曾试图攀登挡住太阳的岩石高墙。

但他们陈尸石崖脚下，白骨累累。

日月流逝，年复一年。

在宁静的无知山谷里，人们过着幸福的生活。

外面是一片漆黑，一个人正在爬行。

他手上的指甲已经磨破。

他的脚上缠着破布，布上浸透着长途跋涉流下的鲜血。

他跌跌撞撞来到附近一间草房，敲了敲门。

接着他昏了过去。借着颤动的烛光，他被抬上一张吊床。

到了早晨，全村都已知道："他回来了。"

邻居们站在他的周围，摇着头。他们明白，这样的结局是注定的。

对于敢于离开山脚的人，等待他的是屈服和失败。

在村子的一角，守旧老人们摇着头，低声倾吐着恶狠狠的词句。

他们并不是天性残忍，但律法毕竟是律法。他违背了守旧老人的意愿，犯了弥天大罪。

他的伤一旦治愈，就必须接受审判。

守旧老人本想宽大为怀。

他们没有忘记他母亲的那双奇异闪亮的眸子，也回忆起他父亲30年前在沙漠里失踪的悲剧。

不过，律法毕竟是律法，必须遵守。

守旧老人是他的执行者。

墙变成了窗

守旧老人把漫游者抬到集市区,人们毕恭毕敬地站在周围,鸦雀无声。

漫游者由于饥渴,身体还很衰弱,老者让他坐下。

他拒绝了。

他们命令他闭嘴。

但他偏要说话。

他把脊背转向老者,两眼搜寻着不久以前还与他志同道合的人。

"听我说吧,"他恳求道,"听我说,大家都高兴起来吧!我刚从山的那边来。我的脚踏上了新鲜的土地,我的手感觉到了其他民族的抚摸,我的眼睛看到了奇妙的景象。

"小时候,我的世界只是父亲的花园。

"早在创世的时候,花园东面、南面、西面和北面的疆界就定下来了。

"只要我问疆界那边藏着什么,大家就不住地摇头,一片嘘声。可我偏要刨根问底,于是他们把我带到这块岩石上,让我看那些敢于蔑视上帝的人的嶙嶙白骨。

"'骗人!上帝喜欢勇敢的人!'我喊道。于是,守旧老人走过来,对我读起他们的圣书。他们说,上帝的旨意已经决定了天上人间万物的命运。山谷是我们的,由我们掌管,野兽和花朵,果实和鱼虾,都是我们的,按我们的旨意行事。但山是上帝的,对山那边的事物我们应该一无所知,直到世界的末日。

"他们是在撒谎。他们欺骗了我,就像欺骗了你们一样。

"那边的山上有牧场,牧草同样肥沃,男男女女有同样的血肉,城市是经过一千年能工巧匠细心雕琢的,光彩夺目。

"我已经找到一条通往更美好的家园的大道,我已经看到幸福生活的曙光。跟我来吧,我带领你们奔向那里。上帝的笑容不只是在这儿,也在其他地方。"

他停住了,人群里发出一声恐怖的吼叫。

"亵渎,这是对神圣的亵渎。"守旧老人叫喊着,"给他的罪行以应有的惩罚吧!他已经丧失理智,胆敢嘲弄一千年前定下的律法。他死有余辜!"

人们举起了沉重的石块。

人们杀死了这个漫游者。

人们把他的尸体扔到山崖脚下,借以警告敢于怀疑祖先智慧的人,杀一儆百。

没过多久,爆发了一场特大干旱。潺潺的知识小溪枯竭了,牲畜因干渴而死去,庄稼在田野里枯萎,无知山谷里饥声遍野。

墙变成了窗

不过，守旧老人们并没有灰心。他们预言说，一切都会转危为安，至少那些最神圣的篇章是这样写的。

况且，他们已经很老了，只要一点食物就足够了。

冬天降临了。

村庄里空荡荡的，人稀烟少。

半数以上的人由于饥寒交迫已经离开人世。

活着的人把唯一希望寄托在山脉那边。

但是律法却说，"不行！"

律法必须遵守。

一天夜里，爆发了叛乱。

失望把勇气赋予那些由于恐惧而逆来顺受的人们。

守旧老人们无力地抗争着。

他们被推到一旁，嘴里还抱怨自己的命运不济，诅咒孩子们忘恩负义。不过，最后一辆马车驶出村子时，他们叫住了车夫，强迫他把他们带走。

这样，投奔陌生世界的旅程开始了。

离那个漫游者回来的时间，已经过了很多年，所以要找到他开辟的道路并非易事。

成千上万人死了，人们踏着他们的尸骨，才找到第一座用石子堆起的路标。

此后，旅程中的磨难少了一些。

那个细心的先驱者已经在丛林和无际的荒野乱石中用火烧出了一条宽敞大道。它一步一步把人们引到新世界的绿色牧场。

大家相视无言。

"归根结底他是对了，"人们说道，"他对了，守旧老人错了……"

"他讲的是实话，守旧老人撒了谎……"

"他的尸首还在山崖下腐烂，可是守旧老人却坐在我们的车里，唱那些老掉牙的歌子。"

"他救了我们，我们反倒杀死了他。"

"对这件事我们的确很内疚，不过，假如当时我们知道的话，当然就……"

随后，人们解下马和牛的套具，把牛羊赶进牧场，建造起自己的房屋，规划自己的土地。从这以后很长时间，人们又过着幸福的生活。

几年以后，人们建起了一座新大厦，作为智慧老人的住宅，并准备把勇敢先驱者的遗骨埋在里面。

墙变成了窗

一支肃穆的队伍回到了早已荒无人烟的山谷。但是，山脚下空空如也，先驱者的尸首荡然无存。

一只饥饿的豺狗早已把尸首拖入自己的洞穴。

人们把一块小石头放在先驱者足迹的尽头（现在那已是一条大道），石头上刻着先驱者的名字，一个首先向未知世界的黑暗和恐怖挑战的人的名字，他把人们引向了新的自由。

石上还写明，它是由前来感恩朝礼的后代所建。

这样的事情发生在过去，也发生在现在，不过将来（我们希望）这样的事不再发生了。

【美国】丹尼尔·布尔斯廷
中国对外翻译出版公司 译

墙变成了窗①

　　民主的进程不只是靠理念来推动的，现实生活的一系列微小的变革，构成了一个社会民主进程的坚实步履。比如：电灯让农民和城里人一样有一个延长的白天，衣着均匀消除人的自卑，"顾客就是上帝"的服务观念给人消费平等的尊重，人行道的台阶开出一个供婴儿和残疾人的轮椅行走的斜坡等等。再比如，"玻璃"制作的改进和广泛运用，将"墙变成了窗"，人们的生存空间顿时变得开阔明朗，户内户外的视野分界被打破，使人与人之间的界限变得不那么明显了。玻璃窗甚至成为"现代美国精神的一个象征"，"它使周围环境统一了，它成了一种展示的工具，使人兴奋并激起每个人的欲望，想要分享他同时代的人所有的一切，而正是这些东西构成了美国的生活标准"。

　　丹尼尔·布尔斯廷（1914~2004），当代美国学者，文学派史家，美国国会图书馆前馆长。他有特殊的魅力将学术著作写成畅销书，如《美国人·民主历程》。

　　新世界致力于消灭界限，因而触及日常生活中个人的隐秘。这方面，玻璃的故事是再生动不过，也是最受忽略的例子。因为玻璃赋予墙壁一种新的、捉摸不定的含义，墙成了过去从来不曾有过的东西。反过来，这也使玻璃成了一种新的东西。日常生活所造成的结果是人人弄不清楚自己身在哪里，场所之间的界限也变得混淆不清了。

　　南北战争之后的一百年里，钢铁的应用范围大大扩展了，而且给那种被称之为混凝土的灰浆（同古罗马一样古老）找到了广泛使用的新途径。这些不透明材料使人们有可能建造向高处发展、向广泛延伸的新型物体，从而建筑的形状也趋于多样化而不墨守成规了。但由于玻璃是透明的，它改变了室内和室外的含义，也

墙变成了窗

---

① 选自丹尼尔·布尔斯廷《美国人·民主历程》，三联书店，1993年版。有删节。

改变了室内室外的关系。玻璃是神奇的材料，它使人在室内时有如置身室外，在你有瓦遮蔽时却能够享受艳阳和光线。玻璃使美国人既能视野广阔又不受风霜雨雪、严寒酷暑之苦。

玻璃在美国的发展更富戏剧性，因为玻璃既是一种古老的材料，而其含义到了现代又改变得那么快。从技术史上看，最古老的技艺往往变化最为缓慢。古埃及人用玻璃给皂石珠上釉做假宝石。吹制玻璃器皿则早于耶稣诞生前在地中海地区就很普遍。中世纪时，技术进步了，可以制作高档器皿、枝形吊灯和小镜子。到13世纪，威尼斯成了欧洲玻璃制造业中心。玻璃匠人的秘诀也成了该市的宝藏。威尼斯人有办法制作一种纯净无色的透明玻璃，这种玻璃制作精致华丽工艺品的原料无异是一种透明的银子。

把玻璃用在窗户上是后来逐步发展起来的。在中世纪初，建筑物的窗户少而且小，因为玻璃的价值高昂，平板玻璃的制作很困难而且生产出来都是小块的。法国和英国中世纪哥特式大教堂里鲜艳的彩色玻璃窗既表现了玻璃匠人的高超技艺也反映了他们的局限性。做有色玻璃容易（色彩来自所含"杂质"的量），但要做完全透明的玻璃就难了。这些小块平板有色玻璃使建筑师有机会用铅拼合它们组合成漂亮的图案。彩色玻璃首先在阳光充足的地中海沿岸发展起来。彩色玻璃之所以吸引人因为它既能挡住炙热的阳光，同时又能把阳光变成漂亮的图像。20世纪新浪漫派建筑师所乐于模仿用铅条固定小块玻璃做成的窗户。在当初原非为了装饰，而是因为没有大块玻璃。甚至到19世纪，旧大陆的税法仍规定征收房产税不按平方英尺或总造价，而是按房子有多少窗户而定。英国的窗户税（1696~1851年）成了法国门窗税（1798~1917年）的样板。从你的房子有多少窗户来看你的支付能力，这并非完全是异想天开。普通人用不起玻璃窗的。

在现代美国，玻璃也像冰一样，由原来的个人奢侈品变成了大众化商品。玻璃在美国的普及意味着另一种消除空间界限的方式和征服季节更迭的手段。玻璃由于其多彩、反光，原被人们视为珍贵的装饰艺术品，如今一变而为基本的建筑材料和非常普遍的视觉工具。这又一次说明，伟大的理论发现和许多的新技术来自在外国，主要来自欧洲。但是，到了20世纪，美国人的组织和传播才能已经使玻璃获得广泛的采用，其受重视的程度是前所未有的，而这是需要有更经济的玻璃制作技术才能达到的。

1908年，《科学美国人》月刊赞扬科尔伯恩的窗玻璃机是"第一台能连续拉出任何宽度的窗玻璃的机器"。

1916年，西弗吉尼亚州查尔斯顿的利比－欧文斯平板玻璃公司的新建庞大工厂里安装了科尔伯恩的机器，这些机器的连续作业法生产出数以百计平方码的平板玻璃。人类最古老的一种材料终于进入了新时代：它是向世界打开窗户的一种新方法，它使美国人对户内户外有崭新的感受。

汽车需要防眩反光玻璃，特别是各种弧度的安全玻璃，这又促使玻璃生产者造出一系列产品。汽车还需要隔音和内部装修，以及寻求更简单的办法制造车身，为配合这些需要，纤维玻璃生产出来了。有人甚至想象总有一天玻璃会取代钢铁成为制造汽车的基本材料。与此同时，玻璃确实使坐汽车的人在车外景色迅速掠过的时候能享受到在家的舒适感和安全感。

但是，在玻璃把户外带进户内并改变着不断前进的生活结构之前，玻璃已经改变了建筑物的墙。美国摩天楼建筑的第一大派"芝加哥派"的特征不仅在于它为钢铁的用途开辟了新天地，还在于它创新地应用了玻璃。钢框代替了沉重的泥灰，提供一种新的开放式窗框。他们给平板玻璃派上了惹人注目的新用途，诸如设计宽嵌板装成平板玻璃窗。当时的人赞美詹尼的莱特大厦（建于1889年），说它"结构宏伟……看上去很舒服，轻巧，通风好又坚固……这座商业大厦的风格是邦纳罗蒂在建造最大的天主教堂时做梦也没有设想到的。"丹尼尔·伯纳姆的信任大厦（建于1884年）被描绘成"15层楼高的玻璃塔"。路易斯·沙利文的古典的卡森、皮里、斯科特大厦（建于1899~1904年）则以其"芝加哥窗户"而独具一格，这些窗户的宽度整齐划一，同一座威尼斯式宫殿的圆柱外观一样，这样一来，它墙面的主要特征就是平整透明的玻璃了。

玻璃成了一种新的国际风格的基调。用玻璃做墙幕，利用它的耀眼光度和反光性。到20世纪中叶，匀称的有几何图形的玻璃墙已成为美国摩天大楼的特色。玻璃已成了让人们开始在高空中生活和工作的基本建筑材料了。

随着大块透明玻璃的大批量生产，这种古老的材料又有了意想不到的新前景。因为玻璃受压不变形，弯曲多次也不会像金属那样通常要出现"疲劳"，它抗腐蚀，而且制作玻璃的原料实际上是取之不尽的。20世纪中叶，新技术生产出一系列前所未有的玻璃新品种：可变透射玻璃、电发光玻璃、导电玻璃、对气流有可变阻力的微孔玻璃、太阳能聚集玻璃、钢力韧性玻璃及其他种种，不胜枚举。人们甚至用玻璃来做白的"黑板"使教室明亮。还有"变色"玻璃窗，它可以随着太阳光强度的变化而自动调节明暗；另有一种"有限视野"玻璃，是专为"不完全隔绝视野"而又能保持视听不受干扰而制的。

设计现代化的家庭，玻璃不仅是常用材料而且是关键。现代美国精神的一个象征就是消除户内外这个决然的视野分界，现在新出现的危险是人们会因为看不到玻璃门而误闯过去。一家玻璃厂做广告说："玻璃拉门把室内和室外的环境合为一体，为你的生活增加了新天地……玻璃使比较小的房间看上去要大很多。玻

墙变成了窗

璃用于外墙就会创造出家庭主妇所寻求的令人神往的室内交流。用它分隔房间，玻璃创造了一种已把外界隔开而又让你有开放感的墙。"

在20世纪的美国，窗户几乎是既让你看到里面，又让你看到外面，还让你接受阳光。玻璃成了美国人各种各样的墙的矛盾心理的象征。在本世纪中叶"风景窗"指的是"屋子里的一面大窗户，这个窗是它所在的那个房间或那面墙的主体，往往要设计得或布置得无论从里面向外看或外面向屋里看都有吸引人的景象"。

玻璃消除了户内外的界限，它使周围环绕统一了，它成了一种展示的工具，使人兴奋并激起每个人的欲望，想要分享他同时代的人所有的一切，而正是这些东西构成了美国的生活标准。正如上文已经提到过的，早期的百货公司用轻型生铁框装上大块玻璃布置底层的窗户，使陈列的商品成了最生动的广告。到19世纪中叶，"橱窗"（show window）一词已经出现在美国语言里。陆续出现的有意义不太明确的"橱窗装饰"（window dressing）一词，这是专业艺术家和技术人员所关心的事。"逛橱窗"（window shopping）则成了消费者自嘲的一种新形式。

从这些方面和数不清的其他方面，玻璃表现了新技术的魔力和消费品的普及。旧世界里一种珍贵易脆的材料成了一种坚固的工具，它消除了不同场所之间的差别、室内室外的区分，也使人与人之间的界限变得不那么明显了。

【英国】德斯蒙德·莫里斯

刘文荣　今夫　译

握　手①

　　一个看似简单的握手动作，追溯其来源及用意，却是一个有些深奥的课题。英国动物学家、人类行为学家莫里斯（1928年生），从生物学的角度考察人类行为的动物性的一面，他时常把人的行为与猩猩作比较，读者却不觉得被冒犯，反而若有所悟。比如他将人称作"裸猿"，将人类社会称作"人类动物园"，其惊世骇俗的观点流传甚广。在《亲密行为》一书中，莫里斯分析，人类为什么选择握手这个动作来表示友好？因为"伸出一只空手即表示手中没有武器"，"暂时表示自己无害于对方"。现代握手的含义：有订约的商人之握，有相识的礼貌之握，有亲昵的友谊之握……握手和拉手、吻手有巨大的区别，现代人已经非常惧怕肢体的亲密接触了，文明使人纷纷戴上了假面具，人情渐渐疏离……当我们伸手与人相握，能否多少带点体温？

　　握手这一动作大约在15年前才开始为人们所普遍使用，但是它的前身——拉手，则很早就出现了。在古罗马，拉手被用来表示相互守约，而且在往后的200年间这一直是它的首要功能。譬如，在中世纪，一个男子跪在上司面前并拉住他的手就是一种发誓效忠的表示。拉手再加上摇的动作，据说最早出现于16世纪。在莎士比亚《终成眷属》一剧里有这样一句话："他们拉起手来摇摇，就此而结为兄弟。"这里，拉手的动作仍然表示相互遵守誓约。

　　到了19世纪初期，情况发生了变化。这时，握手虽然仍作为守约表示而在作过一次承诺或者约定之后被使用，但是它已经开始用于普通场合，表示相互问候。导致这种变化的原因是工业革命和中产阶级人数的急剧增长，它使贵族和农民之间更加拉大了距离，这批新兴的中间人，由于工业和商业上的需要，经常要"谈交易"和"订合同"，为了表明守信用他们必然一次次地握手。谈生意做买卖

---

　　① 选自德斯蒙德·莫里斯《亲密行为》，刘文荣、今夫译，海天出版社，1988年版。有删节。

渐而成为一种新的生活方式，社会关系也越来越随着生意和买卖而转移。在这种情况下，订约用的握手动作势必要侵入到一般的社交场合。它的含义已变成一种一般意义上的交换，即"我愿意和你交换好意"。渐渐地，握手便取代了其他的问候方式。到了今天，它已作为一种最重要的致意动作而在全世界被普遍使用，不仅地位相等的人相见时，就是上司和下属相见时也相互握手致意。如果说，在过去人们相见时有一整套供不同场合使用的复杂礼节，那么在今天，我们仅有的礼节就是这一种。一位总统见到一个农场工人时所做的动作和一个农场工人见到一位总统所做的动作现在是完全一样的——他们都伸出一只手，握住，摇一摇，同时两人都面带微笑。此外，一位总统会见另一位总统时，或者一个农场工人遇到另一个农场工人时，他们所用的礼节也是完全一样的。就身体方面的亲密行为而言，时代确实变了。但是，如果说这种万用的握手动作使事情变得简单方便了，这只是一方面，另一方面它也使事情变得复杂了。握手也许人人都会，但是到底在什么时候握手最恰当呢？谁先伸出来给谁呢？

很明显，表面简单的握手动作中存在着某种内在的复杂性，我们必须将其揭示出来才能澄清人们认识上的种种混乱。要这样做，我们就要追寻这个动作的根源。只要我们追寻到我们的动物近亲那里，就会发现：一只地位低的黑猩猩时常会向一只地位高的黑猩猩伸出上肢做出一种乞讨似的姿势，以此取悦它。如果这一举动得到反应，这两只猩猩便会迅速地碰一下手掌，这种接触动作看上去和简短地握一下手极为相像。这只主动伸出前肢的黑猩猩发出的信号是："你看，我不过是个无害的乞丐，对你一点也不敢妄动。"它得到的反应信号是："我也不想对你发威。"这种接触动作如果发生在两只地位相等的黑猩猩之间，那就演化为一种友好姿态了，它发出的信号也变为："我不会伤害你，我是你的朋友。"换句话也就是说，黑猩猩伸出前掌这一动作，既可由地位低的向地位高的做出，作为恭顺表示；也可由地位高的向地位低的做出，作为安抚表示；还可由相等地位的相互做出，作为友好表示。但是，不管怎么说，它本质上是一种取悦对方的动作，因此，若改用现代礼仪指导书里的说法，下属人员在遇到上司的时候先主动伸出手来本是天经地义的。

现在，从黑猩猩伸出前掌转到我们古人拉手动作上来。我们可以看到，两者的情况是相同的。显然，伸出一只空手即表示没有武器，而我们通常总使用右手和人握手，其原因在于武器通常是用右手拿的。伸出一只空手，这个动作既可以由弱者作为恭顺表示而向强者做出，也可以由强者作为安抚表示向弱者做出，就如黑猩猩的情况一样。由此而演化成相互用力拉手，也就成了一种生动的订约方式，通过这种方式两个拉手人相互承认对方和自己的地位相等，至少暂时是这样。然而，从本质上讲，这个动作并不是为了显示身份，而是不计较自己的相对优越性，暂时表明自己无害于对方。

很可能，现代握手动作就起源于此，但是另一方面的情况又使问题复杂化了。有一种男子对女子施行的重要问候动作，那就是吻手，即男子接住女子伸给他的手并在上面用嘴唇轻轻一吻。后来，这个动作变得更为形式化了，真正吻的成分已减缩到一种虚设的程度，男子仅仅是将嘴唇凑近女子的手背，做出一个吻的样子就算完事，并不真的接触。后来，甚至更加虚化了，时常只握住女子的手稍稍往上一抬同时微微低一下头就算吻过了。在这种变化形式中，或多或少可以看到握手的影子，只是没有那些用力摇晃的动作而已。所以，有的作者就认为这是现代握手动作的唯一来源："作为一种接触致意动作，握手显然是从吻脸颊中派生出来的，中间环节就是'吻手'。"就这方面而言，原则上是地位优越的人先向自认谦卑的人伸出手，因此与那种男子之间订约时所做的握手动作有着本质区别。

其实情况似乎是，说拉手是握手的来源和说吻手是握手的来源，两者都是正确的。也正因为有这种双重来源，最后造成了现代礼仪指导书里的种种混乱说法。这里的关键是，我们现在相互握手，其原因不是单一的。问候、告别、订约、做交易、祝贺、接受挑战、感谢、慰问、和解、祝愿等等都可能成为我们相互握手的原因。这里有两种原则。在某种情况下，握手象征着友谊，而在其他一些情况下，我们仅仅在握手的时候才是友好的。譬如说，我经人介绍和某个人初次见面时我们会握手，但是这仅仅是一种礼貌，和我们之间过去的甚或未来的关系如何毫不相干。

换个角度，我们可以说现代握手是一种合二为一的动作。"订约握手"和"问候握手"各有其不同的来源和不同功能，只是因为它们有着相同的形式，致使我们将它们合在一起统统视为"善意握手"了。这就引起了种种混乱。刚刚进入维多利亚时代之际，这方面还不存在问题。当时，男子和男子之间在作订约握手时说："一言为定。"而男子吻女子的手时则说："很荣幸见到你。"但是，到了后来，由于维多利亚时代的人越来越多地将生意活动和社交活动混在一起，两者也就开始变得混淆不清。有力的订约握手变得比较随便，比较轻柔了，与此同时，已得到简化的吻手动作中男子握住女子的手时的那种轻柔的动作，则变得比较有力了。

虽然这样的握手现在已经为我们所乐意接受，但在19世纪的法国曾受到过某种抵制，人们将它称为"美国式握手"，只要看到某个外国男子在和一个未婚的法国女子做这一动作，他们就会怒目而视。这并不是因为握手是一种身体接触动作，而是因为外国人在当时仍然将握手仅视为订约动作。所以当时他们看到那些外国男子竟然刚遇到一个年轻姑娘就要和她"订约"交好，当然会认为有失体统了。至于那些外国男子，他们这样做其实只不过是为了表示礼貌而已。

这又使我们想起了那些礼仪指导书里的各种误解和混乱。谁先伸手是这方面的一个大问题。不先伸手会不会因此而显得不友好？或者，先伸手会不会因此而显得要求对方变相吻手？在各种社交场合所作的仔细观察表明，那些拿不定主意的人每每会通过审查某些细微迹象而解决这一问题。他们会注视着对方，看对方有没有迹象想抬起手来，而当他们一发现对方有这种示意性动作时自己也马上伸出手去，这样就造成了一种两人同时伸手的印象。他们之所以拿不定主意，乃是因为其他大多数礼节都是地位低的人先做动作以示敬意的。士兵总是先向军官敬礼，然后军官才答礼。在过去，总是年轻的先向年长的鞠躬。但是，吻手的情况就不同了。女子必须先伸出手。凡是识礼的男子是决不会不等女子伸手就抓起她的手来吻的。因为吻手是问候性握手的前身，所以这种规矩今天在绝大多数场合仍被遵守着。男子遇到女子时，总是等女子先伸出手来才能和她握手，就像过去必须等她先伸出手来他才能吻一样。但是，男子不先向女子伸出手（吻的动作现在已经完全消失）并不等于说他是"军官"而她是"士兵"，她必须行礼。对此，礼仪专家们虽然发了许多议论，但是没有一个说得清楚。

握手的另一个和订约有关的来源又使情况变得更加复杂了。在这里，弱的一方通常总是先向强的一方伸出手，以表示他有求于强的一方。在比赛结束后，也通常是输的一方向赢的一方先伸出手，这不仅是一种庆贺动作，同时也表示自己虽然输了但仍想和赢的一方保持友谊。同样，当一个意兴冲冲的年轻商人伸出一只手向一个商界老手致意时，他的这种举动既可以看做是一种傲慢的表示（"你可以吻我的手"），也可以看做是一种谦卑的表示（"你是个成功者"）。此外和社交场合的情况一样，订约后谁先伸手的问题通常也是这样解决的，即先观察对方的示意迹象，然后尽量做到同时伸手。

既然在过去是那样复杂，在今天是这样混乱，人们或许会想在现在这个日趋随便的世界上握手将要不盛行了。从某些情况看来，事情确实是这样。社交上的问候致意现在越来越趋向于口头表达。大约在本世纪中期，有些礼仪专家就宣称："现在，在英国，男子被相互引见时已不再握手了。"尽管如此，男子与男子握手仍然比男子和女子或者女子与女子握手普遍得多。

由于握手并不起源于某种温情脉脉的拥抱而是从男子订约动作中派生出来的，所以它不会引起性方面的种种问题。即使是后来出现的吻手，在历史上也没有引起麻烦，因为在它形成习俗之前已经出现了某种形式化的、不带性含义的敬畏之吻。所以，两个强壮的男子可以相互握手直到手掌发青也不会给人以丝毫的性感印象。握手时要上下摇动，这一典型的动作又有助于使握手显得更加粗犷，更少温柔，所以即使在远处也能将它和恋人之间的拉手动作分辨得清清楚楚。

没有感情上的"接近"，我们就不可能在肉体上有接近。在忙碌的现代生活中，我们处处避免和人有过多的接触，虽然这样的接触对我们来说是需要的。我们之间的关系实在太繁琐、太含糊、太复杂，有时也太严肃，以至于使我们不敢冒险去进行身体上的接触。在冷酷无情的企业界，我们会随随便便地开除一个只和我们握过手的年轻女职员，或者会随便出卖一个只和我们做过手搭肩接触的同事；但是，如果我们和他们曾经有过更多的身体接触，情形又会怎么样呢？如果我们和他们进行过更多的亲密交往，即使没有任何性的内容，那又会怎么样呢？毫无疑问，我们在做那些冷酷的决定时，就不会那样随随便便地开除那个女职员，也不会那样不讲情面地和我们的同行竞争了。既然我们不敢大胆地和人进行身体上的接触，敢抛开理智上的盘算去接受强有力的相互攀连，当然也就不愿看到别人在公开场合这样做，免得他们老是像在提醒我们，使我们感到不快。所以，年轻的恋人可以在私下场合百般亲密，但是一到他们违反了我们的意愿而在公开场合这样做的时候，我们便会用法律来制止他们。我们会制定法律，明文规定在公开场合亲密接触是有罪。就是因为这样，时至今日，甚至在某些讲究文明的国度里，在公开场合接吻仍被列为有罪。一点点稍带柔情的接触动作也被视为不道德或者不合法。即使是很文雅的亲密行为在法律上也和盗窃行为一样遭到禁止。我们仿佛在可笑地大声叫喊：快把你们那些东西藏起来，免得让我们看到这是我们失去的东西！

时常有人说，只要使所有板着脸的卫道士们相互亲热地拥抱一下，相互抚摸一下脸，吻一下脸颊，他们也许马上就会感到自己应该回家去了，应该让社会上其他的人自由自在地相亲相爱而不必再蒙受他们的恶意妒忌。然而，鄙视这些人是没有意义的，因为社会自身也每每作茧自缚。我们生活于其中的这个熙熙攘攘的动物园本来就不是可以公开进行亲密接触的理想之地。它已被人们污染；我们无意中相互碰一下便连声道歉，而这时我们本应该放胆接触的；我们彼此嫌弃和咒骂，而这时我们本应该相互拥抱并放声欢笑的。到处是陌生人，于是我们变得畏畏缩缩。简直无法可想。我们唯一的补救办法是更深地沉溺在私下的亲密行为中。但是，连这一点也每每做不到。我们在公开场合所受到的禁令似乎大有蔓延之势，简直要侵入到我们的家庭生活中来了。对于许多人来说，解救之法就是沉迷在间接的亲密行为中，整夜整夜地看着电视屏幕或者电影银幕上那些职业演员做出的老一套接触动作和拥抱动作，听着流行歌曲中没完没了的爱情歌词，或者在小说和杂志里寻觅着写到亲密行为的词句。至于其他一些人，他们的解救之法则是戴上更为沉重的假面具。

【中国】赵毅衡

对岸的诱惑^①（2则）

在交流不便的时代，接触到一种异域文化，或许有点激动人心，如发现新大陆一般。徐志摩对英国活名人和死名人的礼拜，罗厄尔对中国古典诗歌的"发现"和"再发明"，都是有趣的文化遭遇。误拜和误读，都刺激出新的文化产品。只要有交流，而不是封闭；只要是交流，而不是对抗，不同的文化可以竞相辉映、群星满天，而不是互相扼制、敌视、你死我活，共坠黑暗。

徐志摩：最适应西方生活的中国文人

标题听来调侃，却是出于由衷的钦佩：现代中国文人，在西洋活得如鱼得水，徐志摩恐怕是一枝独秀。

曾有BBC电台记者采访我，问寓居西方的中国文人，如何才能融入西方文化。我干脆地告诉他：完全没有可能，在英国，更无可能。除非你嫁入娶进洋人家庭，步步指引，事事点拨。否则，就等着在这里生长的下一代吧。各种谈得热闹的种族肤色上的心理问题，是已经进入这个社会之后的事。对我们这些成年后来到西方的人，连受冷落的心理痛苦都谈不上。除了工作中不得不应付的人事关系，我们没有精力深入这个文化，泡酒吧，坐咖啡馆，逛派对，步山原，钓急溪，没有时间补课来熟悉各种运动的英雄，各种娱乐的明星——我们面临的是不可能跨越的文化之沟。

近来读了一些徐志摩，才觉得自己的断言恐怕应当修正：如果你愿意像徐志摩那样不惜代价地追求，而且有他那样的魅力和才气，恐怕真可以"进入"洋人社会。

首先可举的例子，当然是徐志摩见曼殊斐儿这桩文坛佳话：费时多月，反复去信求见一面，先与曼的实际丈夫墨雷大谈了一次俄国文学（曼本人最热爱契诃

---

① 选自赵毅衡《西出洋关》，中国电影出版社，1998年版。

夫）。得到邀请，冒雨找去。入屋后万分激动，却不料曼殊斐儿因病不见客。徐忽见有客从楼上走下，于是乘机再陈述要求，回话才是："可以上楼去见她。"据徐志摩自己说，前后不过20分钟，徐志摩却当做平生最宝贵的记忆。

换一个人，你我之类的俗人，早就觉得受了无礼怠慢，甚至认作种族歧视一走了之。所以吾等无徐志摩的好运。徐志摩一见"仙姿"，马上"一阵模糊""头晕目眩"。"像受了催眠似的，只是痴对她神灵的妙眼"。"眉目口鼻之清之秀之明净我其实不能传神于万一……只觉得可感不可说的美，你仿佛直接无碍地领会了造作最高明的意志"。

当然，诗人对美特别敏感。但是谁能像徐志摩，事后多年，还在不厌其烦地写"20分钟不死时间"："粹极的灵彻性"，"她是使我使用上帝给我那管进天堂的秘匙"，"我怎样能形容我那时在美的神奇的启示中的全身的震荡"？

而且，没有另一个中国人再能一睹芳容：半年后，曼殊斐儿去世。徐到巴黎她的坟上哭吊，以诗为祭文。

我这么一说，好像徐志摩在炮制神话？是如此，又并非如此。

徐志摩结交名人的本领，可能盖世无双：1921年徐到英国时，是个24岁的青年学生，尚未想到写作，只是个文学爱好者，政治、经济，哪一门都念得半不拉儿。结交的却是大作家威尔士、康拉德，著名批评家墨雷，桂冠诗人布里基斯，英国社会主义的主要思想家拉斯基，本世纪最重要的美学家弗赖，而当时知识界的领袖之一狄更斯竟成了徐的保护人。请问，本世纪中国文人有谁交往有如此之广，只有萧乾等二战期间在英的人可能有此缘分，那大半是拜"同一战壕"情结之福。

当然，徐志摩本人风度翩翩佳公子，说得一口好英语、中西文学都读得多（本世纪最有成就的中国诗翻译家魏雷曾多次向这个小青年请教唐诗，你能想象当今哪位汉学大家向一个中国留学生请教？）、家境富裕也是原因之一（当时中国钱也真值钱，一个破落地主之家——例如，鲁迅、周作人之家有足够钱供兄弟俩在东京闲住多年）。不过徐的出手之大方，也让人惊讶。请看徐带给曼殊斐儿的见面礼：赵谦之草书法画梅，王觉斯草书，梁山州行书……

徐志摩拜见西欧文豪的确有股热切劲儿，而且每见必有文记之。当时创造社讽刺他"拜祖宗"，鲁迅讪笑只有大文豪才有资格哭洋女人。徐志摩有个好处：对此类嘲弄不睬不理，1925年欧游时，公布日程似的："我去为了泰戈尔，顺便我想多瞻仰几个英雄。我想见法国的罗曼·罗兰、意大利的丹农雪乌、英国的哈代。"

哈代见着了：80多岁糟老头，当然没有曼殊斐儿的"最纯彻碧玉似的容貌"。徐志摩的描写很刻薄："可怜这条倦极了通体透明的老蚕，在暗屋子内茧山麦柴的空缝里，昂着他的皱褶的脑前抑后翻地想睡偏不得睡。"徐志摩远道奔往道赛特，哈代拒绝题词，拒绝拍照，"啬刻的老头，茶也不请客人喝一杯"。徐请求一点纪念品，哈代从花园里摘给他几朵花！

如果说，好见名人未免有点矫情，徐志摩对已死者一样景仰，欧游还有诣墓的报告："在莫斯科上契诃夫、克鲁泡金的坟，在枫丹薄罗上曼殊斐儿的坟，在巴黎上茶花女哈哀内的坟，上菩特莱《恶之华》的坟，上凡尔泰、卢骚、嚣俄的坟，在罗马上雪莱、基茨的坟，在翡冷翠上勃朗宁太太的坟……"名单太长，不抄了，连徐本人都自嘲说"上清明"。

因此我有理由怀疑，徐志摩赞美的英国是他为自己制造神话。1920年9月，对美国失望后来到英国（纽约当时世界级文化名人的确没有伦敦多），秋天见到了17岁的林徽因，一见钟情，神魂颠倒。这场单相思为时极短，很不顺心。冬天，林去苏格兰上学，不久后随父回国。而徐志摩致信家中，"盼媳出来"。于是，妻子张幼仪携子来伦敦。徐志摩虽说是在伦敦社交界大成功，他还是希望去剑桥。为此，还走了狄更斯的后门。

1921年春，徐志摩到剑桥国王学院，没有专修，是个随意选择听讲的特别生。他好像从来没有认真听过课，而住处竟然离剑桥六英里（近20华里）！徐自己承认他在剑桥"谁都不认识"，连同学都没一个。而与他乞求来英的妻子却闹起了离婚。无怪乎莎士比亚如此赞美的英格兰之夏，徐志摩却说"英国几乎是没有夏天的"。该年冬天，林徽因回国，而徐志摩把妻儿送到德国，次年3月，在柏林离婚，一个人回到剑桥。

说剑桥造就了徐志摩，此言非虚，有明证：1922年，"我这辈子就只那一春"。他开始写诗了，中国有了一个才气横溢的大诗人。奇迹是怎么发生的？因为在"四五月间"剑桥的"春天是更荒谬的可爱"。这是他"慢慢发现"的。发现了什么？《我所知道的康桥》，完全在描写乡野景色，附加描写了剑桥河上的古桥，完全没有说到文化学术。

细读一下，就明白徐志摩在剑桥如此惊喜地"发现"的，与你我各位在国外发现的完全一样：孤独。

"'单独'是一个耐人寻味的现象。我有时想它是任何发现的第一个条件……你要发现你自己的真，你得给自己一个单独的机会。你要发现一个地方（地方一样有灵性），你也得有单独玩的机会……啊，那些清晨，那些黄昏，我一个人发痴似的在康桥！绝对的单独。"

徐志摩写到散步，单独；写到骑自行车游荒郊，单独；划船屡学不会，也没个英国朋友教，只能呆呆看着矫健的女学生划船"那闲暇，那轻盈，真是值得歌咏的"。我不相信他心里此时没有一点酸劲儿。

个人生活的剧变，恋爱的不幸，应当使一个敏感的诗人痛苦欲绝，尤其是落到无一人可说话的地方。稠众而无人理会，应当更为痛苦。可是徐志摩感觉不同："我在康桥的日子，可真幸福，生怕这辈子再也得不到那样的甜蜜的洗礼，一个人就变气息，脱凡胎。"

为什么1922年的剑桥与1921年大不一样？我个人觉得，这与徐志摩交游洋人的本领有相似的心理因素：他是个完全没有自卑心的人。面对西方最骄傲的文明时，积极进取，不顾对方脸色；面对最孤独最失败的境遇时，寻找"发现"，为自己制造神话。徐志摩的浪漫热烈，逆战获胜，而你我俗流坐而叹息，一无所成。

为自己制造神话并非对自己撒谎，神话一旦站住脚，就能创造现实。剑桥神话为中国文学造就了一个富于独创力的大诗人，也给每个访英的中国文人一个朝圣的地方。

这么一看，徐志摩确实不简单。美国可能把闻一多变成诗人，闻对美国那段生活绝口不提；朱湘在美所受歧视，使他一生愤愤不已，最后自沉投江也不无此因；英国可能把老舍变成作家，老舍对英国绝对无好话；许地山在牛津苦读，他对英国的教育赞不绝口，对英国人只是淡淡说一句"交不了朋友"。把留学生活写成天国的，真的只有徐志摩一人。

魏雷在回忆徐志摩时说徐"虽然崇拜拜伦，但为人并没有多少拜伦作风，比如缺乏拜伦之愤世嫉俗"。这个英国学者眼光很准。浪漫文人看来有两种类型：怨艾愤世型，自我得意型。后一种不一定是缺点：后来《新月》的成功，就是由于徐志摩的这种品质。张奚若回忆说徐志摩是个"一生没有仇人"的人："别人不能拉拢朋友，他能拉拢；别人不能合作的事情，他能合作；别人不能成功的地方，他能成功。你看那《新月》月刊、新月书店、《诗刊》种种团体工作，哪一种不是靠他在那里做发酵素？哪一种不是靠他在那里做黏合物？"

真的，能在伦敦的阴雨中让傲慢的大英文人一展笑颜，能让剑桥的绝对孤独把惨淡幽闭变成灵感的爆发，这样的人，还有什么人不能应付？还有什么事情能难倒他？

1996年12月，伦敦

墙变成了窗

罗厄尔：信"拆字"的女罗斯福

从1921年到1922年，美国诗坛出现了革命性的变化，迅速从模仿英国的绅士派诗变成现代诗。从这一场革命中涌现出整整一代现代诗人天才：庞德、艾略特、斯蒂文斯、威廉斯等。但在当时，埃米·罗厄尔（Amy Lowell，1874~1925），是公众所知的唯一的"新诗领袖"。

这个高大肥壮的女人，出生于新英格兰著名的文化家族：其兄是哈佛大学校长，其侄是60年代美国诗坛领袖。她精力充沛，口衔雪茄，好胜好斗，被称为"女罗斯福"（当然是指老罗斯福Theodore Roosevelt, 1901~1910年美国总统）。作为新诗运动的宣传鼓动家，的确是很出色的，她到处演讲，发表论著，掀起论战，使"自由诗"运动在美国变得尽人皆知。

她原先的诗风十分正统，缺乏新意。1913年她读到庞德等人的"意象派"诗作，立即东渡伦敦，推开庞德，自任意象派领袖。由于意象派以中国诗为楷模，对中国诗素昧平生的罗厄尔，立即翻身成为"中国诗在美国最伟大的知音"（这是闻一多给她的称号）。她写道：

"我已经完全沉浸到中国文学中去了，我搞到所有的英语和法语译本，而且我开始懂得了许多我以前不理解的东西。"

由于她那非凡的自信心，不久她就能凭着只鳞半爪的一点点知识自命为中国诗的权威而到处演讲。这里可以抄录一段有关她某次演讲盛况的记载：

"1922年5月16日她在芝加哥大学孟德尔大厅为慕迪基金会作关于中国诗的演讲，1100名听众把大厅挤得满满的，主持者告诉她尚有几百人留在门外。"

罗厄尔自己的诗也迅速东方化（在那里的美国诗坛上，东方化差不多就是现代的同义词）。在1918年的《浮世绘》诗集中，有著名的组诗《汉风集》。像这样的诗，能说已得中国诗的神韵：

飘 雪

雪在我耳边低语，
我的木屐
在身后留下印痕。
谁也不打这路上来，
寻找我的足迹，
当寺钟敲响，这些脚印
就会盖没，就会消失。

1921年她的叙事诗集《传说集》（Legends）出版，其中的中国景德镇故事是个中国童话：窑主孟仲（Meng Tsung）以制作精美瓷器名重一时，他有女儿周巧（Chou Kíou）工瓷画。不幸的是，周巧因思念远航的未婚夫而忘了贴门神，结果鬼上门。正当钦差大臣唐令（Tang Ling）来监制贡瓷时，一窑瓷器在开窑时全部碎裂。钦差大怒，孟仲受惊后被孤鬼附身。周巧独自精心制作了一个杯子，焙烧了五日五夜，制成一个奇品。观音菩萨被感动了，解决了一切问题。全诗结局是欢乐的婚礼。

从诗中可以看出罗厄尔熟读中国诗的译本，写秋景说"霜叶红于二月花"，写周巧之美貌说"沉鱼落雁"，说瓷器白得像"窃笑"的玉兰花。

罗厄尔有个朋友艾思柯（Florence Ayscough）长居中国，1918年回美作关于中国诗的演讲，并展览她收藏的中国字画。她暂住在罗厄尔家时，两人花了几天欣赏这些字画书法。埃米·罗厄尔突然"发现"中国文字实际上是"图画文字"（pictogram），而且做了一个"天才的伟大的发现"：分解中国文字可得其意象组成。

"我作出了一个发现，先前西方所有关于中国诗的著作从未提及，但我相信在中国文人中此事尽人皆知，我指的是：每个汉字的字根使此字带上言外之意……我们不可以按汉字的字面意义译诗，每个字都必须追寻其组成，这样我们才能明白为什么用这个字，而不用同义的其他字。"

埃米·罗厄尔的非凡自信，使她立即把这伟大发现投入实际运用，她与艾思柯合作，用这种"拆字"法翻译一本中国古典诗选，这就是1921年出版的《松花笺》（*Fir-Flower Tableau*）。

在翻译实践中，这种拆字法完全行不通。艾思柯曾多方设法劝罗厄尔放弃这方法，说是西方读者太笨，西方语言太拙，无法传达汉字意象构成之精微。最后形成的译本，实际上是妥协的产物，即可拆时再拆，全书只剩下十多处拆字，这才幸运地挽救了这本译诗集。这些拆字有些还不错。例如：

李白《长相思》句：日色欲尽花含烟

　　　译成："白昼的颜色已结束；花把雾含在双唇间。"

李白《怨情》句：深坐颦蛾眉

　　　译成："她坐在里屋。她的眉毛细得像虫的触须……"

杜甫《夜宴左氏庄》句：风林织月落

　　　译成："风把树影和落地的月光织成白经黑纬的花纹。"

第一例还算生动，后二例就太离谱。恐怕连美国读者都会打问号：以简朴明快著称的中国诗，真能形容那么复杂？比喻那么古怪？于是"拆字"翻译法引起了一场持久的争论。

罗厄尔为了证明她是对的，特地请当时刚到哈佛教书的赵元任吃饭，赵元任说当今中国诗学的权威名叫胡适，罗厄尔立即写信给在中国的艾思柯，叫她去找这个胡适来撑腰，击败她的美国批评者。此事似未果。

罗厄尔可以藐视美国批评者，认为他们不懂中国诗，直到有一天赵元任带一份英文的《中国学生月刊》给她看，上面有署名H.H.C（疑为张歆海）的文章，对《松花笺》批评颇厉。赵元任大概不愿自己出马批评这咄咄逼人的女子。此文是中国人写的，但罗厄尔仍不愿示弱，在"头痛了一整天"之后，还是写信给此刊编辑（吴宓？），抗议这篇评论。

这是典型的罗厄尔作风：一着不让。

话又说回来，《松花笺》译文总的来说还是可读的。由于罗厄尔当时的名声，此书影响极大。霍尔教授曾著文指出，他在华盛顿大学教东方文学时，学生迷恋《松花笺》，纷纷效尤，解析中国文字组成意象，用此写成英文诗句，"就像解字谜，或解代数题。"

1983年2月，伯克利

【法国】丹纳

傅雷 译

艺术在人类中的价值①

人类为什么需要艺术？没有艺术的人类会是一个怎样的物种？法国学者丹纳（1828～1893）在他的名著《艺术哲学》中，用简洁的文字表达了这样一个观点：为生存而奔波的人类，再强大再富裕也不过是一个动物而已，一个与人争斗、与自然界争斗的动物，他还只能想到自己和同类。只有当人类开始一种静观默想的生活，试图探究生存的奥秘，发现自然规律，寻找世界和人类的终极原因的时候，人类从两个途径使自己脱离低级动物而成其为人，这两条路，一是科学，通过提炼抽象的公式来简化世界的图景，使人们便于理解这个世界；二是艺术，通过感性的丰富多样的形式来演化人间的景象，既有深厚的内涵，又有通俗易感的样式，使人们更乐于生活。

我们以前只感觉到艺术重要，那只是出于本能而非根据思考。我们只重视艺术，对艺术感到敬意，但不能解释我们的重视和敬意。如今我们能说出我们赞美的根据，指出艺术在生活中的地位。——在许多方面，人是尽力抵抗同类与自然界侵袭的动物。他必须张罗食物、衣着、住处，同寒暑、饥荒、疾病斗争。因此他耕田，航海，从事各式各样的工商业。——此外，还有传宗接代，还得抵抗别人的强暴。因此组织家庭，组织国家；设立法官，公务员，宪法，法律，军队。有了这许多发明，经过这许多劳动，人还没有越出第一个圈子：他还不过是一个动物，仅仅比别的动物供应更充足，保护更周密而已；他还只想到自己和同类。——到了这个阶段，人类才开始一种高级的生活，静观默想的生活，关心人所依赖的永久与基本的原因，关心那些控制万物，连最小的地方都留有痕迹的，控制一切的主要特征。要达到这个目的，一共有两条路：第一条路是科学，靠着科学找出基本原因和基本规律，用正确的公式和抽象的字句表达出来；第二条路是艺术，人在

---

① 选自丹纳《艺术哲学》，傅雷译，人民文学出版社，1996年版。标题为编者所拟。

艺术上表现基本原因与基本规律的时候，不用大众无法了解而只有专家懂得的枯燥的定义，而是用易于感受的方式，不但诉之于理智，而且诉之于最普通的人的感官与感情。艺术就有这一个特点，艺术是"又高级又通俗"的东西，把最高级的内容传达给大众。

【中国】宗白华

美从何处寻？ ①

美是生活的阳光，是大地的精华，是艺术的冠冕，是人心中开放的鲜花。没有对美的渴求，人类可能还混迹于一般的动物群中。美是人们超越平庸和无聊生活的巨大引力，是人类生存的希望之光。美从何处寻？听美学家、美文家宗白华上一堂美学启蒙课：大自然的美，如何化作艺术的美？其中的桥梁是人心的美感。世界之美，需要一颗易感的心去细细体悟。如果我们只关注自己的内心，闭门造车，这样产生的作品往往无病呻吟，空洞无物，别人看来也莫名其妙。你的心灵之美，必须借助于现实中新鲜的形象来表达，才能被人理解。风歌雨泣，山仁水智，日升月落，都会让人心旌摇动，这是大自然的美投射到你的内心，而你心动的结果，是把你的一腔心思，通过美丽的形象表现出来，由此产生音乐、绘画、诗歌等等。自然与心灵之间的互动——自然熏染你的心情，默默地等待你的感应；你的心灵也可以再造自然，捕捉其韵律、色彩和词语，化为艺术之美，两者的互动过程，就叫"移情"。大千世界，用感觉的诗意的光辉向人微笑，我们要读懂这诗意的美，就要学习"改造我们的感情，使它能够发现美"。

宗白华（1897~1986），中国当代美学家、诗人。他的《美学散步》，文清意美，娓娓而谈，一册在手，如对良师。

啊，诗从何处寻？
在细雨下，点碎落花声，
在微风里，飘来流水音，
在蓝空天末，摇摇欲坠的孤星！

（《流云小诗》）

尽日寻春不见春，

---

① 选自宗白华《美学散步》，上海人民出版社，1981年版。

芒鞋踏遍陇头云。

归来笑拈梅花嗅，

春在枝头已十分。

（宋·罗大经：《鹤林玉露》中载某尼悟道诗）

诗和春都是美的化身，一是艺术的美，一是自然的美。我们都是从目观耳听的世界里寻得她的踪迹。某尼悟道诗大有禅意，好像是说"道不远人"，不应该"道在迩而求诸远"。好像是说："如果你在自己的心中找不到美，那么，你就没有地方可以发现美的踪迹。"

然而梅花仍是一个外界事物呀，大自然的一部分呀！你的心不是"在"自己的心的过程里，在感情、情绪、思维里找到美；而只是"通过"感觉、情绪、思维找到美，发现梅花里的美。美对于你的心，你的"美感"是客观的对象和存在。你如果要进一步认识她，你可以分析她的结构、形象、组成的各部分，得出"谐和"的规律、"节奏"的规律、表现的内容、丰富的启示，而不必顾到你自己的心的活动，你越能忘掉自我，忘掉你自己的情绪波动，思维起伏，你就越能够"漱涤万物，牢笼百态"（柳宗元语），你就会像一面镜子，像托尔斯泰那样，照见了一个世界，丰富了自己，也丰富了文化。人们会感谢你的。

那么，你在自己的心里就找不到美了吗？我说，如果我们的心灵起伏万变，经常碰到情感的波涛，思想的矛盾，当我们身在其中时，恐怕尝到的是苦闷，而未必是美。只有莎士比亚或巴尔扎克把它形象化了，表现在文艺里，或是你自己手之舞之，足之蹈之，把你的欢乐表现在舞蹈的形象里，或把你的忧郁歌咏在有节奏的诗歌里，甚至于在你的平日的行动里、语言里。一句话，就是你的心要具体地表现在形象里，那时旁人会看见你的心灵的美，你自己也才真正地切实地具体地发现你的心里的美。除此以外，恐怕不容易吧！你的心可以发现美的对象（人生的，社会的，自然的），这"美"对于你是客观的存在，不以你的意志为转移。（你的意志只能指使你的眼睛去看她，或不去看她，而不能改变她。你能训练你的眼睛深一层地去认识她，却不能动摇她。希腊伟大的艺术不因中古时代而减少它的光辉。）

宋朝某尼虽然似乎悟道，然而她的觉悟不够深，不够高，她不能发现整个宇宙已经盎然有春意，假使梅花枝上已经春满十分了。她在踏遍陇头云时是苦闷的、失望的。她把自己关在狭窄的心的圈子里了。只在自己的心里去找寻美的踪迹是不够的，是大有问题的。王羲之在《兰亭序》里说："仰观宇宙之大，俯察品类之盛，所以游目骋怀，足以极视听之娱，信可乐也。"这是东晋大书法家在寻找美的踪迹。他的书法传达了自然的美和精神的美。不仅是大宇宙，小小的事物也不

163

可忽视。诗人华滋沃斯曾经说过："一朵微小的花对于我可以唤起不能用眼泪表达出的那样深的思想。"

达到这样的、深入的美感，发现这样深度的美，是要在主观心理方面具有条件和准备的。我们的感情是要经过一番洗涤，克服了小己的私欲和利害计较。矿石商人仅只看到矿石的货币价值，而看不见矿石的美的特性。我们要把整个情绪和思想改造一下，移动了方向，才能面对美的形象，把美如实地和深入地反映到心里来，再把它放射出去，凭借物质创造形象给表达出来，才成为艺术。中国古代曾有人把这个过程唤做"移入之情"或"移我情"。琴曲《伯牙水仙操》的序上说：

伯牙学琴于成连，三年而成。至于精神寂寞，情之专一，未能得也。成连曰："吾之学不能移入之情，吾师有方子春在东海中。"乃赍粮从之，至蓬莱山，留伯牙曰："吾将迎吾师！"划船而去，旬日不返。伯牙心悲，延颈四望，但闻海水汩波，山林窅冥，群鸟悲号。仰天叹曰："先生将移我情！"乃援操而作歌云："繄洞庭兮流斯护，舟楫逝兮仙不还，移形素兮蓬莱山，欸钦伤宫仙不还。

伯牙由于在孤寂中受到大自然强烈的震撼，生活上的异常遭遇，整个心境受了洗涤和改造，才达到艺术的最深体会，把握到音乐的创造性的旋律，完成他的美的感受和创造。这个"移情说"比起德国美学家栗卜斯的"情感移入论"似乎还要深刻些，因为它说出现实生活中的体验和改造是"移情"的基础呀！并且"移易"和"移入"是不同的。

这里我所说的"移情"应当是我们审美的心理方面的积极因素和条件，而美学家所说的"心理距离"、"静观"，则构成审美的消极条件。女子郭六芳有一首诗《舟还长沙》说得好：

侬家家住两湖东，
十二珠帘夕照红。
今日忽从江上望，
始知家在画图中。

自己住在现实生活里，没有能够把握它的美的形象。等到自己对自己的日常生活有相当的距离，从远处来看，才发现家在画图中，溶在自然的一片美的形象里。

但是在这主观心理条件之外，也还需要客观的物的方面的条件。在这里是那夕照的红和十二珠帘的具有节奏与和谐的形象。宋人陈简斋的海棠诗云："隔帘花叶有辉光"。帘子造成了距离，同时它的线文的节奏也更能把帘外的花叶纳进美的形象，增强了它的光辉闪烁，呈现出生命的华美，就像一段欢愉生活嵌在素朴而具有优美旋律的歌词里一样。

这节奏，这旋律，这和谐等等，它们是离不开生命的表现，它们不是死的机械的空洞的形式，而是具有丰富内容，有表现、有深刻意义的具体形象。形象不是形式，而是形式和内容的统一，形式中每一个点、线、色、形、音、韵，都表现着内容的意义、情感、价值。所以诗人艾里略说："一个造出新节奏的人，就是一个拓展了我们的感情并使它更为高明的人。"又说："创造一种形式并不是仅仅发明一种格式、一种韵律或节奏，而且也是这种韵律或节奏的整个合式的内容的发觉。莎士比亚的十四行诗并不仅是如此这般的一种格式或图形，而是一种恰是如此思想感情的方式"，而具有理想的形式的诗是"如此这般的诗，以致我们看不见所谓诗，但注意着诗所指示的东西"（《诗的作用和批评的作用》）。这里就是"美"，就是美感所受的具体对象。它是通过美感来摄取的美，而不是美感的主观的心理活动自身。就像物质的内部结构和规律是抽象思维所摄取的，但自身却不是抽象思维而是具体事物。所以专在心内搜寻是达不到美的踪迹的。美的踪迹要到自然、人生、社会的具体形象里去找。

但是心的陶冶，心的修养和锻炼是替美的发现和体验作准备的。创造"美"也是如此。捷克诗人里尔克在他的《柏列格的随笔》里有一段话精深微妙，梁宗岱曾把它译出，现介绍如下：

> ……一个人早年作的诗是这般乏意义，我们应该毕生期待和采集，如果可能，还要悠长的一生；然后，到晚年，或者可以写出十行好诗。因为诗并不像大家所想象，徒是情感（这是我们很早就有了的），而是经验。单要写一句诗，我们得要观察过许多城许多人许多物，得要认识走兽，得要感到鸟儿怎样飞翔和知道小花清晨舒展的姿势。得要能够回忆许多远路和僻境，意外的邂逅，眼光光望它接近的分离，神秘还未启明的童年，和容易生气的父母，当他给你一件礼物而你不明白的时候（因为那原是为别人设的欢喜）和离奇变幻的小孩子的病，和在一间静穆而紧闭的房里度过的日子，海滨的清晨和海的自身，和那与星斗齐飞的高声呼号的夜间的旅行——而单是这些犹未足，还要享受过许多夜不同的狂欢，听过妇人产时的呻吟，和坠地便瞑目的婴儿轻微的哭声，还要曾经坐在临终人的床头和死者的身边，在那打开的、外边的声音一阵阵拥进来的房里。可是单有记忆犹未足，还要能够忘记它们，当它们太拥挤的时候，还要有很大的忍耐去期待它们回来。因为回忆本身还不是这个，必要等到它们变成我们的血液、眼色和姿势了，等到它们没有了名字而且不能别于我们自己了，那么，然后可以希望在极难得的顷刻，在它们当中伸出一句诗的头一个字来。

这里是大诗人里尔克在许许多多的事物里、经验里，去踪迹诗，去发现美，多么艰辛的劳动呀！他说：诗不徒是感情，而是经验。现在我们也就转过方向，从客观条件来考察美的对象的构成。改造我们的感情，使它能够发现美。中国古人曾经把这唤做"移我情"，改变着客观世界的现象，使它能够成为美的对象，中国古人曾经把这唤做"移世界"。

"移我情"、"移世界"，是美的形象涌现出来的条件。

我们上面所引长沙女子郭六芳诗中说过："今日忽从江上望，始知家在画图中"，这是心理距离构成审美的条件。但是"十二珠帘夕照红"，却构成这幅美的形象的客观的积极的因素。夕照、月明、灯光、帘幕、薄纱、轻雾，人人知道是助成美的出现的有力的因素，现代的照相术和舞台布景知道这个而尽量利用着。中国古人曾经唤做"移世界"。

明朝文人张大复在他的《梅花草堂笔谈》里记述着：

邵茂齐有言，天上月色能移世界，果然！故夫山石泉涧，梵刹园亭，屋庐竹树，种种常见之物，月照之则深，蒙之则净，金碧之彩，披之则醇，惨悴之容，承之则奇，浅深浓淡之色，按之望之，则屡易而不可了。以至河山大地，邈若皇古，犬吠松涛，远于岩谷，草生木长，闲如坐卧，人在月下，亦尝忘我之为我也。今夜严叔向，置酒破山僧舍，起步庭中，幽华可爱，旦视之，酱盎纷然，瓦石布地而已，戏书此以信茂齐之语，时十月十六日，万历丙午三十四年也。

月亮真是一个大艺术家，转瞬之间替我们移易了世界，美的形象，涌现在眼前。但是第二天早晨起来看，瓦石布地而已。于是有人得出结论说：美是不存在的。我却要更进一步推论说，瓦石也只是无色、无形的原子或电磁波，而这个也只是思想的假设，我们能抓住的只是一堆抽象数学方程式而已。究竟什么是真实的存在？所以我们要回转头来说，我们现实生活里直接经验到的、不以我们的意志为转移的、丰富多彩的、有声有色有形有相的世界就是真实存在的世界，这是我们生活和创造的园地。所以马克思很欣赏近代唯物论的第一个创始者培根的著作里所说的物质以其感觉的诗意的光辉向着整个的人类微笑（见《神圣家族》），而不满意霍布士的唯物论里"感觉失去了它的光辉而变为几何学家的抽象感觉，唯物论变成了厌世论"。在这里物的感性的质、光、色、声、热等不是物质所固有的了，光、色、声中的美更成了主观的东西。于是世界成了灰白色的骸骨，机械的死的过程。恩格斯也主张我们的思想要像一面镜子，如实地反映这多彩的世界。美是存在着的！世界是美的，生活是美的。它和真和善是人类社会努力的目标，是哲学探索和建立的对象。

美不但是不以我们的意志为转移的客观存在，反过来，它影响着我们，教育着我们，提高生活的境界和意趣。它的力量更大了，它也可以倾国倾城。希腊大诗人荷马的著名史诗《伊利亚特》歌咏希腊联军围攻特罗亚九年，为的是夺回美人海伦，而海伦的美叫他们感到九年的辛劳和牺牲不是白费的。现在引述这一段名句：

> 特罗亚长老们也一样的高踞城雉，
> 当他们看见了海伦在城垣上出现，
> 老人们便轻轻低语，彼此交谈机密：
> "怪不得特罗亚人和坚胫甲阿开人，
> 为了这个女人这么久忍受苦难呢，
> 她看来活像一个青春长驻的女神。
> 可是，尽管她多美，也让她乘船去吧，
> 别留这里给我们子子孙孙作祸根。"

（引自缪朗山译《伊利亚特》）

荷马不用浓丽的辞藻来描绘海伦的容貌，而从她巨大的残酷的影响和力量轻轻地点出她的倾国倾城的美。这是他的艺术高超处，也是后人所赞叹不已的。

我们寻到美了吗? 我说，我们或许接触到美的力量，肯定了她的存在，而她的无限的丰富内涵却是不断地待我们去发现。千百年来的诗人艺术家已经发现了不少，保藏在他们的作品里，千百年后的世界仍会有新的表现。每一个造出新节奏来的人，就是拓展了我们的感情并使它更为高明的人!

【中国】朱光潜

艺术和实际人生的距离①

雾里看花、水中望月是美的，因为朦胧；异地、异国的风光是美的，因为新奇；古董和历史是美的，因为引人遐思；别人的境况、邻居的饭菜、外国的月亮、电影中泰坦尼克号的沉没是美的，因为我们没有亲临其境、身在其中。诸如此类的情形，都可以用一个美学概念描述：距离美。距离之所以产生美，是因为事物剥离了实用价值，人们不从实用性的角度去看待事物。艺术是来源于现实生活，但绝不是现实的镜子。现实生活经过作家、艺术家各具个性的提炼和创造，形成艺术品之后，就与现实拉开了距离，从而具有让人赏心悦目的美。这个美学原则给人们的启示是，不能用实用的眼光看待世上的一切，让人生变得美好，要有适当的距离感。

朱光潜（1897～1986），中国当代美学家，他的《谈美书简》是一本写给青年人的美学入门书。

有几件事实我觉得很有趣味，不知道你有同感没有？

我的寓所后面有一条小河通莱茵河。我在晚间常到那里散步一次，走成了习惯，总是沿东岸去，过桥沿西岸回来。走东岸时我觉得西岸的景物比东岸美；走西岸时适得其反，东岸的景物又比西岸的美。对岸的草木房屋固然比较这边的美，但是它们又不如河里的倒影。同是一棵树，看它的正身本极平凡，看它的倒影却带有几分另一世界的色彩。我平时又欢喜看烟雾朦胧的远树、大雪笼盖的世界和更深夜静的月景。本来是习见不以为奇的东西，让雾、雪、月盖上了一层白纱，便见得很美丽。

北方人初看到西湖，平原人初看到峨嵋，虽然审美力薄弱的村夫，也惊讶它们的奇景；但在生长在西湖和峨嵋的人除了以居近名胜自豪以外，心里往往觉得西湖和峨嵋实在也不过如此。新奇的地方都比熟悉的地方美，东方人初到西方，或是西方人初到东方，都往往觉得面前景物件件值得玩味。本地人自以为不合时

---

① 选自朱光潜《谈美书简》，上海文艺出版社，1999年版。

尚的服装和举动，在外方人看，却往往有一种美的意味。

古董癖也是很奇怪的。一个周朝的铜鼎或是一个汉朝的瓦瓶在当时也不过是盛酒盛肉的日常用具，在现在却变成很稀有的艺术品。固然有些好古董的人是贪它值钱，但是觉得古董实在可玩味的人却不少。我到外国人家去时，主人常欢喜拿一点中国东西给我看。这总不外瓷罗汉、蟒袍、渔樵耕读之类的装饰品，我看到每每觉得羞涩，而主人却诚心诚意地夸奖它们好看。

种田人常羡慕读书人，读书人也常羡慕种田人。竹篱瓜架旁的黄粱浊酒和朱门大厦中的山珍海鲜，在旁观者所看出来的滋味都比当局者亲口尝出来的好。读陶渊明的诗，我们常觉到农人的生活真是理想的生活，可是农人自己在烈日寒风之中耕作时所尝到的况味，绝不似陶渊明所描写的那样闲逸。

人常是不满意自己的境遇而羡慕他人的境遇，所以俗话说："家花不比野花香。"人对于现在和过去的态度也有同样的分别。本来是很酸辛的遭遇到后来往往变成甜美的回忆。我小时候在乡下住，早晨看到的是那几座茅屋，几畦田，几排青山，晚上看到的也还是那几座茅屋，几畦田，几排青山，觉得它们真是单调无味，现在回忆起来，却不免有些留恋。

这些经验你一定也注意到的。它们是什么缘故呢？

这全是观点和态度的差别。看倒影，看过去，看旁人的境遇，看稀奇的景物，都好比站在陆地上远看海雾，不受实际切身利益牵绊，能安闲自在地玩味目前美妙的景致。看正身，看现在，看自己的境遇，看习见的景物，都好比乘海船遇着海雾，只知它妨碍呼吸，只嫌它耽误程期、预兆危险，没有心思去玩味它的美妙。持实用的态度看事物，它们都只是实际生活的工具或障碍物，都只能引起欲念或嫌恶。要见出事物本身的美，我们一定要从实用世界跳开，以"无所为而为"的精神欣赏它们本身的形象。总而言之，美和实际人生有一个距离，要见出事物本身的美，须把它摆在适当的距离之外去看。

再就上面的实例说，树的倒影何以比正身美呢？它的正身是实用世界的一个片段，它和人发生过许多实用的关系。人一看见它，不免想到它在实用上的意义，发生许多实际生活的联想。它是避风息凉的或是架屋烧火用的东西。在散步时我们没有这些需要，所以就觉得它没有趣味。倒影是隔着一个世界的，是幻境的，是与实际人生直接关联的。我们一看到它，就注意到它的轮廓线纹和颜色，好比看一幅图画一样。这是形象的直觉，所以是美感的经验。总而言之，正身和实际人生没有距离，倒影和实际人生有距离，美的差别即起于此。

同理，游历新境时最容易见出事物的美。习见的环境都已变成实用的工具。比如久住在一个城市里面，出门看见一条街就想到朝某个方向走是某家酒店，朝某方向走是某家银行；看见了一座房子就想到它是某个朋友的住宅，或是某个总长的衙门。这样的"由盘而之钟"，我的注意力就迁到旁的事物上去，不能专心致志地看这条街或这座房子究竟像个什么样子。在崭新的环境中，我还没有认识事物的实用意义，事物还没有变成实用的工具，一条街还只是一条街而不是到某银行或某酒店的指路标，一座房子还只是某颜色某线形的组合而不是私家住宅或是总长衙门，所以我能见出它们本身的美。

一件本来惹人嫌恶的事情，如果你把它推远一点看，往往可以成为很美的意象。卓文君不守寡，私奔司马相如，陪他当垆卖酒。我们现在把这段情史传为佳话。我们读李长吉"长卿怀茂陵，绿草垂石井。弹琴看文君，春风吹鬓影"几句诗，觉得它是多么优美的一幅画！但是在当时人看，卓文君失节却是一件秽行丑迹。袁子才尝刻一方"钱塘苏小是乡亲"的印，看他的口吻是多么自豪！但是钱塘苏小究竟是怎样的一个伟人？她原来不过是南朝的一个妓女。和这个妓女同时的人谁肯攀她做"乡亲"呢？当时的人受实际问题的牵绊，不能把这些人物的行为从极繁复的社会信仰和利害观念的圈套中划出来，当做美丽的意象来观赏。我们在时过境迁之后，不受当时的实际问题的牵绊，所以能把它们当做有趣的故事来谈。它们在当时和实际人生的距离太近，到现在则和实际人生距离较远了，好比经过一些年代的老酒，已失去它的原来的辣性，只留下纯淡的滋味。

一般人迫于实际生活的需要，都把利害认得太真，不能站在适当的距离之外去看人生世相，于是这丰富华严的世界，除了可效用于饮食男女的营求之外，便无其他意义。他们一看到瓜就想它是可以摘来吃的，一看到漂亮女子就起性欲的冲动。他们完全是占有欲的奴隶。花长在园里何尝不可以供欣赏？他们却喜欢把它摘下来挂在自己的襟上或是插在自己的瓶里。一个海边的农夫逢人称赞他的门前海景时，便很羞涩地回过头来指着屋后一园菜说："门前虽没有什么可看的，屋后这一园菜却还不差。"许多人如果不知道周鼎汉瓶是很值钱的古董，我相信他们宁愿要一个不易打烂的铁锅或瓷罐，不愿要那些不能煮饭藏菜的破铜破铁。这些人都是不能在艺术品或自然美和实际人生之中维持一种适当的距离。

艺术家和审美者的本领就在于能不让屋后的一园菜压倒门前的海景，不拿盛酒盛菜的标准去估定周鼎汉瓶的价值，不把一条街当做去某酒店某银行的指路标。他们能跳开利害的圈套，只聚精会神地观赏事物本身的形象。他们知道在美的事物和实际人生之中维持一种适当的距离。

我说"距离"时总不忘冠上"适当的"三个字，这是要注意的。"距离"可以太过，可以不及。艺术一方面能使人从实际生活牵绊中解放出来，一方面也要使人能了解，能欣赏，"距离"不及，容易使人回到实用世界，距离太远，又容易使人无法了解欣赏。这个道理可以拿一个浅例来说明。

王渔洋的《秋柳诗》中有两句说："相逢南雁皆愁侣，好语西乌莫夜飞。"在不知这诗的历史的人看来，这两句诗是漫无意义的，这就是说，它的距离太远，读者不能了解它，所以无法欣赏它。《秋柳诗》原来是悼明亡的，"南雁"是指国亡无所依附的故旧大臣，"西乌"是指有意屈节降清的人物。假使读这两句诗的人自己也是一个"遗老"，他对于这两句诗的情感一定比旁人较能了解。但是他不一定能取欣赏的态度，因为他容易看这两句诗而自伤身世，想到种种实际人生问题上面去，不能把注意力专注在诗的意象上面，这就是说，《秋柳诗》对于他的实际生活距离太近了，容易把他由美感的世界引回到实用的世界。

许多人喜欢从道德的观点来谈文艺，从韩昌黎的"文以载道"说起，一直到现在的"革命文学"以文学为宣传的工具止，都是把艺术硬拉回到实用的世界里去。一个乡下人看戏，看见演曹操的角色扮老奸巨猾的样子惟妙惟肖，不觉义愤填胸，提刀跳上舞台，把他杀了。从道德的观点评艺术的人们都有些类似这些杀曹操的乡下佬，义气虽然是义气，无奈是不得其时，不得其地。他们不知道道德是实际人生的规范，而艺术与实际人生是有距离的。

艺术须与实际人生有距离，所以艺术与极端的写实主义不相容。写实主义的理想在妙肖人生和自然，但艺术如果真正做到妙肖人生和自然的境界，总不免把观者引回到实际人生，使他的注意力旁迁于种种无关美感的问题，不能专心致志地欣赏形象本身的美。比如裸体女子的照片不免容易刺激性欲，而裸体雕像如《米罗爱神》，裸体画像如法国安格尔的《汲泉女》，都只能令人肃然起敬。这是什么缘故呢？这就是因为照片太逼肖自然，容易像实物一样引起人的实用态度；雕刻和图画都带有若干形式化和理想化，都有几分不自然，所以不易被人误认为实际人生中的一片段。

艺术上有许多地方，乍看起来，似乎不近情理。古希腊和中国旧戏的角色往往戴面具、穿高底鞋，表演时用歌唱的声调，不像平常说话。埃及雕刻对于人体加以抽象化，往往千篇一律。波斯图案画把人物的肢体加以不自然的扭曲，中世纪"哥特式"诸大教寺的雕像把人物的肢体加以不自然的延长。中国和西方古代的画都不用远近阴影。这种艺术上的形式往往遭浅人唾骂，它固然时有流弊，其实也含有至理。这些风格的创始者都未尝不知道它不自然，但是他们的目的正在使艺术和自然之中有一种距离。说话不押韵，不论平仄，做诗却要押韵，要论平仄，道理也是如此。艺术本来是弥补人生和自然缺陷的。如果艺术的最高目的仅在妙肖人生和自然，我们既已有人生和自然了，又何取乎艺术呢？

艺术都是主观的，都是作者情感的流露，但是它一定要经过几分客观化。艺术都要有情感，但是只有情感不一定就是艺术。许多人本来是笨伯而自信是可能的诗人或艺术家。他们常埋怨道："可惜我不是一个文学家，否则我的生平可以写成一部很好的小说。"富于艺术材料的生活何以不能产生艺术呢？艺术所用的情感并不是生糙的而是经过反省的。蔡琰在丢开亲子回国时绝写不出《悲愤诗》，杜甫在"入门闻号咷，幼子饥已卒"时绝写不出《自京赴奉先县咏怀五百字》。这两首诗都是"痛定思痛"的结果。艺术家在写切身的情感时，都不能同时在这种情感中过活，必定把它加以客观化，必定由站在主位的尝受者退位站在客位的观赏者。一般人不能把切身的经验放在一种距离以外去看，所以情感尽管深刻，经验尽管丰富，终不能创造艺术。

【黎巴嫩】纪伯伦
冰心 译

美是一种欢乐①

　　每个人都有各自的审美需求，世界有足够的美满足个人的需要。然而，美的价值不在于满足人的实际需要，不是饿来吃饭、夜来点灯那么实用，"美是一种欢乐"，它可以化身万物，也可以不具形体却无所不在，因为它是人心中永恒的渴望和追索，如诗人济慈所言："美是永恒的喜悦。"黎巴嫩诗人纪伯伦（1883~1931）说："美是永生揽镜自照。但你就是永生，你也是镜子。"生命的美在每一个人身上显现，世界的美依赖于人心的美来传递。连忧郁的哲人作家陀思妥耶夫斯基都说："美将拯救世界。"

　　于是一个诗人说，请给我们谈美。

　　他回答说：

　　你们到处追求美，除了她自己做了你的道路，引导着你之外，你如何能找到她呢？

　　除了她做了你的言语的编造者之外，你如何能谈论她呢？

　　冤抑的、受伤的人说："美是仁爱的，和柔的，如同一位年轻的母亲，在她自己的光荣中半含着羞涩，在我们中间行走。"

　　热情的人说："不，美是一种全能的可畏的东西。暴风似的，撼摇了上天下地。"

　　疲乏的、忧苦的人说："美是温柔的微语。在我们心灵中说话。她的声音传达到我们的寂静中，如同微晕的光，在阴影的恐惧中振动。"

　　烦躁的人却说："我们听见她在万山中叫号，与她的呼声俱来的，有兽蹄之声，振翼之声，与狮子之吼。"

　　在夜里守城的人说："美要与晓暾从东方一同升起。"

---

　　① 选自纪伯伦《先知》，冰心译，湖南人民出版社，1982年版。标题为编者所拟，原题"论美"。

在日中的时候，工人和旅客说："我们曾看见她凭倚在落日的窗户上俯视大地。"

在冬日，阻雪的人说："她要和春天一同来临，跳跃于山峰之上。"

在夏日的炎热里，刈者说："我们会看见她和秋叶一同跳舞，我们也看见她的发中有一堆白雪。"

这些都是他们关于美的谈说。

实际上，你却不是谈她，只是谈着你那未曾满足的需要。

美不是一种需要，只是一种欢乐。

她不是干渴的口，也不是伸出的空虚的手，却是发焰的心，陶醉的灵魂。

她不是你能看到的形象，能听到的歌声。

却是你虽闭目时也能看见的形象，虽掩耳时也能听见的歌声。

她不是犁痕下树皮中的液汁，也不是结系在兽爪间的禽鸟。

却是一座永远开花的花园，一群永远飞翔的天使。

阿法利斯的民众啊，在生命揭露圣洁的面容的时候的美，就是生命。但你就是生命，你也是面纱。

美是永远揽镜自照。

但你就是永生，你也是镜子。

【丹麦】克尔凯郭尔

杨玉功 译

两个画家①

一个专门发现别人丑陋的画家，他的眼中没有谁是美的，或许只有他自己是个例外。另一个谦和的画家，"发现任何一张面孔都不会微不足道或一无是处"，总能在其中发现更美的一面。前者是生活的诅咒者，他让我们厌恶生活，把我们对生活的爱变成了一种苛求的诅咒；后者是生活之美的发现者和赞美者，他让我们喜爱生活，喜爱我们自己。艺术必须为人类保留希望。人生必须为自己留存美好。

设想曾有两个画家。其中之一道："我曾在世界上许多地方游历和观光，但我从来没有找到一个值得画的人，我从未找到一张我可以下定决心画下来的完美的面孔。每一张面孔我都会发现这样或那样的瑕疵，所以我的追寻总是徒劳。"这是否说明这位画家是一位大艺术家呢？而另一位画家道："我从不装作是一个真正的艺术家，我也从未到外国游历，而是置身于与我最亲近的小圈子之中。我发现任何一张面孔都不会微不足道或一无是处，我总能在其中发现更美的一面或某种伟大的品质。所以，对于我从事的技艺我感到很快乐，不必宣称自己是艺术家我也能心满意足。"难道这不恰好说明他才是一位真正的艺术家吗？他是由于自心具有的某种品质而发现了那位四处游历的艺术家走遍世界也未曾找到的东西，而后者的徒劳也许正是因为他内心中缺少某种品性！结果，第二位画家才是真正的美术家。假如原本旨在美化生活的艺术竟成为对生活的诅咒，假如美术不但没有使生活更加美好，而只是吹毛求疵地发现我们都很丑陋，这难道不令人悲哀吗？更令人悲哀且迷惑的是：由于爱的苛求显然使得我们都不值得爱，爱竟然也成为一种诅咒。爱恰恰体现在通过去爱而发现我们所有人身上的可爱之处，并最终由于爱之深切而能够爱所有的人。

---

① 选自杨玉功编译《克尔凯郭尔哲学寓言集》，商务印书馆，2000年版。

【中国】刘诗伟

种田的祖父①

　　田地、稻谷、祖父——一组简单的语汇就浓缩了祖父的一生。其中"大米"是个插曲：生病的祖父只用大米饭治病，"最好的药是大米"。父亲的去世也和不肯虚报产量有关。农民与土地生死相依的血肉深情，在一串"看稻穗"的细节中展示得异常动人。顺天安命地活着，这正是天下百姓的一般活法，其中也有沉默的尊严。

　　早稻抽穗时节，祖父发头晕，拄了棍子下台坡去看稻子时，跌倒在田埂上，便未能起来。我闻讯从城里赶回乡下，见祖父病势颇重，不由嗔怪他老人家早不肯放下农事跟我去城里享福。但祖父无心"闲话"，单是"拜托"我照料他的稻子，且显出不被理解的烦躁。

　　我要做的活计也简单：一天三趟下地里观看稻穗黄熟情况向躺在床上的祖父报告。而我的"报告"便是"比昨天又黄些了"。几日之后，祖父有些生气："比昨天黄些，昨天有多黄？"于是，要我认定田角一穗，报告黄了多少粒，剩下多少粒在灌浆。

　　祖父病后，最好的药是大米。几十年里，祖父每有染疾，从不看医生，他说只吃点大米饭，躺在床上睡便可以好。事实也果然如此。我对上辈人的心态不甚了然，只好将就着祖父的"意思"为他煨大米饭"治病"。

　　祖父吃起煨大米饭来大有滋味，他老人家见我一脸困惑，就对我说："伟儿，你父亲是大跃进时不肯虚报稻谷产量被撤职的，那时他心里怄气，又吃不饱，才得了病……可怜他没有撑到如今……"祖父说着，愣愣地忘了咀嚼和吞咽。

　　一天，我从地里回来，见祖父用棍子将蚊帐上搁着的那块塑料纸扒下来，撕成许多书页一般大小的碎片，正欲问何缘故，祖父说："谷子黄了，麻雀要啄的。"随之吩咐我从木楼上取来一捆尼龙绳，去稻田插些竹桩，系上绳子，把塑料片挂在绳上赶麻雀。我想：祖父之爱谷子，许是出于对儿子的爱；祖父之爱吃大米，怕

---

　　① 选自《中外散文选萃》第1辑，百花文艺出版社，1991年版。

是替他的儿子在吃……我的眼泪不由得流淌下来。

稻穗终于全部黄熟。我问祖父："明天开镰吧？"祖父摇头，上气难续下气地说："还搁两天……籽粒饱满些……"可是，祖父竟于当夜口哑，且渐至昏迷。

翌日清晨，祖父张口疾喘，抬手向屋外指，我以为他老人家口渴，忙去菜田里搬来一个西瓜，祖父摇手，我又去菜田摘来一条马瓜，祖父还是摇手。于是，我跑到菜田里，用箕将西红柿、扁豆、丝瓜等各取回一样，一起端到祖父面前，祖父伸手在箕里摸捞一阵，什么也不要，努力将箕推翻了……

我忽然有所领悟，立刻向稻田跑去，很快摘回一串谷穗。我把谷穗送到祖父手中，说："爷爷，这是你要我每天数的那穗呢！"祖父急切而哆嗦地揉捏着谷穗，嘴唇不停地翕动，很想说什么，但终于说不出，只好将我的手抓过去，把谷穗放在我的掌心，将我的手合拢，然后用劲捏、捏、捏！

许久之后，祖父合上眼帘，胳膊和手悬在空中……

【中国】金克木

鸟巢禅师①

　　自学成才的学者金克木（1912～2000），以梵语文学和印度文化研究名世，精通梵语、巴利语、印地语、乌尔都语、世界语、英语、法语、德语等多种外国语言文字，学术研究涉及诸多领域。他40年代游学印度，遭遇不少奇人奇事，记录为《天竺旧事》一书，这是其中一篇。

　　印度是佛教的发源地，中国和尚多去"西天"取经。作者一下碰到两位奇人：德玉和尚和鸟巢禅师。异国居住多年，却都不通外国话，德玉和尚一口湖南口音，鸟巢禅师一口浙江方言。在修行者看来，与神沟通，是无须借助印度话的。朝圣的德玉和尚募捐建起一座中国人的寺庙，鸟巢禅师"发愿要在这里亲见佛祖"，居然住在树上修行。语言不通的德玉和尚却是个路路通，鸟巢禅师飞身上树果然如鸟入巢。有趣的是，鸟巢禅师最初是被当地居民逼上树的，后来又稀里糊涂被当地人当成"菩萨"供养。只因为敬重他的"苦行"，他被当成了下凡的大神，他居住的大树也成了人们礼拜的圣迹。因为对信仰的虔诚与苦修，一个普通的中国和尚演变成为一个传奇。这样一种为信仰的活法，也具有圣洁与庄严。

　　鹿野苑中国庙的住持老和尚德玉，原先是北京法源寺的，曾见过著名诗僧八指头陀寄禅。他偶然还提起法源寺的芍药和崇效寺的牡丹。但他不写诗，只是每晚读佛经，又只读两部经：《法华》和《楞严》，每晚读一"品"，读完这一部，再换那一部，循环不已。

　　他来到"西天"朝拜圣地时，发现没有中国人修的庙，无处落脚，便发愿募化；得到新加坡一位中国商人的大力支持，终于修成了庙；而且从缅甸请来了一尊很大的玉佛，端然坐在庙的大殿正中央，早晚庙中僧众在此诵经礼拜。

　　他在国外大约有20多年了吧，这时已接近60岁，可是没有学会一句外国话，仍然是讲浓重湖南口音的中国话。印度话，他只会说两个字："阿恰（好）"和"拜

---

① 选自楼肇明、老愚主编《唇边幸福杯》，北京师范大学出版社，1993年版。

提（请坐）"。

有一天他对我说，他要去朝拜佛教圣地兼"化缘"，约我一起去。我提议向西北方去，因为东南面的菩提迦耶、王舍城和那烂陀寺遗址我已经去过了。他表示同意，我们便出发到舍卫国、蓝毗尼、拘尸那揭罗去。这几处比前述几处（除迦耶同时是印度教圣地因而情况稍好外）更荒凉，想来是无从"化缘"乞讨，只能自己花钱的。我只想同他一起"朝圣"作为游览，可以给他当翻译，但不想跟随他"化缘"。

这几处地方连地名都改变了，可以说是像王舍城一样连遗迹都没有了，不像迦耶还有棵菩提树和庙，也不像那烂陀寺由考古发掘而出现一些遗址和遗物。蓝毗尼应有阿育王石柱，现在想不起我曾经找到过，仿佛是已经被搬到什么博物馆去了。在舍卫国，只听说有些耆那教天衣派（裸形外道？）的和尚住在那里一所石窟里，还在火车站上见到不少猴子。

老和尚旅行并不需要我帮多少忙，反而他比我更熟悉道路。也不用查什么"指南"。看来语言的用处也不是那么大得不得了，缺了就不行，否则哑巴怎么也照样走路？有些人的记忆力在认路方面特别发达。我承认我不行。

老和尚指挥我在什么地方下车，什么地方落脚，什么地方只好在车站上休息。我们从不需要找旅馆，也难得找到，找到也难住下。我这时才明白老和尚的神通。他是有目的有计划的，他带着我找到几处华侨商店，竟然都像见到老相识的同乡一样，都化得到多少不等的香火钱，也不用他开口乞讨。

到佛灭度处拘尸那揭罗，我弄不清在一个什么小火车站下的车，下车后一片荒凉，怎么走，只有听从老和尚指挥。

他像到了熟地方一样，带着我走，我也不懂他第一次是怎么来的。这里有的是很少的人家和很多的大树。他也不问路。原来这里也无法问路。没有佛的著名神圣遗物，居民也不知道有佛教，只是见到黄衣的知道是出家人，见到我这个白衣的知道是俗人，正像中国人从佛教经典中知道"白衣"是居士的别称那样。

"这里只能望空拜佛。有个鸟巢禅师住在这里，我们去会他。"

我知道唐朝有位"鸟巢禅师"，是住在树上的一个和尚。如果我没有记错，《西游记》小说里好像还提到过他。怎么这里也有？

"他是住在树上吗？"我问。

"那是当然。"老和尚回答。

又在荒野中走上了一段，他说，"就要到了。"我这时才猛然想起玄奘在《西域记》中记山川道里那么清楚，原来和尚到处游方化缘，记人，记路，有特别的本事。

突然前面大树下飞跑过来一个人，很快就到了面前，不错，是一个中国和尚。

两人异口同声喊："南无阿弥陀佛！"接着都哈哈大笑起来。我向这新见人物合掌为礼。

这位和尚连"随我来"都不说就一转身大步如飞走了。还是老和尚提醒我说："跟他走。这就是我说的鸟巢禅师。"

走到大树跟前，我才看出这是一棵其大无比的树，足有普通的五层楼那么高。在离地约一丈多的最初大树杈上有些木头垒出一个像间房屋一样的东西。树干上斜倚着一张仿佛当梯子用的两根棍和一格一格的横木。

鸟巢禅师头也不回，一抬腿，我还没看清他怎么上的梯子，他已经站在一层"楼"的洞门口，俯身向我们招呼了。他仍不说话，只是打着手势。

老和尚跟了上去，手扶、脚蹬；上面的人在他爬到一半时拉了一把；一转眼，两位和尚进洞了。

这可难为我了。从小就不曾练过爬树，我又是踏着印度式拖鞋，只靠脚的"大拇指"和"食指"夹着襻子，脱下拿在手里，又不便攀登，因为手里还提着浣洗用品之类。勉强扶着"梯子"小心翼翼地，手脚并用地，往上爬，一步一步，好容易到了中途。大概鸟巢禅师本来毫不体会我的困难，只拉了老和尚一把就进去了；现在看到我还没有"进洞"，伸出头来一望，连忙探出半身，一伸手臂把我凭空吊上去了。我两步当一步不知怎么已经进了"巢"，连吃惊都没有来得及。

原来"巢"中并不小。当然没有什么桌、凳、床之类，只有些大大小小的木头块。有一块比较高而方正的木台上供着一尊佛。仔细看来，好像不是释迦牟尼佛像，而是密宗的"大威德菩萨"，是文殊师利的化身吧？佛前还有个香炉样的东西，可能是从哪位施主募化来的。奇怪的是他从哪里弄来的香，因为"炉"中似乎有香灰。

三人挤在一起，面对面，谈话开始了。鸟巢禅师一口浙江温州口音的话同老和尚一口湖南宝庆一带口音的话，真是差别太大了。幸亏我那时年纪还不大，反应较灵敏，大致听得出谈话的大部分，至少抓得住要点。

湖南和尚介绍了我并且说我想知道鸟巢禅师的来历。禅师听明白了大意，很高兴。大概他不知有多长时间没有和人长篇讲话了，尤其是讲中国话。我想，他也许会同这次路上"化缘"时见到的一位华侨青年一样干脆夹上印度话吧。然而不然，他非常愿意讲自己的家乡话。

"我一定要见佛，我一定能见到佛的。"这是他的话的"主题"。"变调"当然多得很，几乎是天上一句，地下一句，不过我还是弄清楚了大致情况。

他是温州人，到"西天"来朝圣，在这佛"涅槃"的圣地发愿一定要见佛，就住下修行。起先搭房子，当地居民不让他盖。他几次三番试盖都不成，只能在野地上住。当地人也不肯布施他，他只能到远处去化点粮食等回来。这里靠北边，近雪山脚下，冬天还是相当冷。他急了，就上了树，搭个巢。可是当他远行募化时，居民把巢拆了。他回来又搭。这样几次以后，忽然大家不拆他的巢了。反而有人来对着大树向他膜拜。他也不知道是怎么回事。往后就好了。他安居了下来。

"我也听不懂他们的话。后来才知道，他们见我一个月不下树，也不吃东西，以为我成佛了，才让我住下来了。我也就不下树了。索性又搭了两层'楼'，你们看。"说着他就出了巢。我同老和尚伸头出去一望，禅师正在上面呼唤。原来再上去约一丈高的又一个树杈处，他搭了一个比第一层稍小的"巢"。他招手叫我们上去。这可没有梯子，只能爬。老和尚居然胆敢试了几步。禅师拉着他时，他在巢门口望了一望，没有钻进去，又下来了。禅师随着出巢，三步两步像鸟一样又上了一层。从下面望去，这似乎又小了一些。仿佛只能容纳一个人。他一头钻进去，不见了。我看那里离地面足有四丈左右，也许还不止，不过还没有到树顶。巢被枝叶掩住，不是有他的行动，看不出有巢。

过一会儿，禅师下来了，他毫不费力，也不用攀援；不但像走，简直像跑，也可以说是飞，进了我们蹲在里面的第一层巢。

"我在上两层的佛爷面前都替你们拜过了。"

这时我才明白，他上"楼"并非为显本事而是为我们祈福。不过这一层的佛像前，我们也没有拜。老和尚没有拜，可能是因为他看那神像不大像他所认识的佛。禅师却替我们拜了一拜，嘴咕噜了几句。我忍不住问："难道你真有一个月禁食不吃斋吗？"很担心这一问会触犯了他。

他毫不在乎，说："怎么不吃？我白天修行，念经咒，夜深了才下去在荒地上起火，做好几天的饭，拿上来慢慢吃。这里的人不布施我，我就在夜里出去，到很远的地方化点粮食、火种、蔬菜、香烛，还在深夜回来。这里好得很，冬天不太冷，夏天也不太热，我也不知道过了多少春秋。我自己有剃刀，自己剃发。自己提桶到远处提水。什么也不求人，一心念佛。我发愿要在这里亲见佛爷。你们看。"说着，他把下身的黄褐色布裙一掀，露出两膝，满是火烧的伤疤。这使我大吃一惊。难修的苦行。可是，这不是释迦牟尼提倡的呀。

他又说："现在不一样了。常有人来对树拜，不用我远走化缘，吃的、用的都有人送来了。我也不用深夜才下树了。有时这里人望见我就行礼，叫我一声，我也不懂，反正是把我当做菩萨吧。"

我估计这两位和尚年纪相差不远，都比我大得多，都应当说是老人了，可是都比我健壮得多。

我同老和尚下树走了。鸟巢禅师还送了我们一程才回去。他告诉了我，他的法号是什么，但我忘了。他并不以鸟巢禅师自居，他巢内也没有什么经典。他所诵的经咒都是自幼出家时背诵的。从他的中国话听来，他也未必认得多少中国字。他的外国话也不会比鹿野苑的老和尚更好多少。

　　在车站上等车时，恰巧有个印度人在我身边。他见到我和一位中国和尚一起，便主动问我是否见到住在树上的中国和尚。然后他作了说明：原来这一带被居民相信是印度教罗摩大神的圣地，所以不容许外来的"蔑戾车"（边地下贱）在这里停留。尤其是那棵大树，那是朝拜的对象，更不让人上去。"后来不知怎么，忽然居民传开了，说是罗摩下凡了。神就是扮成这个样子来度化人的。你们这位中国同乡才在树上住下来了。居民也不知他是什么教，修的什么道，只敬重他的苦行。你知道，我们国家的人是看重苦行的。"我看他仿佛轻轻苦笑了一下。我想，这也是个知识分子。

【奥地利】茨威格

方敬 译

从罗丹得到的启示①

　　投入地工作着的人是美丽的，有人一生的乐趣就在于工作——自己感兴趣的工作。把工作和兴趣结合起来的人有福了，他们的生活不是累赘，而是快乐，创造的快乐。世界上到底有没有"天才"呢？人的遗传基因的确是有所不同，但没有谁生下来就注定是成功者，人们似乎从未听过哪位成功者宣称自己是"天才"。所谓"天才"不过是人们对成功者的追封与阿谀。那些被誉为"天才"的人，偏是喜欢说些让人听得耳朵起茧的大实话，比如爱迪生说："天才是百分之九十九的汗水加百分之一的灵感。"鲁迅说："我哪有什么天才，我不过是把别人喝咖啡的时间用来工作罢了。"诸如此类的话，是追慕天才的人们不愿相信的。他们宁愿相信是"天才们"留了一手。

　　小有名气的青年作家常常会雄心勃勃而又目空一切，这回，25岁的茨威格有幸拜见了著名雕塑家罗丹，他得到毕生受用的启示："一个人一定要能够把他自己完全沉浸在他的工作里"。罗丹并没有好为人师，他的身教比言教更能点化人。

我那时大约25岁，在巴黎研究与写作。许多人都已称赞我发表过的文章，有些我自己也喜欢。但是，我心里深深感到我还能写得更好，虽然我不能断定那症结的所在。

　　于是，一个伟大的人给了我一个伟大的启示。那件仿佛微乎其微的事，竟成为我一生的关键。

　　有一晚，在比利时名作家魏尔哈仑家里，一位年长的画家慨叹着雕塑美术的衰落。我年轻而好饶舌，热烈地反对他的意见。"就在这城里，"我说，"不是住着一个与米开朗琪罗媲美的雕刻家吗？罗丹的《沉思者》《巴尔扎克》，不是同

① 选自何承伟主编《世界文学随笔精品大展》，上海文化出版社，1992年版。

他用以雕塑他们的大理石一样永垂不朽吗？"

当我倾吐完了的时候，魏尔哈仑高兴地指指我的背。"我明天要去看罗丹，"他说，"来，一块儿去吧。凡像你这样称赞他的人都该去会他。"

我充满了喜悦，但第二天魏尔哈仑把我带到雕刻家那里的时候，我一句话也说不出。在老朋友畅谈之际，我觉得我似乎是一个多余的不速之客。

但是，最伟大的人是最亲切的。我们告别时，罗丹转向了我。"我想你也许愿意看看我的雕刻，"他说，"我恐怕这里简直什么也没有。可是礼拜天，你到麦东来同我一块吃饭吧。"

在罗丹朴素的别墅里，我们在一张小桌前坐下吃便饭。不久，他温和的眼睛发出激励的凝视，他本身的淳朴，宽释了我的不安。

在他的工作室，有着大窗户的简朴屋子，有完成的雕像，许许多多小塑样——一只胳膊，一只手，有的只是一只手指或者指节；他已动工而搁下的雕像，堆着草图的桌子，一生不断地追求与劳作的地方。

罗丹罩上了粗布工作衫，因而好像就变成了一个工人。他在一个台架前停下。

"这是我的近作，"他说，把湿布揭开，现出一座女正身像，以黏土美好地塑成的。"这已完工了。"我想。

他退后一步，仔细看着，这身材魁梧、阔肩、白髯的老人。

但是在审视片刻之后，他低语着，"就在这肩上线条还是太粗。对不起……"

他拿起刮刀、木刀片轻轻滑过软和的黏土，给肌肉一种更柔美的光泽。他健壮的手动起来了；他的眼睛闪耀着。"还有那里……还有那里……"他又修改了一下，他走回去。他把台架转过来含糊地吐着奇异的喉音。时而，他的眼睛高兴得发亮；时而，他的双眉苦恼地蹙着。他捏好小块的黏土，粘在像身上，刮开一些。

这样过了半点钟，一点钟……他没有再向我说过一句话。他忘掉了一切，除了他要创造的更崇高的形体的意象。他专注于他的工作，犹如在创世的太初的上帝。

最后，带着舒叹，他扔下刮刀，以一个男子把披肩披到他情人肩上那种温存关怀般地把湿布蒙上女正身像，于是，他又转身要走，那身材魁梧的老人。

在他快走到门口之前，他看见了我。他凝视着，就在那时他才记起，他显然对他的失礼而惊惶。"对不起，先生，我完全把你忘记了，可是你知道……"我握着他的手，感谢地紧握着。也许他已领悟我所感受到的，因为在我们走出屋子时他微笑了，用手揽着我的肩头。

在麦东的那天下午，我学得的比在学校所有的时间都多。从此，我知道凡人类的工作必须怎样做，假如那是好而又值得的。

再没有什么像亲见一个人全然忘记时间、地方与世界那样使我感动。那时，我参悟到一切艺术与伟业的奥妙——专心，完成或大或小的事业的全力集中，把易于弥散的意志贯注在一件事情上的本领。

于是，我察觉我至今在我自己的工作上所缺少的是什么——那能使人除了追求完整的意志而外把一切都忘掉的热忱，一个人一定要能够把他自己完全沉浸在他的工作里。没有——我现在才知道——别的秘诀。

【中国】黄永玉

杜鹃随我到天涯①

　　黄永玉67岁的时候在意大利住了半年，每天背着20公斤重的画具，走到哪里画到哪里，每天大约要画七八个小时，把自己也画成了意大利一道异样的风景。这是艺术的朝圣之旅，也是画家的探美之旅，还是东方艺术家的人格风骨之旅。半年时间，留下一堆画作和一本游记随笔《沿着塞纳河到翡冷翠》，你看见的是一个率真、豁达、趣味十足的老顽童，一个勤奋、谦逊、品位独到的艺术家。这里选择了一篇卜居的文字：在意大利，随便找个地方住下来，邻居可能就是世界级的古代名人。你瞧，黄永玉看好了达·芬奇故居的隔壁一座平房，却不敢住下来。他怕游人笑话："一个中国画家，胆大包天，竟敢跟达·芬奇做邻居！"这不是自卑，而是对巨匠的虔敬，真正让人不安的是："画画的时候，背后总有个伟大的影子在微笑。"于是自觉退避4公里，与巨人拉开一点距离住下，才找到自我感觉。文章有味的地方还在于写入标题的"杜鹃"——中国没有"国鸟"，要有，杜鹃可作备选。杜鹃啼血的悲切，"不如归去"的乡思，催人"布谷"的殷勤，说的分明都是中国口音，如今却在翡冷翠耳语，于是画家感叹："杜鹃随我到天涯。"不是中国的杜鹃出国了，而是作者的心事不离故国。人，生活在文化里。

　　黄永玉（1924年生），自学美术与文学，诗文书画俱佳，为一代"鬼才"。他设计的生肖邮票《猴》和酒鬼酒包装家喻户晓；写过《永玉六记》《老婆呀，不要哭》《这些忧郁的碎屑》《沿着塞纳河到翡冷翠》《比我老的老头》《无愁河的浪荡汉子》等书。

　　2月，在翡冷翠的莱颇里，半夜听到杜鹃叫，惊喜得从床上坐起。那是从菲埃索里山密林里传过来的声音。

　　自从离开故乡以来，好久没听到杜鹃叫声了。

---

① 选自黄永玉《沿着塞纳河到翡冷翠》，三联书店，1999年版。

第二天，我跟女儿女婿去莱奥纳多·达·芬奇的故乡芬奇小城看房子。在山峦上走着的时候，又听到一声声杜鹃叫啼。万里之外，在天涯找寻归宿的时候，自有一种特别的浩叹。

为了找房子，我们走遍了翡冷翠邻近四周的古城。去过乔托的故乡，薄伽丘的故乡，弗兰西斯科的故乡……一次，两次，不同的地形山势，不同的格调，最后决定了莱奥纳多·达·芬奇故乡，离他旧居4公里的山丘上的一座合适的居处。

原来，莱奥纳多·达·芬奇的隔壁就有一座很好的石头平房要卖。房子讲究，有变化，古雅之至，我思前想后，还是决心忍痛割爱了，理由是——

让参观、朝拜的人看见了，就会忍不住哈哈大笑起来：

"看哪！一个中国画家，胆大包天，竟敢跟莱奥纳多·达·芬奇做邻居！"

"嘿嘿！这个画不好画的中国画家，就算搬在莱奥纳多·达·芬奇隔壁，也救不了他的急！"

"可怜哪！万里迢迢，挑选了这个顶儿尖的地方！"

白天，游人如云，在窗外探头探脑，窃窃私语。

画画的时候，背后总有个伟大的影子在微笑。

这绝不是随便开玩笑的话。任何朋友该为我设身处地想一想，我挑选这座住处是否能够安居？

幸好，我们找到一座既可以得到伟大的艺术泰斗在天之灵的庇护，又能安心生活的地方。

这是一个十来户人家的小镇。屋子石头构成，百余年的历史。三层。一层是酒窖。二层有两个大客厅；烤面包和烤肉的大壁炉；另外是阳台，一间卧室，厨房和一间可以举行舞会的惊人宽大的洗手间。三层是三间卧室。

屋外一座回环的花园，栽着一些松树、无花果和粗壮的樱桃树。山坡顺延下去两个足球场大的橄榄林和葡萄园，据云一年能出产两吨多橄榄油和两吨葡萄酒。滴酒不沾的我，不免想起众多嗷嗷待醉的酒鬼朋友……

橄榄和葡萄园尽头有一道清澈的山泉，以前有座磨坊，现有人在弄矿泉水。黄家地界至此为止。彼岸是浓密的山林。从阳台远远望去，茫茫一片深蓝色的影子。邻居说，天气好时，看得见海。

芬奇小城在山脚下。莱奥纳多·达·芬奇故居，他的博物馆，教堂，市议会和沿山的居民和小街都清晰可见。

邻居还说，这地方该冷的时候不冷，该热的时候不热。因为有海风，没有蚊子；因为有山，风又不大。一年四季都有鸟叫。

若这些好听的话是"房虫子"说的，就会引起我的警惕和疑心；幸好是邻居的关照，看起来，每年的一半时间放在这里，大概能专心做出点创作来的。

我只是去过这地方两次，前后左右都粗约地看了一看。女儿和女婿倒是走得多了，不过他们说，也没有可能走遍所有的"领地"。他们也发愁，到秋天，怎么消受那些地上的收获？我告诉他们：

"芬奇小城的莱奥纳多·达·芬奇博物馆，是一个长知识、促智慧的地方。多上那里走走，再经常到附近意大利酒店吃顿午饭或晚饭，自然会爆出些精彩的、解决困难的好主意来。"

意大利这地方跟上帝最近，意大利人最熟悉上帝的脾气……他老人家不会跟一家东方人过不去的。

从翡冷翠回到香港已经一个多月了。屋后克顿道山径白天晚上都响着杜鹃。去年，前年倒是一声也没有听过……

人到了老年，游徙的身世翩浮于杜鹃声里，不由得想起文木山人的那阕词：

记得当时，我家秦淮，偶离故乡。向梅根冶后，几番啸嗷；杏花村里，几度徜徉。凤止高梧，虫吟小榭，也共时人较短长。今已矣！把衣冠蝉蜕，濯足沧浪。无聊且酤霞觞，唤几个新知醉一场。共百年易过，底须愁闷；千秋事大，也费商量，江左烟霞，淮南耆旧，写入残篇总断肠。从今后，伴药炉经卷，自礼空王。

【美国】苏珊·桑塔格

沈睿 译

朝圣的旅行①

在一代代学生群里，总有那么一小部分特别的人，他们从小就迷惑于文字的魅力，迷恋上书籍，属于那种狂翻乱读的"魔鬼般的读者"，在书籍的世界里随心所欲地漫游，为书痴，为书活。这样的孩子，长大成人之后，很少会是平庸之辈。苏珊·桑塔格（1923年生）是美国当代最具影响力的批评家和作家，她的这篇回忆录，生动地记叙了14岁的自己一次"朝圣的旅行"。在小书痴苏珊的心目中，写作了小说《魔山》，因为二战而从德国流亡美国的作家托马斯·曼，就是心中的"神"。如果有机会与"神"面谈，作何感想？小女孩感到惊恐不安：从电话约见的方式，到对面交谈的场面——具体谈什么内容已经不重要了，重要的是当时梦游般的气氛，那种忠实的读者面对心仪的作家的窘迫，那种亲证了作家与作品之间巨大区别的沮丧和失望，一种眼睁睁看着神像被"神"和自己合力打碎的无奈，然而，一种自由感也诞生了，那就是，一个痴迷的读者"从孩童时的窒息中解放出来的感激"，认识到"现实就应如此"，却不失兴奋，在成熟的沉着的清晰的热忱中，继续"为倾慕的快乐带向前"。这样一个小小的"心灵事件"，足以影响当事人一生。

环绕我和他见面的一切都染着羞愧的色彩。

1947年12月，我14岁。正怀着疯狂的羡慕，急不可耐地踏入现实——我就可以从长长的监禁：童年中——一劳永逸地释放出来，进入现实的旅程中了。

从很早的童时，我一直就是一个魔鬼般的读者（阅读就是拿一把刀刺进生命中）。而且就是乱读一气的：童话故事和漫画（我的漫画书多得巨量），康普顿的百科全书，鲍比思·敦斯和其他斯特利特梅耶尔的系列丛书，天文学的书，化学书，关于中国的书，科学家的传记，里查德·海力伯顿的所有的旅行书，相当多

---

① 选自孟良俊编译《我们选择的前途：21位诺贝尔奖得主向全球公众推荐的文字》，陕西师范大学出版社，2002年版。有删节。

的维多利亚时代的古典小说。还有，40年代中期，在图科松市中心的文具和贺卡店的后面转来转去，我偶然掉进了"代图书馆"丛书的深井，这就是标准：在每本书的后页，有我的阅读书目。我必须得买才能读（95美分一小本，一块二毛五一大本），这些我感觉到的翻开的可能性，每一本书，都像一把木匠的尺子。到达洛杉矶的一个月内，我就追踪到了一家真正的书店，第一家我的类型的让我醉意沉沉的书店：匹克维克书店，好莱坞大街上。我每几天下学后，就去一次，站在那里读了许多世界文学书——如果我有钱，就买，如果我胆够大，就偷。每一次的偶然偷窃都让我好几个星期地自我谴责半天，害怕未来的羞辱，但是，我能怎么办？我就那么一点点月费。奇怪的是，我从来都没有想到要去图书馆。我得得到它们，看它们在我的小卧室里的墙边，一排一排的，我的家神们，我的太空船。

　　下午的时候我去寻宝藏。我从来不喜欢下学后直接回家。但在图科松，除了到文具店转悠外，最令人兴奋的是晚回家时沿着老西班牙小径走到潭蹄山脚下，在那里我可以仔细地检验品尝最疯长的仙人掌果和生脆的野梨，趴在地上细看剑头虫和蛇，捡一兜好看的岩石块，想象我迷失在林中，或我是唯一的幸存者。或者，我是个印第安人，是"独行侠"①在加州，漫游的地方不同了，我变成了另外一个"独行侠"。下课后的大多天我匆匆赶电车，不是远离，而是赶向市中心。好莱坞大道和高地街的令人着迷的街口，有着我的小小的一二层楼环绕的、着迷的广场：匹克维克书店，一家唱片店，那里的老板让我每星期在试听室里听几个小时，贪听它们的唱片，一个国际报亭，它的笔直的架栏上醒目地向我喊出这些杂志名：《党人评论》，《肯庸评论》，《思万尼评论》，《政治》，《口音》，《虎眼》，《地平线》；还有一个商店，通过它的打开的门，有天下午，我下意识地跟在两个人的身后，这两个人有种我从未见过的美丽。我以为我进了一个健身房，原来是李斯特·霍顿和贝拉·列维茨基舞蹈公司的排演室。啊，黄金时代！那不仅仅是，我知道那是，不久我就咬着第一百根吸管儿，在我的房间里写模仿的故事，记真正的日记，写使我的词汇扩大的字单，写各种各样的单子，对着我的唱片演习指挥，读啊读啊。每天晚上读得我眼睛酸痛。

　　不久，我也有了朋友。他们是朋友，对他们我可以谈论我为之入迷和狂喜的一些事。我没有期望他们读书读得像我一样多，但他们愿意看我借给他们的书，那足够了。

　　我交的另外一个最好的朋友，也是一个二年级生，虽然我们不在一个高中上学，但他与我同去了芝加哥大学，这就是梅里尔。梅里尔沉沉静静的，矮矮胖胖的，金黄头发。他有着一切"可爱""美男"和"梦中情人"的特征。但是，在我的一双准确无误的发现孤怪之人的眼睛下（不管他们如何伪装），准确地看出，他也

———————————

　　① Lone Ranger，美国四五十年代通俗卡通电影文化中的典型人物。——译者注。

特别聪明。真的聪明。因此值得分开。他有着甜美的低沉的嗓音，羞怯的眼睛和笑容——他笑时，有时他的嘴巴都不动。梅里尔在我的朋友中是唯一的人，我溺爱他。

我们狂热地听各种各样的音乐团的演奏，什么都听，我们的胃口大得很，我们的胃口强壮得很。但是，只有斯特拉文斯基的音乐我们是最真正地热爱的。因为斯特拉文斯基显得是那么令人惊悚地老（我们见过他两次，两次在周一音乐会上，一个很小的礼堂里，英格夫·戴指挥）。我们怕我们的偶像的生命将尽，我们与他的隐秘的关系将成为幻象。问题是，我们讨论来讨论去，为如此令我们享受的音乐，我们应该作什么牺牲？如果用我们现在的生命作代价，也就是说，如果我们现在就死掉，用我们的死来交换他的生，斯特拉文斯基还可以得到多少年活？

20年吗？显然，我们很容易地同意把我们生命的20年给他，但这也有点太高了，我们不敢有这等期望。再给这个对我们来说像是个古代般古朴的人20年生命，对那时——1947年——14岁的我和16岁的梅里尔，20年是不可想象的大数字（多好啊，实际上，斯特拉文斯基活得比这个数字还长）。坚持用我们的生命换给斯特拉文斯基多活20年，对我们来说，一点也不显示我们的狂热。

给他15年吗？当然！

10年？打赌！

5年？我们开始心旌摇动了。但是，如果没有协议，似乎不能显示我们的尊敬。不管是我的生命还是梅里尔的，还是我们微不足道的加利福尼亚高中的全体学生的生命，甚至等待我们的，有用的，我们未来洒满成就的人生，与斯特拉文斯基的生命比起来，给他5年，让世界享受多5年的斯特拉文斯基的创造，都算不了什么。给他5年，OK。

4年吧，我叹息了。梅里尔，别谈了。

3年好不好？为3个多加的年份现在就死？

通常我们定是4年——最低4年。好吧，为了让斯特拉文斯基多活4年，我们俩中的一个已经准备好了，就在此时此地死掉。

阅读和倾听音乐：并非我的胜利。几乎我倾慕的一切事情，都是由死去的人或很老的人，或从什么别的地方——理想的是欧洲——创造的。这点对我是理所当然的。

我累积我的"神"。斯特拉文斯基是音乐神，托马斯·曼成了文学神。在我的阿拉丁洞穴里，在匹克维克书店，1947年11月11日——此刻我把这本书从我的书架上取下，我在扉页上发现了我那时正练习写的斜体字的日期——那天，我买了《魔山》。

我那天晚上开始读。最初的几个晚上，我读的时候，我几乎都呼吸困难。因为这不仅仅是另一本我热爱的书，而且是一本使我变形的书，是发现的源泉，是认知的源泉。欧洲所有的一切都掉进我的脑袋里——我为它痛哭不已。肺病，那隐隐约约地令人羞愧的病——我的那几乎很难想象的亲生父亲多年前就在什么外国异域死于此病，为此，我母亲极其害怕此病，甚至我们搬到图科松时，此病已属稀松平常的不幸——此刻，肺病成了悲哀不幸和精神兴趣的体现！高山上患肺病的病人团体是一幅图景——一幅拔高了的图景——风景如画、气候宜人的疗养小镇，坐落在荒原之中，有着30来个病院和疗养院，在那儿，我妈妈被迫待在那里，因为她有一个患哮喘病的小孩：我。在山中，人物是思想，思想是激情，激情就是我时时刻刻所感觉的。但是，思想本身也使我伸展，使我进入：萨迪姆布利尼的人道主义的热情，娜非塔的阴郁藐视，还有那温和的，好脾气的，贞洁的汉斯·盖斯托普——曼的孤儿主人翁，在我无防备的心灵里是个英雄，不是因为他是孤儿，而是因为我自己的想象的贞洁。我喜欢温柔，即使温柔被屈尊稀释了。曼把他描绘得有一点简单，过于热诚，温顺，平庸（我想自己就很平庸，用真正的标准看）。温柔——如果汉斯只是一双"好好的两只鞋"怎么样呢？（我母亲有一次这样令人惊骇地说我。）那就是使他不同于，不像其他人的地方。我认出了他的虔诚的本性，他的随处携带的孤独，礼貌地活在人之中，他的生活充满了艰难的程式，里面间断着自由自在的、激情满怀的谈话——那就是我自己的日程的光荣的转移！

整整一个月这本书就是我生活的地方。我通读它就好像在赛跑。我的激动比我要读得慢一点，好好尝滋味的愿望要赢得快。我在第334页和343页之间，的确是放慢了速度，汉斯和科拉维迪娅终于表白了彼此的爱情。但他们说的是法语。我从来没学过法语。为了一点都不落掉，我买了一本法英辞典，一个字一个字地念他们的谈话。读完最后一页时，我是这么不情愿与这本书分开，我马上就从头开始重读。为了与这本书的节奏应和，我大声读它，一晚上一章。

下一步就是把这本书借给一个朋友，感觉到别的人读这本书的欢乐——热爱它，与别人一起热爱它，能在一块谈论它。12月初，我把《魔山》借给了梅里尔。梅里尔，他会立刻读我要他读的一切，也热爱这本书，好极了！

然后，梅里尔说："为什么我们不去看望他？"而这就是我的欢乐变成羞辱的时刻。

我当然知道他就住在这里。40年代的南加州电光闪闪着种种知名人物的身影。我和朋友们不仅注意到斯特拉文斯基，勋伯格，也注意到托马斯·曼，布莱希特（我刚和查里斯·劳顿在比弗利山剧场看过布莱希特的《伽利略》）。还有衣修午德和赫胥黎。但是，我可以与他们之中的任何一个人接触，那是不可想象的，就像不可能想象我会和英格丽·褒曼或加利·库柏谈话一样。他们也住在附近。实际上，那可能会更不可能。明星们从他们的豪华车上踏下步来，在强光照耀的好莱坞大道，走向电影剧场，参加首映式。向影迷们挥手，警察伸手挡住围着挤着的影迷们。我在新闻片中看见这些景象很多次。这些高雅文化的神们，从欧洲下海而来，几乎隐姓埋名地，住在柠檬树丛后的新现代建筑里，吃着魔幻般的汉堡包，在海滩男佣们的照料下。我敢肯定，他们根本就没有想要有什么崇拜者。这些崇拜者找机会在闯进他们的私人领域。当然，托马斯·曼，与其他流亡者不太一样，他是一个公众人物。像托马斯·曼那样在美国，在30年代末期和40年代初期被官方荣耀的作家，也许比在世界任何地方的任何作家都更反常。他是白宫的客人，他在国会图书馆演讲时是由总统介绍的。多年来他不倦地巡回演讲，曼在罗斯福的美国时代，是个雄辩家。他宣称希特勒的德国的罪恶，宣告民主的胜利到来。移居国外没有钝化他的感觉，没有挫折他的才气，他是一个有代表性的人物。如果真有这样的一个好的德意志，那就是在美国才能找到的，就是以托马斯·曼为代身（美国的善意的证明）。如果一个"伟大的作家"，不管美国人的作家的概念是什么，那就是托马斯·曼。

但当我被《魔山》激动得神采飞扬时，我从没想过托马斯·曼也字真意实地住在"这里"，说我在那时住在南加州，和说曼住在南加州——那是不同意义的"住"和"在"。他住在哪儿，哪儿就是我不在的地方。欧洲，或者超过童年的世界之外，严肃的世界。不，不仅仅是这样。对我，他就是一本书。书。况且，我不太被《三个年代的故事》吸引，我9岁的时候，我不认为9岁是童年，我曾几个月痛苦不已地停在《悲苦》里——那是芳婷被迫卖掉她的头发那一章，那章唤醒了我的社会主义觉悟。我只要一想到托马斯·曼，就简单地，想到永恒，好像维克多·雨果一样，是死的。

我干吗想要见他呢？我有了他的书了。

我不想去见他。一个星期日，梅里尔在我家，我父母外出了，我们在他们的卧室里，在他们的白缎子床单上躺着。不管我的抗议，梅里尔把电话簿拿了进来，找"M"字条。

"你看，他在电话簿上。"

"我不想看！"

"看看，"他要我看。我吓坏了，我看见了：1550号，圣莱蒙路，太平洋篱笆街。

"这太荒谬了。别，别，别给他打电话吧。"我爬下了床，我不能相信梅里尔正在做这事，但他正在做。

"我要给他打个电话。"电话就在我母亲床边的床头柜上。

"梅里尔，别干吧。"

他拿起了话筒。我慌忙地跑出房子，蹿出了总是锁着的前门，穿过了草坪，拐过了汽车停放的弯道，站到了汽车的另一边。那辆庞帝亚克停放在那儿，车钥匙插在启动眼上。（要不然，车钥匙能放哪儿呢？）我站在街道的中间，双手捂住耳朵，好像从那儿，我可以听到梅里尔打那个令人受辱的、不可思议的电话。

前门打开时，小小的起居室一览无余。里面挂着我母亲称之为早期美国的"破烂"，她现在正在收集这类东西。静默。我穿过了房间，进入了饭厅，转进了短短的走廊，走过我的房间，进了我父母的浴室的门，又从那儿进了我父母的房间。

话筒挂在电话上。梅里尔坐在床边，露齿而笑。

"听着，这一点都不可笑。"我说道，"我以为你真的打了电话呢。"

他摇摇手，"我打了。"

"打了什么？"

"我打了电话。"他还在笑。

"真的？"

"他下星期六四点等咱们一起喝茶。"

"你根本就没打电话！"

"怎么没打？"他说，"一切进展良好。"

"你和他说话了？"我的泪水都要掉下来了。"你怎么能？"

"不，他妻子接的电话。"

我从我见过的曼和家人的照片中拔出了卡缔雅·曼的形象。她也真的存在吗？也许，只要梅里尔没真的跟托马斯·曼说话，事情就没那么糟吧。"那你跟她说什么了？"

"我说我们是两个高中生，我们读了他的书，想会见他。"

天哪，这比我想象的还要糟！——但我的想象是什么？"啊，这真够傻的！"

"这有什么傻的？听起来这不错么。"

"噢，梅里尔……"我甚至没能力抗议了，"她说什么？"

"她说，'等一等，我去叫我女儿来叫。'"梅里尔继续说，"一会儿，她来接了电话，我就又重复了一遍。"

"慢点说。"我打断他，"他妻子放下了电话，接着，等了一会儿，然后，你听到另一个女人的声音……"

"对，另一个女人的声音——她们两个人都有口音——声音说，我是曼小姐。你想要做什么？"

"这是她说的吗？听起来她好像挺生气。"

"不，不，她的声音一点也不是生气。也许她是这么说的：'这是曼小姐。'我记不清了，但是，老实说，她一点也没生气。然后她说，'你要做什么？'不，等一下，她说的是，'你想要做的是什么呢？'"

"然后呢？"

"然后，我说，我们是两个高中生，我们读了托马斯·曼的书，我们想会见他——"

"我可不想会见他！"我叫起来。

"接着，她说，'等一下，我问问父亲去。'"他顽固地继续道，"也许她说的是，'等一下，我将征求父亲的意见。'她走了没多久，就回来了，在电话里说，这会是她确切的话'我父亲下星期六4点等你们喝茶。'"

"后来呢？"

"完了。哦，她还说，再见。"

在我再一次说"噢，梅里尔"之前，我想了一会儿这个最后的结果："你怎么敢做这事啊。"

"我说过我会的。"他说道。

熬过这个星期，在羞愧和恐惧中翻滚。我觉得被迫去见托马斯·曼，似乎是个无法形容的巨大的无礼行为，更不可思议的是，他会浪费他的时间来见我们。

当然我可以不去。但我怕这个我误认作是阿丽儿的粗鲁的加力班，会在没有我的情况下唤出魔法师来。不管梅里尔曾经是怎样尊重我，现在，他认为他和我一样崇拜托马斯·曼。我不能让梅里尔在没有我缓冲情况下把他自己强加给我的崇拜偶像。至少，如果我去的话，我可以限制伤害，可以引开梅里尔的没经验的评论。我有种印象（在这个回忆中这是令我最感动的部分），我觉得托马斯·曼可能会被梅里尔的或我的愚蠢伤害，因为我尊重托马斯·曼，所以，这是我的责任，保护他不受这个伤害。

在这个星期里，放学后，梅里尔和我见了两次面。我已经不再责备他了。我也不那么生气了。只有痛苦的感觉与日俱增。我陷入了陷阱中。因为我必须得去，我需要觉得和他息息相关，创造共同的事业，为了我们不至于丢脸。

星期六来临了。这回是梅里尔开着雪佛莱来接我，就在那个拐弯，我家房子外的弯道那儿（我没有告诉我妈妈或任何人，关于这个到太平洋篱笆街的邀请）。两点钟时，我们来到了宽阔的，空无一人的圣莱蒙街，大海就在眼前，卡特琳娜岛隐隐可见。我们把车停在离1550号200多英尺之外，从那儿看不见的地方。

我们已经达成协议，关于我们怎样开始。我先说，谈谈《魔山》，然后，梅里尔问问题，问问他现在在写什么。其余部分，我们现在就在准备，我们有两个小时的时间来温习。但是，几分钟后，因为不能想象他会怎样回答我们说的，我们就没词儿了。一个神该怎样说话？不可想象。

所以我们就比较《死亡与少女》的两种录音。然后又转到梅里尔喜欢的一句话，是关于舒恩那贝尔演奏一支曲子的方式的，我觉得那句话特别的聪明。梅里尔似乎一点也不紧张，他看起来认为我们有绝对的权力去打扰托马斯·曼。他认为我们是有趣的人——两个早熟的孩子，小有天分（我们知道我们不是真正的天才，天才是像梅纽因那样的。我们只有渴望的天分，只有尊重的天分，没有成就）。我们也许对托马斯·曼来说，有趣。我可不这么想。我觉得我们是……百分之百的无能之辈，以真正的标准看，我想，我们简直就不存在。

太阳火辣辣的，街道被遗弃了。两个小时内，只有几辆车过去。4点差5分，梅里尔启动了车闸，我们静静地滑下山坡，重新停车，直对着1550号。我们走了出来，伸伸腰，学学彼此的呻吟声，借以鼓足勇气，尽量轻地关上了车门，走上了小径，撳了门铃。噢。

一位白发苍苍的老太太，头上绾着个簪，打开了门。看见我们，她似乎一点也不吃惊，请我们进来，要我们等一下，在光线暗淡的门口——右手是间起居室——她走进了长长的通道，看不见了。

"卡缔雅·曼。"我小声地耳语。

"我想我们会不会见到埃瑞卡？"梅里尔也耳语着说。

房子内是绝对的寂静。她回来了。"来，跟我来，请，我丈夫在书房里见你们。"

我们跟着她，几乎走到了黑黑窄窄的通道的尽头，就在楼梯前。左手有个门，她打开门，我们跟她走了进来，又向左转，我们才真正在里头，在托马斯·曼的书房。

在我意识到他在那儿之前，我就看见了那个房间——它似乎很大，有个很大的窗户，看得见外面的风景——他坐在那张巨大的，堂皇的，深色的桌子后。卡缔雅介绍了我们。这就是那两个学生，她对他说。同时，指他介绍说是"托马斯·曼博士"。他点点头，说了几个字，欢迎什么的。他打着蝴蝶结领带，穿着哔叽套装，就像在《三个年代的散文》一书的作者像一样。这是我第一个震惊之处，那就是他是那么像他一本正经地拍的正式照片。这种相像好像令人惊触，诧异。现在我想，这不只是因为我这是第一次见到一个人，对这个人，通过照片我早就有了先入为主的印象。我从来没有过一个人不受放松的影响的。他与他的全身照片好像是一个本领，好像他正在摆姿势拍照。但是，他的全身照从来没使我想象他是那么单薄，胡子是那么稀少，肤色是那么苍白，从没想象过他的手上的斑点，令人不舒服的显眼的青筋，眼镜后面的小小的、琥珀色的眼睛。他坐得很直，看起来是那么那么老，他实际上是72岁了。

我听到我们身后的门关上了。托马斯·曼指指，示意我们坐下来，坐在大桌前面的两把硬背椅子上，他点燃了一支烟，把背靠在了椅背上。

我们就开始了。

他谈话很不敏捷。我记得他的沉重，他的口音，他讲话的迟重。我从来没听到过任何人说话这么慢。

我说了我是多么热爱《魔山》。

他说那是一本非常欧洲化的书。那本书描绘了欧洲文明核心的冲突。

我说我懂得这点。

梅里尔问他在写什么。

"我最近刚完成了一部小说，部分是根据记录尼采的生活写的。"他说着，在每一个词与词之间，加上了巨大的，令人不安的间歇。"我的主人翁，但是，不是哲学家，他是一个伟大的作曲家。"

"我知道音乐对你有多么重要。"我大胆地说，希望点燃谈话，转入合适的话题。

"德国的灵魂的高度和深度反映在他的音乐里。"他说。

"瓦格纳。"我说着，担心我在引起灾难，因为我从没听过任何瓦格纳的歌剧，虽然，我读过托马斯·曼关于他的文章。

"是呀，"他接过话茬，从桌上拿起一本打开的书，举起来，合上（用拇指插在打开的地方），放回桌上，又把它打开，"你们瞧，此刻，我正在参考厄内斯特·纽曼写的，出色的瓦格纳的传记，第四卷。"我伸长脖子，好亲眼看见书的名字和作者的名字。我曾在匹克维克书店见过纽曼的传记。

"但是，我的作曲家的音乐不像瓦格纳的。是12音体系的，是勋伯格的那种。"

梅里尔说我们俩都非常感兴趣勋伯格的音乐。他没对这句话说什么。觉察到梅里尔脸上的困惑，我鼓励似的睁大了眼睛。

"你的小说会很快出版吗？"梅里尔问。

"我的忠实的译者正在译它。"他说。

"H.T.罗维·珀特，"我嗫嚅地说出这个名字——这是第一次，我说出这个迷人的名字，它的意义不明的缩写和显白似的连接号。

"对译者来说，这本书，也许是我最难翻译的书。我想，罗维·珀特夫人从来也没见过这么具有挑战性的任务。"

"噢。"我说，我从没想象过H.T.罗维·珀特是个具体的人，而且，怪惊讶地得知，这个名字属于一位女士。

"深深了解德语是必需的。而且还得有语言天才，因为许多人物都用方言讲话。魔鬼——对啊，魔鬼在我的书中是一个人物——用16世纪的德语讲话。"托马斯·曼说着，慢慢地，缓缓地，露着浅浅的笑容："我担心，这对美国读者来说，没什么意思。"

我渴望说点什么，保证点什么，但我没胆量。

他说话这么慢吞吞的，我琢磨着，是因为他说话的方式如此呢，还是因为他在说一种外国语言。也许是因为他想他必须得慢慢地说——因为我们是美国人，是孩子，要不然，我们听不懂他说的是什么。

"我认为这是我所写的最大胆的书，"他点点头，"最野的书。"

"我们极其盼望读到它。"我说，我仍在盼望他谈谈《魔山》。

"但这也是我年老时候的书，"他继续说，停顿了很久，"我的*PARSIFAL*，我的《浮士德》。"

他似乎有一会儿精力不太集中，好像在回忆什么。他点燃了另一支烟，把身子转了一下，然后，把烟放在烟灰缸上，用食指揉了揉他唇上的胡须。我记得我当时想他的胡子像一顶帽子盖在他的嘴上（我认识的人中一个也没有留胡子的）。我不知道这算不算谈话结束了。

但，没，他还在继续。我记得"德国的命运"、"魔鬼"、"深渊"、"浮士德与魔鬼的协议"。希特勒出现了好几次（他有没有谈瓦格纳—希特勒这个问题？我想没有）。我们尽了最大的努力向他显示，他的话没有全落空。

最初，我只看见他。他的在场使我崇敬得看不见房间里的其他东西。此刻我开始看得多一些了。例如，他的桌上相当凌乱的东西：笔、墨水盒、书、纸、银相框里一组小照片——我只看得见背面。从挂在墙上的许多照片中，我只认出一张签了名的F.D.R与什么人——我似乎记得是穿制服的人——的照片。剩下的就是书，书，书，从地板到天花板的书架占满了两面墙。与托马斯·曼在一个房间里，让人紧张激动，无边无际，惊异敬畏。但是，我还是听见了我所见的第一个私人图书馆的呼唤。

在梅里尔接过话茬，显示他并非对浮士德传奇的全部无知时，我在努力，尽量不移动我的眼神，端详那些书。如我预料的，几乎所有的书都是德文的。许多是一套一套的，皮面包装的。奇怪的是我猜不出大部分书的名字来（我不知道FRAKYUR的存在）。几本美国书，全是最近的，很容易认出来，全是鲜亮的，打蜡的包皮。

现在他在谈论歌德……

好像我们真的在演习我们预先想说的。梅里尔和我发现了一个很好的，无拘无束的提问的节奏：每当托马斯·曼的缓慢流动的话语似乎要干涸时，我们就提问，显出我们对他所说的一切的尊崇和欣赏，梅里尔现在是我喜欢的最好的梅里尔：沉静，魅力十足，一点也不傻。我感到很惭愧，因为我曾想他会丢脸，也会使我在托马斯·曼面前丢脸。梅里尔干得不错。倒是我，表现得很一般，令人惊异的是托马斯·曼他不难懂。

如果他说话像一本书，我一点也不会在意。我希望他说话像一本书。我隐隐约约地开始在意的是（当时我不知怎样描述我的感觉），他说话像一本书的书评。

此刻他在谈论艺术家和社会。他在用一些句子，我记得我读过这些句子，在《星期六文学评论》上他的访问记里。那个杂志，在我发现了有着令人着迷的文章和复杂的论点的《党人评论》后——我刚开始在新闻报刊摊上买这本杂志——我觉得已经被我淘汰了。我理智地想，如果他所说的对我有点太熟悉的话，那是因为我已经读过他的书。他不可能知道，我是这样的一个他的狂热的读者。为什么他不说点什么他还没说过的呢？我拒绝失望。

我想告诉他我热爱《魔山》到如此的地步，我已经把它读过两遍了。但这似乎有点傻。我还害怕他会问我一些他的书——我还没读过的——问题。到目前为止，他还没问任何问题。"《魔山》对我来说，意义如此重大……"我终于憋不住了，斗胆地，或是现在，或是永不。

"有时，人们问我，哪本书我认为是我最伟大的书。"他说着。

"啊，"我说道。

"呀，"梅里尔说道。

"我会说，最近在回答访问时我亦是这么说的，"他停顿了一下，我屏住了呼吸，"《魔山》。"我呼出了气。

门开了。松弛进来了：德国妻子，缓慢地移进来，端着托盘，里面有点心、蛋糕和茶，她弯腰把它们放到靠墙的沙发前的矮茶几上。托马斯·曼站了起来，绕过桌子，挥手叫我们到沙发那儿来，我看到他很瘦很瘦的。我想再坐下来，在他一坐到旁边的一把椅子上，我就坐下来了，坐在梅里尔的旁边，坐在我们被吩咐坐的地方。卡缔雅·曼从一把沉重的银茶壶中把茶倒进三个精致的杯子中。托马斯·曼把小茶盘放到膝盖上，举起茶杯到嘴边（我们跟他学，亦同样地做）。她用德语说了什么，他摇了摇头。他的回答是用英语——没关系或不是现在之类的。她叹息了一下，离开了。

呵，吃吧，他说，不苟言笑地，他示意我们自己拿。

矮桌的另一头，放着茶盘的支架，是一个小小的埃及的塑像，这个塑像站在我的记忆里，像是葬礼许愿的形象。它让我想起了托马斯·曼曾经写过的一本书《埃及的约瑟夫》，那本书我在匹克维克书店里走马观花地浏览时，觉得意思不大。我决定再试一次。

没人说话。我警觉到这个房子的强烈的、极其的寂静，这是我从未经过的室内的寂静。我警觉到我自己缓慢的、自我意识强烈的每个举止。我轻啜着茶，努力不让蛋糕渣掉下来，与梅里尔交换了一个悄悄的眼色。没准儿，到此结束了。

把茶杯和盘放下来，用厚实的白纸巾擦着嘴边，托马斯·曼说道，他总是喜欢美国的年轻人，他们表现了这个伟大国家的热情、健康和根本的乐观主义情绪。我的精神下沉了。我最害怕的——他把谈话转向了我们。

他询问我们的学习。我们的学习？这是另一个不好意思的事。我敢肯定他对南加州的高中情况毫无所知。他知道驾驶教育（强迫的）吗？打字课程？他会不会惊讶，如果他在早晨第一节课后飞快地穿过校园，看到草坪上到处扔着皱巴巴的避孕套？校园是一个最令人惬意的夜间试验场——这曾让我惊讶不已：第一星期我来到学校的时候，因为我比我的同学都小两岁，我曾无知无识地问别人，树下到处扔着的小气球是什么？礼堂左壁那些"芭黜客"（拉丁美洲的小孩的别名）卖"茶"的地方旁的早自修室里有什么？他能想象吗？我们认识的什么乔治，拿着枪，从汽车加油站的服务员那儿搞到了钱？埃拉和娜拉两侏儒姐妹，领导了圣经学习班的抗议行动，取得了不能带生物课本到学习班里来的战果？他知道不知道，拉丁语已经远去，莎士比亚亦如此。10年级英语课程上，几个月来，看得出来十分困惑的老师，一进教室，就发给每个学生一份《读者文摘》，要我们选一篇文章写内容简介，然后，就坐在教室里她的桌子后，不出声地坐过这个小时，打着盹，或者，织毛衣。他能想象吗，这个世界——北好莱坞高中——已离他的世界——他出生的地方鲁百岢的体育场里，14岁的托尼奥·克洛格为争取汉斯·汉森的支持，试图给他搞到席勒的《堂·卡罗斯》来读，根本远去了。他不能，我希望他永不知道这些。他已有足够的事情够他悲伤的了——希特勒，德国的毁灭，流亡。对他最好的是不知道他离欧洲真的有多远。

他在谈论"文学的价值"，和"保护文明不受野蛮的力量摧毁的必要性"。我说，是的，是的。我坚信再待下去就荒谬可笑了，呀，这整个星期，我期待的感觉——最终要过去了。早些，我们只能说一些愚蠢的话。喝茶，这社会的仪式，赋予这一切交谈的一个名称，创造新的丢脸的机会，每当我斗胆说话时我都担心我会笨手笨脚地做错事。

我记得我开始想什么时候离开才显得不那么不合时宜。我猜梅里尔，在制造了这么多的适宜印象之后，恐怕也高兴地走了吧。

但托马斯·曼仍在继续谈着，缓缓慢慢地，关于文学。我记得我的沮丧大于他所谈的。我努力使自己别吃太多的点心，但因为漫不经心，我又伸手拿了我本来不想拿的。他点点头。再吃一个，他说。太糟糕了！我是多么希望只一个人在这里，在他的书房里看他的书啊。他问我们谁是我们最喜欢的作家。当我犹豫不决时——我有那么多喜欢的作家，我知道我只能举几个——他又说上了。这次我可记得清清楚楚："我肯定你们喜欢海明威。他在我印象中，是最有代表性的美国作家。"

梅里尔嗳嚅着说他从来没有读过海明威。我也没读过。但我太震惊了，以致都没回答。托马斯·曼对海明威有兴趣，这多么令人迷惑啊。在我模模糊糊的想法中，海明威是一个非常走红的作家，他的小说被改编成了浪漫电影（我喜欢英格丽·褒曼，喜欢汉弗莱·鲍嘉），他写写钓鱼和体育（我讨厌体育）。他从来没"响"得是我要读的那种作家。或是我的托马斯·曼认真看待的作家。但后来我明白了，并不是托马斯·曼喜欢海明威，而是我们似乎应该喜欢。

好吧，托马斯·曼说，哪个作家你们喜欢？

梅里尔说他喜欢罗曼·罗兰，这就是说《约翰·克利斯朵夫》，还有乔依斯，这是说《一个青年艺术家的肖像》。我说我喜欢卡夫卡，是指《变形记》和《在流放地》，还有托尔斯泰，是指他晚期的宗教写作和小说。同时我想我必须得举个美国作家，因为他似乎在盼望着这个。我就把杰克·伦敦的名字扔了出来，说的是《马丁·伊登》。

他说我们一定是特别严肃的年轻人。这更让人窘迫。我所记得的最清楚的就是他的话让人多么不好意思。

我仍在想着海明威，我必须得读他吗？

他似乎认为两个当地的高中生应该懂得尼采和叔本华是极其正常……到那时为止，我一直欢欣鼓舞地沉浸在这第一次经验的，把这些如此熟悉的事物认作理所当然的欢乐中。但我现在似乎也希望我们像是两个年轻的美国人那样（如他想象的那样）；或是，美国年轻人的代表（我一点也不明白，为什么，他想海明威是）。我知道这很荒谬。整个的要点是我们不代表任何人。我们甚至不代表我们自己——肯定代得不怎么样。

这里，我就在世界的这个帝王的房间中，这是我期慕生活的地方，那么是一个卑微的市民呢（想告诉他我想当做家的想法，从没在我心中出现，就像我没想告诉他我在呼吸一样。如果我必须在那儿，我就会在那儿。作为仰慕者，而不是一个想攀登他的社会等级的满怀大志的人）。但这个我见到的人，却只会说出说教的公式，虽然他写了托马斯·曼的书。而我也说不出什么东西来，只有舌头被捆住了的简单的词儿，居然我的心中充溢着复杂的感情。我们两个人，谁都没表现最好的来。

奇怪的是我不记得是怎样结束的了。是卡缔雅·曼来了吗，来告诉我们时间到了吗？是不是托马斯·曼说了他得回去工作了，接受了我们的感谢后，把我们领到书房的门口？我不记得我们是怎样说的再见——我们是怎样离开的。我们坐在沙发上，喝着茶，吃着蛋糕的景象，与我们已经在外头，又在圣莱蒙路上，进入汽车，交叉地刻印在我的记忆里。从幽暗的书房里出来，斜阳显得格外明亮，刚刚5点半过一点儿。

梅里尔启动了车子。像两个少年第一次刚从妓院里出来一样，我们评论我们的表现。梅里尔觉得是个大胜利。我觉得羞愧，沮丧，虽然我也同意，我们并没有把自己弄成十足的傻瓜。

"见鬼，我们应该带那本书去，让他签名。"快到我家的街区时，梅里尔说，打断了很久的静默。

我咬着我的牙，一声没发。

在我家房门前，我跳下车。梅里尔说道："挺棒的。"

我怀疑我还理不理他。

10个月以后，多次预报过的《浮士德博士》出现了（每月书评俱乐部所选，第一版印刷了10万册）。梅里尔和我在匹克维克书店里，头昏目眩地看着一模一样的书，堆放在金属的桌子上，在书店的前面。我买了我的，梅里尔买了他的。我们好一起读。

虽然宣称的如是，他的书并没有如托马斯·曼所期望的那样。评论者们表达了有尊重的保留。他的美国形象有点泄气。罗斯福时代真的完结了，冷战时代开始了。他开始想回到德国去了。

我现在处在大变动的日子里。1月毕业后，我在加州柏克莱大学读了一个学期的书，1949年的秋天，进入了芝加哥大学，我学习哲学，尔后，尔后……我继续着我的生活，我的生活，大部分地说来，正如当年一个14岁的孩子满怀肯定地想象的那样。

而托马斯·曼，在这里待了多年之后，也变动了。他和他的妻子卡缔雅（她已经于1944年成为美国公民）离开了南加州，回到欧洲某个与魔山等高的地方，永远地，于1952年。在美国待了15年，他曾住在这里。但他不真正地住在这里。

多年之后，当我成为作家，当我认识了许多作家之后，我学会了更容忍作家与作品之间的沟壑。甚至现在，这相遇仍让我感觉不合适，不恰当。以我的经验，我的记忆深处，常常是窘迫的记忆。

我仍感到兴奋，感到从孩童时的窒息中解放出来的感激。倾慕使我自由。而窘迫，是倾慕的实际经验的代价。尔后，我觉得自己像个大人了，被迫生活在孩子的身体里。从此，我觉得像个孩子，特权般地活在一个成人的身体里。严肃的热忱在我的体内，因为在这个孩子的心中，这种热忱已经全部长成了，它使我继续认为现实就应如此。我仍然看见巨大的空间在我的面前，遥远的地平线。这是真正的世界吗？我仍在问自己这个问题，40年了……在这漫长的、疲倦的旅程中，好像孩子们重复地问着："我们到达了吗？"孩童时代的高度感受否认了我。作为补偿，高度的地平线，永远地在那里，为到达那里，我生来就是为此，为倾慕的快乐带向前。

关于这次会见，我从没告诉过任何人。多年来，我保守着秘密，好像那是什么令人羞愧的事情，好像那是发生在两个别的人，两个幻影身上，两个旧的存在——在什么别的地方：一个窘迫不好意思的、满怀激情的、文学中毒的孩子，和一个住在太平洋篱笆街的流亡中的神。

【奥地利】茨威格

袁克秀 译

列夫·托尔斯泰最后的日子①

托尔斯泰（1828~1910），作为公认的文学巨匠，他的《战争与和平》《安娜·卡列尼娜》《复活》，任何一部都是一流的名著。而且，他的灵魂的伟大与作品的伟大同样受到世人尊敬。作为一个真正意义上的人民作家，人民受难的程度就是他情绪变化的晴雨表。他因为人民的苦难而反对沙皇，又因为坚持"不以暴力抗恶"的人道原则而得罪革命党。而在家中，夫妻之间因为精神不般配，在对待财富、政治、权势、贵族身份乃至两性生活等连串问题上严重对立，托尔斯泰在54岁时就萌发离家出走的念头，并在未完成的剧本《光在黑暗中发亮》中作出自我写照。到了82岁，托尔斯泰终于把蕴藏了近30年的念头付诸行动，1910年10月28日凌晨4点，他给妻子留下告别信："我在家中的生活已变得不堪忍受。……离开尘世生活，在孤独与安静中度过余生。"一辆马车载着托尔斯泰在黎明前的黑暗中悄悄驶远，前面，是茫茫苍天。三天后，风烛残年的老人患上肺炎，在一个小火车站停留，七天后（11月7日）去世。

无论怎么解释托尔斯泰的出走，有一点是肯定的：托尔斯泰并不想自杀。在"逃亡"途中，他写信给女儿，请求她把自己"在看"的书寄来，并在日记本上写下新作品的构思。出走的直接原因是家庭矛盾，但并不是全部原因，即便他在给女儿的信中这样倾诉对妻子的不满："我对于偷看、偷听、没完没了的指责、随心所欲地管我、时时刻刻地控制我、对我最亲近的和最需要的人做作地憎恨、又以同样的公然憎恨以及假惺惺的爱来对待我——这样的生活我觉得不愉快，简直无法忍受……我只希望一点——摆脱她，摆脱这谎言、虚伪以及笼罩她全身的怨恨。"遥想当年，34岁的托尔斯泰伯爵爱上了17岁少女索尼娅，索尼娅从此成为丈夫的出色助手，视丈夫的文学事业"无比神圣"，托尔斯泰几乎所有的手稿都是由

---

① 选自茨威格《自画像》，北京西苑出版社，1998年版。

索尼娅誊清……爱情经得起多少岁月的折腾？人又应该在什么精神层面相爱呢？

一个伟大的作家首先是一个真诚的人，一个不会对自己的灵魂撒谎的人。他写作，也不是因为有人要读他的书，而是自己有表达的欲望。优秀的作家少有例外不是在内心的焦灼冲突中度过一生，托尔斯泰是焦灼症状表现得最为激烈的作家之一，他在晚年的离家出走已成为作家内心冲突的经典象征。

托尔斯泰到底为什么离家出走？茨威格（1881~1942）在本文中简约地表述为灵魂的无休止的追求和渴望，作者另有一篇篇幅较长的采用戏剧形式写下的历史特写《逃向苍天》，试图重现当时的历史画面，进一步解答这个令人困惑的谜团，见《人类的群星灿烂时》，可参看。

1910年10月28日，可能是早上6点，在树木之间还挂着漆黑的夜，几个人影以奇怪的方式围绕着亚斯纳亚·波利亚纳①的宫殿房子蹑手蹑脚地走。钥匙发出咔嚓声，门被鬼鬼祟祟地打开，在厩草中马车夫相当小心地，但愿没有嘈杂声发出，将马套到车上，在两个房间中有不安的阴影出没，用遮了光的手电筒摸索各种各样的包裹，打开抽屉的柜子。然后他们悄悄穿过无声地推开的门，耳语着跌跌撞撞地走过花园泥泞的草地。然后一辆车轻轻地，避开房前的路，缓缓向后朝着花园的门驶出去。

那里发生了什么？盗窃犯侵入了宫殿吗？沙皇的警察终于包围了这个过于可疑的人的住宅，好进行一次调查？不，没有人闯入盗窃，而是列夫·尼古拉耶维奇·托尔斯泰像一个小偷一样，只由他的医生陪同，从他的生活的监狱中冲出来，呼唤向他发出了一个不可辩驳和具有决定性意义的标志。当妻子夜里暗地里和歇斯底里地乱翻他的文件时，他再一次当场抓住了她，这时决定突然钢铁般坚决和果断地在他心中响起，离开"离开了他的心灵"的她，逃走，到任何地方去，到上帝那里去，到自身中去，进入自己的、分给他的死亡。突然他将大衣套在工作衬衫上，戴上一顶粗笨的帽子，穿上胶鞋，从他的财产中没有带走别的，除了为了向人类表达自己精神所需要的东西：日记、铅笔和羽毛笔。在火车站他还潦草地给他妻子写了一封信，通过马车夫把它送回家："我做了我这个年龄的老人通常做的，我离开了这种世俗的生活，为了在孤独和平静中度过我最后的有生之日。"然后他们上了车，坐在一个三等车厢油腻腻的长椅上，裹在大衣中，只由他的医生陪同，列夫·托尔斯泰，到上帝那里去的逃亡者。

但是列夫·托尔斯泰，他不再这样称呼自己了，托尔斯泰像对待他的钱、房

---

① 亚斯纳亚·波利亚纳：列夫·托尔斯泰出生的庄园，他几乎在这里生活了一辈子。

子和荣誉一样，也把他的名字扔在身后；他现在称自己为T.尼古拉耶夫；一个想为自己虚构一种新生活和纯洁而正确的死亡的人的虚构的名字。终于摆脱了一切羁绊，现在他可以在陌生的街道上做朝圣者，学说正直的话语的仆人。在萨莫尔金修道院他还同他的姐姐、女修道院院长告别：两个苍老衰弱的人一起坐在宽厚的僧侣们中间，因安宁和潺潺的孤独而具有幸福的表情；几天后女儿随后赶到，在那第一个不成功的出走之夜出生的孩子。但就是在这里他也无法享受平静，他怕被认出，追捕，赶上，再次被拖回自己家中这暧昧、不真实的生活中去。于是他，再次被看不见的手指触动，10月31日早晨4点钟突然叫醒女儿并催着动身，到任何地方去，去保加利亚，去高加索，到国外，到随便哪个地方去，到荣誉和人们再也够不着他的地方，只要终于进入孤独，回到自己，回到上帝那里。

但他的生活，他的学说的可怕对手，荣誉，他的折磨人的魔鬼和诱惑者，仍不放弃它的牺牲品。世界不允许，"它的"托尔斯泰属于自己，属于他本身的、省察的意志。这个被追捕的人几乎还没有在火车车厢里坐下，将帽子低低地压在额头上，旅行者中有一个已经认出了这位伟大的大师，火车上所有的人都已知道了，秘密已经泄露，外面男人和女人们已经挤到车门口看他。他们随身带着的报纸带来一栏长长的、对这逃离监狱的珍贵动物的报道，他已经被出卖和包围了，荣誉再一次，最后一次拦住了托尔斯泰通向完满的去路。呼啸而过的火车旁的电报机线充斥着消息的营营声，所有的站都被警察告知，所有的公职人员都被动员起来，家里他们已经订好特快车，记者们从莫斯科，从彼得堡，从尼什尼叶—诺高奥特，从四面八方追踪他这只逃跑了的野兽。神圣的教会会议派遣一个神父捉住这个悔恨的人，突然一个陌生的男子上了火车，一而再，再而三地以总是新的面孔经过车厢，一个侦探——不，荣誉不让他的刑事犯逃掉。列夫·托尔斯泰不应该和不可以单独同自己一起，人们不容许他属于自己和实现他的神圣化。

他已经被包围了，他已经被围住了，没有他能投身进去的灌木丛。当火车到达边境的时候，一个公务员将殷勤地脱下帽子欢迎他并拒绝他过境；无论他想在哪里脱身，荣誉都将置身于他的对面，它无所不在，来自四面八方，闹得沸反盈天：不，他无法逃脱，利爪紧紧地抓住他。但这时女儿突然注意到，一阵冰冷的恐怖寒战抖动着父亲苍老的身体。他精疲力竭地靠在坚硬的木长椅上。汗从这个颤抖的人全身的毛孔中渗出来并从额头上滴下来。发烧从他的血液中出现，为了救他疾病袭击了他，死神已经举起了他的大衣，黑暗的大衣，在追踪者面前盖住了他。

在阿斯塔波瓦，一个小车站，他们不得不停下来，这个病危的人再也不能继续了。没有一家旅店，一座旅馆，一个豪华的地方让他藏身。站长羞愧地提供他在火车站大楼两层的木屋中的办公室（这儿对俄国来说从此以后就是圣地）。人们领这个打着寒战的人进去，突然他梦想过的一切都是真的了：这里就是那小房间，低矮而有霉味，充满了污浊的气味和贫穷，铁床，煤油灯暗淡的光线——一下子离他所要逃离的豪华和舒适很远很远。在死的时候，在最后的时候一切都变清楚了，像他最内在意愿所期望的：死神作为一个庄严的象征，纯洁地、无瑕地完全顺从他的艺术家之手。在几天的时间里这死的辉煌建筑就巍巍向上耸起，这是对他的学说崇高的确证，它再也不能为人们的妒忌暗中破坏，它原始世俗的朴素再也不能被扰乱和毁坏，荣誉在外面紧闭的门前紧张地，上唇翕动着急不可耐地潜伏着，记者和好奇者，密探和警察及宪兵，教会会议派遣的神父，沙皇指定的官员拥挤和等候着，都是徒劳的：他们兴师动众而无耻的忙碌再也无力影响这种不可摧毁的最后的孤独。只有女儿守护，一个朋友和医生，平静谦恭的爱以沉默围绕着他。床头柜上放着小日记本，他向上帝的话筒，但发烧的手再也不能握住笔。于是他还从憋闷的肺中，以逐渐微弱的声音向女儿口授了他最后的思想，称上帝是"那种无限的万有，在其中人感到自己是一个有限的部分，是他在物质，时间和空间中的启示"。并且宣告，凡人和其他人的生活的结合唯有通过爱才会发生。在他去世前两日他还绷紧他所有的感官，去抓住更高的真理，达不到的真理①。然后黑暗才渐渐地在这闪闪发光的大脑上投下阴影。

外面人们好奇而放肆地推挤着。他再也感觉不到他们。在窗前，由于悔恨感到耻辱，透过模糊的泪眼，索尼娅·安德列耶夫娜，他的妻子，向里张望，她48年来同他紧紧相连，只是为了从远处再次看到他的面庞：他再也认不出她来了。生活的事物对这个所有人中目光最尖锐的人变得越来越陌生，血液滚过断裂的血管时越来越黯淡和凝固。在11月4日夜里他还又一次振作起来并呻吟道："农民……农民究竟怎样死去？"非凡的生命还在抗拒非凡的死亡。11月7日死亡才袭击了这个不死的人。苍白的头颅向下垂进枕头中去，比所有人都更明白地看过这个世界的眼睛熄灭了。这个不耐烦的探求者现在才终于明白了一切生命的真理和意义。

马克西姆·高尔基曾将列夫·托尔斯泰称为一个人类的人。这是一句精辟的话。因为他是同我们所有人一样的人，由同样龟裂的黏土塑成，带有同样世俗的不足，但是他更深刻地了解这些不足，更痛苦地忍受它们。列夫·托尔斯泰从不是一个与众不同的、一个比他同时代的其他人更高的人，只是比大多数更具人性，更有德行，更敏锐地深思熟虑，更清醒和更热情——仿佛是世界艺术家（指上帝，译者注）的工作室中那个看不见的原始形式的第一个因而是最清晰的模型。

托尔斯泰是上帝选出的模型，我们其他人与他相比都是那么模糊，甚至面目全非，托尔斯泰将永恒的人的画像作为根本的毕生事业，在我们混杂的世界中间尽可能表现得完美——一种永远不能完成，永远不能完全实现并因而是加倍英

———————————
① 列夫·托尔斯泰最后的话是："我爱真理，我非常爱真理。"

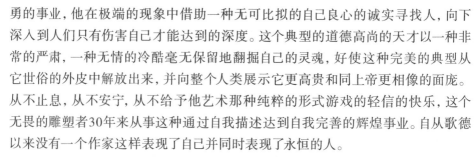

精神的疆域

208

勇的事业，他在极端的现象中借助一种无可比拟的自己良心的诚实寻找人，向下深入到人们只有伤害自己才能达到的深度。这个典型的道德高尚的天才以一种非常的严肃，一种无情的冷酷毫无保留地翻掘自己的灵魂，好使这种完美的典型从它世俗的外皮中解放出来，并向整个人类展示它更高贵和同上帝更相像的面庞。从不止息，从不安宁，从不给予他艺术那种纯粹的形式游戏的轻信的快乐，这个无畏的雕塑者30年来从事这种通过自我描述达到自我完善的辉煌事业。自从歌德以来没有一个作家这样表现了自己并同时表现了永恒的人。

但这种英勇的、通过检验和冲压自己的灵魂使世界道德化的意志只是表面上跟这个无与伦比的人的呼吸一起停止了——他的本质强大的冲动不懈地塑造和继续塑造着，继续在活着的人中发生影响。还是有一些人作为他尘世生活的证人在场，战栗地直视着这青灰尖锐的眼睛，不过托尔斯泰这个人早已成为神话，他的生活成为人类一种崇高的传奇，而他的斗争违反本意地成为我们和每个世代的一个榜样。因为一切富有牺牲精神地想到的，一切英雄般地完成的事情，在我们狭小的地球上总是为所有的人做的，一个人的每一点伟大之处，都使全人类赢得了新的和更大的高度。只有在炽热的真实的人的自白中，探索的精神才能预感到它的界限和法则。只有借助于它的艺术家的自我塑造，借助于天才的形象，人类的灵魂在人世间才能被理解。

【波兰】希姆博尔斯卡

林洪亮 译

奇迹市场①

不可思议的事情就是奇迹。日常生活中我们习惯享有的一切，认真想想，是不是不可思议的？日升月落，四季轮转，与之相伴的大地万物的活动节律，是不是奇迹？山高水长、风狂雨骤、森林草场、母牛、果园、人类赖以生存的一切，是不是奇迹？活着，并且明白自己活着，是不是奇迹？所有看起来平凡、普通的一切，是不是奇迹？你有没有想过，生命寄居的地球，本身就是一个巨大的奇迹市场？其中，最大的奇迹是人，而创造人间奇迹的，是人的心灵。

希姆博尔斯卡（1923年生），波兰女诗人。1996年"由于她在诗歌艺术中精辟精妙的反讽，挖掘出了人类一点一滴的现实生活背后历史更迭与生物演化的深意"而获得诺贝尔文学奖。

普通的奇迹：
许多普通奇迹的产生。

平凡的奇迹：
在寂静的晚上，
看不见的狗在吠。

许多奇迹中的一个：
一片小小的轻云，
能遮住又大又重的月亮。

几个奇迹组合成一个：
一棵桤树映在水中的倩影，
而且是从左向右移动，

---

① 选自林洪亮译《呼唤雪人》，漓江出版社，2000年版。

树尖是在朝下生长，
但又未接触到水底，
虽说水很浅。

一个日常出现的奇迹：
温柔的轻风，
却在暴风雨中刮起。

最美好的奇迹：
母牛就是母牛。

另一个不坏的奇迹：
正是这个果园
由这粒种子生长而成。
没有穿长礼服、戴大礼帽的奇迹，
也没有纷纷起飞的白鸽。

奇迹——该如何去称呼：
今天太阳三点十四分升起，
并将在二十点零一分落下。

不会使人们充分感到惊讶的奇迹：
虽然一只手的手指少于六个，
但却比四个要多。

奇迹——只要向四周看看，
世界永远存在。

额外的奇迹，一切事物都是额外的，
那不可想象的事物
正是可以想象的。

【中国】澜涛

狮口下的悲壮①

　　爱到舍生忘我、以命换命的地步，真让人感慨"问世间情为何物"了！爱情、信仰、事业，都可以让人的心灵焕发巨大的能量，让平凡的人变得不平凡。那位引开狮子的妻子，那位把妻子的骨灰绑在身上27年的丈夫，原本不过是寻常的匹夫匹妇，但一个突发事件，激发出人性中的神圣气息，演绎出这场生死相许的爱情壮歌。

　　他和妻子驾驶着一辆载满生活用品的卡车奔驰在无边无际的热带草原上，他们要去处于草原深处的建筑公路的基地。

　　就在这时，突然在他们的眼前闪现出一头凶猛的狮子。卡车加大马力狂奔，试图甩掉狮子，狮子却紧追不放。

　　他们越是心急，令他们恼火的事情偏偏发生：汽车陷进一个土坑，熄火了。要想重新发动汽车，必须用摇把把车子摇醒。可狮子就趴在车外，眈眈而视。

　　大声吼叫，掷东西打，两个人办法施尽，狮子却丝毫没有走开的意思。无奈中，他拥着妻子在车里度过了漫长难耐的一夜。可是狮子比他们还有耐心，第二天早上，这头猛兽还守在车外，向这两个要到口边的美味垂涎。

　　太阳似火，空气仿佛在燃烧。妻子已经开始脱水了。在热带草原上，脱水是很可怕的。不用多久，人就会死亡。他只有紧紧拥住妻子，似乎只有这样，才能不让狮子和死亡把她带走。此时，他们内心的绝望比狮子还狰狞，必须行动了，否则只能坐以待毙。他说："只有我下去和狮子搏斗，或许能取胜。"其实两个人心里都很清楚，即使他们的力量加起来也未必抵得过那头猛兽。妻子像是在自言自语："不能再呆下去了，否则不是热死，也会精疲力竭，最后连开车的力气也没有了。很多人在等我们回去，再不回去，他们连饭都吃不上了。"

　　车外，狮子一点都没有对他们失去兴趣，它欲耗尽对手的生命，以延续它的生命。没有刀光剑影，生与死在沉寂中却铿锵相对。

---

　　① 选自《辽宁青年》，2000年第1期。

不知过了多久，妻子轻轻说道："我有一个办法。""什么办法？快说！"丈夫多么希望听到她能把他们引向生路啊！妻子默默地伸出双手，搂住他的头，深情地凝望着，然后一个字一个字地说："你一定要把车开回去！"说着，眼里涌满泪水，嘴角禁不住地颤抖着。他突然明白了妻子的所谓办法，抓住妻子的肩膀吼道："不行！不！"妻子扳开他的手："你不能这样，不能冲动。你下去，谁开车？"她话没说完，就猛地推开他，打开车门，跳下去，拼命地向远方跑去。

狮子随之跃起，疾追而去。

她这是将生命送进狮口，为丈夫铺设生还之路。

他只觉得热血冲头，欲爆欲裂。他抓起摇把，跳下车，追向狮子。他怎么能看着自己的妻子活活被猛兽吃掉呢？

妻子的声音从远处传来："快把车开走！快开车！"他的心被撕扯着，刺扎着。他在妻子的喊声中回到车前，发动起汽车，疯了般地追向狮子。

远远地，狮子撕咬妻子的情景也撕碎了他的心。汽车撞向狮子，那猛兽才惊慌地逃走了。

草原上只留下响彻很远很远的哭声——凄惨、悲凉、断肠。

这是1999年10月的一天，一个叫刘火根的看山老人讲述的故事。老人就是那位丈夫，他和妻子是当年中国援建非洲一个国家的筑路队成员。27年前，妻子用生命留给他的爱一直深刻在他的心里。

去时是双，回来是单。回国后，刘火根把妻子的骨灰绑在身上隐居在深山护林，直到今日。他说，寂静的地方能让妻子睡得踏实，也能让他更清楚地听到妻子灵魂的声音，他说，27年来妻子的骨灰从未离开过他的身体，以后也不会。哪怕死了，他也要和妻子相陪相伴、不离不分。

凶残可以夺走生命，却夺不走永恒的一个字：爱！

【美国】奥斯卡·希斯高尔

佚名 译

不许喝水才能活下去①

　　海船失事之后，10名船员挤在一艘救生艇上，在大西洋上漂流。20天
了，看不见岸，也没遇上过往的船只，大家都没有力气划桨了。船上只有
一壶救命的淡水，身为三副的"我"是艇上的最高领导，而我的工作就是
拿枪对着其他水手，防止他们抢水。一壶水，在这时候，成为全体人员求
生的希望。喝了它，只有死路一条；留着它，就吊起了集体求生的欲望。在
我因为昏迷而倒下的一刻，最想抢水的水手长居然接替了我的位置，用枪
守着淡水，最后挨到了救援时刻的到来。一个有趣的现象：同一船人，身
为普通水手时，只想喝到一口水，像失去理智的野兽；一旦身为淡水的守
护者时，却不想让任何人喝一口水。这是为什么？西方俗谚：屁股决定立
场。一个人身在什么位置，自然就站在什么立场思考和行动。作为唯一持
枪的淡水看护者，他思考的范围就不只是自己的生存，而是大家的生存。
同时，也要相信，别人处在这个位置，一般也会做出相同的行为。所以
说："社会是一艘大船，每个人都要有掌舵的准备。"（易卜生）

　　我一小时又一小时拿着枪面对着其余9个水手。在海上漂泊20天的大多数时
间里，我一直坐在救生艇尾部，以便把他们都制约起来。要是开枪的话，在这么近
的距离之内肯定能命中。水手们也都意识到这一点，谁也不敢贸然地袭击我。不
过，从他们愤怒的目光中可以看出来，他们都憎恨我。

　　特别是巴雷特，他当过水手长。他用沙哑的声音说："斯奈德，你是个笨蛋。
你，你无法坚持下去的！你现在半睡半醒啦！"

　　我不吭声。他说得对，一个人能坚持多久不睡觉？在大约72小时里，我不敢
眨一下眼睛。我现在快要打瞌睡了，霎时间他们就会向剩下的那丁点淡水扑去。

　　最后的一壶淡水就放在我双脚下。也许只有一品脱，也许只够每人几口而

————————————

　　① 选自《作家之路》编《滋润心田》，内蒙古文化出版社，1997年版。

已。尽管如此，从他们充满血丝的眼睛里可以看出来，为了那几口水他们可能杀掉我。作为一个男子汉，我顾不得那么多。我再也不是失事的"蒙塔拉"号的三副了。我只是阻止他们渴望得到淡水的一支枪。而他们都舌头肿胀双颊凹陷，有点疯了……

我判断我们肯定在离阿森松岛约200英里处。现在暴风雨过去了，大西洋滚滚的浪涛变得平缓了，早晨的阳光炎热，热得灼人。我的舌头肿得足以把喉咙塞住。我多么希望用我的余年来换取一口淡水啊。

然而，我是个带枪的人，救生艇上唯一的权威。我知道，一旦把水喝光，那我们就会一无所望，只有等死。只要我们能期望得到一点水，我们就有生的希望。我们非得使这种期望尽量持久。要是我对咒骂和咆哮让步，要是我不挥舞手枪的话，我们几天前就把最后一壶淡水喝光，现在我们全都死了。

水手们不再划桨了。他们早就没力气继续划桨。我面对着的9个水手看来像一群满脸胡子、衣衫褴褛、半裸体的野人，我的模样和他们一样。

他们不是盯着我的脸，就是盯着我的双脚下的那壶淡水。杰夫·巴雷特靠我最近，威胁最大，他个头大，秃顶，脸上有伤疤，一副凶相。他身经百战，每战都给他留下了印记。巴雷特已经睡过了——事实上，他大半个晚上都在睡——我真羡慕他的福分。他已经不困，那双眼睛一直眯成一条缝威胁地盯着我。

他时而用他那沙哑的破嗓子奚落我：

"你为什么不认输？你无法坚持下去的！"

"今天晚上，"我说，"我们今天晚上就分享剩下的淡水。"

"到今天晚上我们有些人就死啦！我们要现在喝！"

"今天晚上。"我说。

难道他不明白，要是我们等到晚上才喝的话，我们就不会出汗出得那么快吗？不过，巴雷特是情有可原的，干渴已经使他神经错乱。我发现他要站起来，眼睛已经流露出他的企图。我用枪对准他的胸膛。他又坐下来了。

20天前，就在奔向救生艇时，我出于本能急速地抓起我那支德国制造的鲁格尔半自动手枪。除此以外再也没有什么办法能够把那点淡水保住。

这班笨蛋竟然不理解我也像他们一样渴望喝上一点水吗？不过我在这里是个指挥，仅此不同而已，我是个带枪的人，是个不能不思考的人。其余的每个人只想到自己，我却非得想到整个集体不可。

巴雷特双眼依然盯着我，等待着。我憎恨他。我特别恨他已经睡过。我现在处于劣势。他不会昏倒。

早在正午前，我就知道自己已经再也没有力气跟谁搏斗，我的眼睑已经疲倦得抬不起来了。当救生艇随着波浪起伏时，我昏昏欲睡，头也不知不觉地垂

心灵的能量

下……

巴雷特监视着我。后来我连枪也拿不住了，模模糊糊地猜测将会发生的事情。他肯定会头一个抓住水壶狂饮，其余的人会跟他歇斯底里嚎叫拉扯，而他只好同意分享。唉，我对此已无能为力了。

我轻轻地说："水手长，接替我。"

接着我便脸朝下跌到船舱底下……

有一只手摇我的肩膀，我连头也抬不起来。杰夫·巴雷特用沙哑的嗓音说："来! 喝口水!"

我莫名其妙地用双手撑起虚弱的身体，看着水手们，但我感到自己双目蒙眬，只能隐约见到些人影。后来我才意识到不是我的眼睛不行，而是夜幕降临了。海洋一片漆黑，头顶繁星闪烁。

现在已经是我们在海上漂浮的第21天了——当夜我们终于得到不定期货船格罗汤号的搭救——不过当时我看到巴雷特时，还不能从他身上得到什么遇救的迹象。他跪在我身旁，一只手拿着水壶，另一只手稳稳握住枪对着其他人。

我凝视着水壶，仿佛它是个幻景。难道他们今天早晨没喝光那点淡水吗? 当我仰望巴雷特那副可憎的脸孔时，他显露出冷酷无情。他肯定猜透了我的心思。

"你说过：'水手长，接替我'，对吗? "他咆哮着说，"我整天都制约着这班野人。"他手中一直拿着那支鲁格尔半自动手枪。"当你是领班，"他局促不安地露齿笑着说，"是指挥，就要对其他人负责，你，你看问题就不能一般见识，对吗? "

【俄国】赫尔岑

项星耀 译

尼克和麻雀山①

心灵的能量

心灵的觉醒常常是一个渐变的过程，但在一些伟人的人生历程中，却有过年轻时迎接心灵的日出的辉煌时刻。俄国思想家赫尔岑在他的回忆录《往事与随想》中，生动地描述了15岁的自己和少年好友尼克（奥加辽夫）的一段"神圣记忆"。赫尔岑和尼克是一对早熟的少年，他们读名著、爱英雄，他们的心里，早早播下了反抗沙皇专制，追求人间正义的种子，因为信仰的共鸣，彼此深爱着对方，结下肝胆相照的少年友情。莫斯科河的对岸就是麻雀山，一天黄昏，他们登上山顶，俯瞰着山脚下一望无际的平原以及人间烟火，莫斯科的圆顶建筑在夕阳余晖中熠熠闪光——这就是我的祖国，这就是人类生存之所。山风清新，世界辽阔，未来触手可及，一种高贵的冲动袭击了两位少年，他们感觉到自己是为了完成一种特殊使命而来到世上的"选民"，是人类中的杰出者和殉道者。于是，两位朋友热烈拥抱在一起，立下誓言："我们要为我们所选择的斗争献出我们的一生。"从此，两人踏上了为理想而献身的虽然颠沛流离然而正义凛然的人生征途。

我喜欢尼克，他有一种亲切的、温柔的、耽于幻想的气质。他与我见过的其他孩子截然不同，然而我们还是成了难分难舍的朋友。他沉默寡言，喜欢思考；我生性好动，只是并不敢打搅他。

我们的趣味之相近令我惊奇；他能背诵的比我多得多，而且都是我心爱的片段。于是我们合拢书本，促膝谈心，彼此寻求同情了。

从袖中暗藏短剑，"要从暴君手下解放城市"的墨罗斯②，从在吉斯纳特隘道

① 选自赫尔岑《往事与随想》上卷，项星耀译，人民文学出版社，1998年版。有删节。
② 希腊传说中反抗暴君的英雄。席勒曾根据这个传说写成叙事诗《人质》，"要从暴君手下解放城市"一句即引自该诗。

上伏击总督的威廉·退尔[1]，联系到12月14日和尼吉拉，这是容易的。这些思想和比较对尼克并不陌生，他也熟知普希金和雷列耶夫那些尚未发表的诗篇。我不时遇到的一些头脑空虚的孩子，他们与尼克的差异是显而易见的。

那是前不久，我在普列斯尼池塘散步时，心头充满布肖的恐怖主义情绪，我向与我同年的一个孩子解释，处死路易十六是正义的。

"一切确实这样，"那位少年公爵说，"然而他是受命于天的君主啊！"

我怀着怜悯瞪了他一眼，失去了对他的兴趣，从此再也不想找他了。

我与尼克之间就不存在这样的隔阂。他的心是像我的一样跳动的，他也已离开保守主义的阴森海岸，我们只想齐心协力，把船撑得更远。几乎从头一天起，我们就下定决心，要全力拥戴皇储康斯坦丁了。

过了一个月，我们已经不能两天不见面，或者不通信了。我的狂热天性使我愈来愈倾倒在尼克面前，而他也悄悄地、深情地爱上了我。

应该说，我们的友谊一开始就带有严肃的性质。我不记得嬉戏曾在我们中间占主导地位，尤其是当我们单独在一起的时候。当然，我们不会老坐在一个地方，年龄总是要起作用，我们也嘻嘻哈哈，逗笑取乐，在院子里射弹弓；但这一切的基础与空虚的友谊距离非常之远。除了年龄相仿，除了我们的"化学亲合性"，把我们联系在一起的是我们的共同信仰。世上没有任何东西，能像崇高的全人类利益那样，激发一个少年的良知和正义，保护他不受邪恶的侵蚀。我们珍重蕴藏在我们身上的未来，彼此把对方看成为完成某种使命来到世上的"选民"。

我和尼克常去城外，我们心爱的地点是麻雀山和德拉戈米罗夫门外的田野。早晨六七点钟，他来叫我，如果我还睡着，他便朝我的窗上扔砂土或石子。我醒来了，笑了笑，赶紧出去。

麻雀山，不久它便成了我们的"圣山"。

一天饭后，我父亲打算出城。这次旅行真是活受罪。我家的四座轿式马车虽然是"约希姆制造"[2]的，但服务了15年，尽管是平静的15年，早已老态龙钟，何况车身照旧比攻城臼炮更重，驶到城门要花一个多小时。四匹马大小不同，毛色也参差不齐，但都在闲适的生活中变懒、发胖了，走不上一刻钟便会汗流浃背，而这是不准许的，因此车夫阿夫杰伊只得让它们慢慢行走。车窗照例是拉上的，不管天气如何闷热。除了这一切，还有我父亲那种从容不迫、威严可怕的监视。

然而我们还是乐于忍受这一切，只要能呆在一起。

到了卢日尼基，乘船渡过了莫斯科河。

我们离开他们，走到了前面，等离他们相当远之后，便一溜烟跑上麻雀山，到

---

① 见席勒的剧本《威廉·退尔》第4幕第3场。

② 约希姆是当地著名的马车制造商。

了维特贝格的神庙奠基的地点。

我们气喘吁吁，满脸通红，站在那里擦汗。太阳快落山了，圆屋顶闪闪发光，城市铺展在山脚下一望无际的平原上，清新的微风迎面吹拂。我们站了一会儿，又站了一会儿，身子靠着身子，突然，我们互相拥抱在一起。面对着整个莫斯科，发出了誓言：我们要为我们所选择的斗争献出我们的一生。

这个场面可能显得太不自然，太富于戏剧性，然而即使相隔26年之久，我一想起它，依然感动得热泪盈眶。它是神圣的，也是真诚的，我们的整个一生都可证实这一点。

我们还不理解，我们要与之战斗的是怎样的一个庞然大物，但是我们决心战斗。这怪物使我们历尽艰辛，但是不能摧毁我们，我们也不会向它屈膝投降，不论它的打击多么沉重。它使我们蒙受的创伤是光荣的，正如雅各的瘸腿是他与上帝夜战的证据[①]。

从这天起，麻雀山成了我们朝圣的地点，我们一年要去一两次，而且始终是单独去的。5年后，奥加辽夫曾在那里胆怯而羞涩地问我，我是否相信他有写诗的天才。到了1833年，他从乡下写信给我："我离开了，我感到忧郁，从来没有过的忧郁。总是想起麻雀山。好久以来，我一直把欣喜隐藏在心底。差涩或者别的什么我自己还不明白的原因，妨碍我把它说出口。但是在麻雀山，这种欣喜不致被孤独所窒息，因为你和我在一起。这些时刻是不能忘怀的，它们像幸福的往事一样深印在脑海中，一路上追随着我，虽然在周围我看到的只是森林；一切那么碧绿、碧绿的，我的心中却这么阴暗，这么阴暗。"[②]

最后他写道："那么你写吧，写我们的一生，也就是我的一生和你的一生，是怎样从这地点（麻雀山）发展起来的。"

从1827年起，我们没有分开。那期间的每一回忆，不论是单独的或共同的，他和他的那少年的面容，那对我的挚爱，始终占着首要地位。在他身上早已显露出那种很少人具备的献身精神，这是幸是不幸，我不知道，但可以断言，他不是一个平凡的人。在他父亲家中，这以后很久一直挂着奥加辽夫当年（1827年~1828年）的一幅油画大肖像。后来我常常站在它前面久久凝望。在画中，他穿着翻领衬衫；画家栩栩如生地勾画出了那浓密的栗色头发，那由脸上不规则的线条构成的少年时期尚未定型的美，以及那略带黝黑的肤色。从画布上可以看到那种显示强大思维力的默默沉思的神色。无名的忧郁和极端的温和从灰色的大眼睛中流露出来，预示了一颗伟大的心灵在未来的发展；他长大后也正是这样的。

我不明白，为什么青年的友谊不能像初恋那样，独占回忆的天地。初恋之所

---

① 雅各是《圣经》中的人物。关于雅各与上帝的使者角力的事，见《创世记》第32章。

② 奥加辽夫于1833年离开了莫斯科大学，这段话与下面那段话一样，均录自他在该年6月写给赫尔岑的信。

以馨香可爱,正在于它忘却了性的差别,在于它是一种强烈的友谊。青年间的友谊,就其本身而言,便具有爱情的全部炽烈性和它的一切特点:那种不敢用言语吐露感情的羞涩感,那种对自己的不信任,那种无条件的忠诚,那种离别时的凄恻惆怅,那种充满嫉妒的独占欲。

我很早就爱尼克,而且热烈地爱着他,但从未下决心称他"朋友"。一年夏天,他住在库恩采沃,我给他写信时在结尾写道:"我算不算您的朋友,我还不知道"。是他首先用"你"称呼我,并把我称作卡拉姆津的阿格东①,而我根据席勒的作品,称他拉法依尔②。

你们要笑就笑吧,只是要亲切地、善意地笑,正如人们回想到15岁自己时那样。或者假如思考一下:"难道盛年的我竟是这样?"③如果你也有过青春(单单年轻还是不够的),那么应该感谢命运;如果你那时有过一个朋友,那就应该加倍感谢他了。

在我们看来,那个时期的语言是不自然的,带有书卷气;我们不习惯它那种跳跃不定的狂热情绪,那种有时温情脉脉、有时出现孩提笑声的不调和的感情色彩。这对于30岁的人是可笑的,正如著名的"贝蒂娜要睡觉了"④一样;然而在适当的时候,这种少年人的口气,这种成年人的不规范语言⑤,这种流露心理变化的声音,是十分真诚的;即使书卷气,对于只有理论知识、缺乏实际经验的年龄,也是自然的。

席勒仍是我们心爱的作家⑥,他的剧中人对我们是现实的人,我们分析他们,爱他们,恨他们,不把他们当做诗中的人物,而是看做是活的人。不仅如此,我们还在他们身上看到了我们自己。我写信给尼克,有些担心他太爱斐艾斯柯,对他说,每个斐艾斯柯背后都站着他的凡里纳⑦。我的理想人物是卡尔·穆尔,但不久

---

① 卡姆姆津(1766~1826),俄国著名诗人和历史学家。阿格东是他的诗《我的阿格东墓上之花》的主人公。

② 见《哲学书简》。拉法依尔是席勒的《哲学之简》中两个通信人之一。——作者注。

③ 引自普希金的《叶夫根尼·奥涅金》中《奥涅金的旅行》一章。

④ 原文是德文。这句话出自德国女作家贝蒂娜的《歌德与一个孩子的通信集》。贝蒂娜于1806年认识歌德,并热恋歌德,但那时歌德已57岁,因此她常用孩子的口吻与他通信。

⑤ 原文是法文。

⑥ 席勒的诗歌对我没有丧失影响:几个月前我还给我的儿子读了《华伦斯坦》这部巨著!任何人,凡是对席勒失去兴趣的,不是衰老了,便是成了迂夫子,不是感情僵化,便是麻木不仁。至于那些早熟的老成少年,他们在17岁已熟知了他的"缺点",对于这些人有什么好说的呢?——作者注。

⑦ 斐艾斯柯和凡里纳都是席勒的剧本《斐艾斯柯在热那亚的谋叛》中的人物。斐艾斯柯是热情洋溢的青年,反抗暴君的勇士,但企图在夺取政权后实行独裁,自己成为暴君。凡里纳则是真正的共和主义者,仇恨王权原则本身。最后,凡里纳杀死了斐艾斯柯。

我又背离弃了他，皈依了波查侯爵①。我设想过千百遍，我怎样与尼古拉②谈话，后来他怎样把我放逐到矿山上处死。奇怪的是，我们所有的幻想几乎都以西伯利亚或死刑告终，从没有过胜利的结局；莫非这是想象力的俄国气质，或者是彼得堡的魔影，那五座绞刑架③和苦役流放，在年青一代人身上的反映？

奥加辽夫，我与你正是这样手挽着手跨进生活的！我们毫不畏缩地、高傲地前进，慷慨地回答一切召唤，真诚地献身于我们所向往的事业。我们选择了一条不平坦的道路，但从未抛弃过它。我们受伤、失败，可是始终站在一切人的前头。现在我走到了……不是到了目的地，是到了下坡路开始的地点，我不禁想寻找你的手，与你一起走完这条路，我要握住它，带着苦笑说："我们毕竟走完啦！"

他没有忘记它——我们的"老房子"④。

> 故居，老友！在满目荒凉中
> 我终于又把你造访；
> 往事历历又从心底浮起，
> 我在怅惘中向你凝望。
>
> 庭院寂寂无人打扫，
> 枯井坍毁腐草丛生；
> 园中不闻绿叶的瑟瑟声，
> 但见它们在泥泞中发黄、霉烂。
>
> 房屋年久失修，一片凄凉，
> 墙上的泥灰剥落殆尽；
> 乌云在上空徘徊，
> 俯视故园也该悲从中来。
>
> 我走进屋子。照旧是那些房间，
> 一位老人曾在这里喋喋不休，
> 我们不爱听他的牢骚不满，
> 更怕他那冰冷的语言。

---

① 卡尔·穆尔是席勒的剧本《强盗》的主人公。波查侯爵是席勒的剧本《唐·卡洛斯》的主人公。两者都是反抗专制暴政的战士，波查为人民而活着，更是席勒的理想人物。

② 指沙皇尼古拉一世。

③ 指绞死5个"十二月党人"的绞刑架。

④ 指赫尔岑家1824至1830年间居住的房子，在莫斯科市内。下面是奥加辽夫后来重游旧地后写的诗，题为《故居》。

我到了那个房间，我的朋友
曾在这里与我促膝谈心；
许多金光闪闪的思想，
就是在这小屋中诞生。

星光悄悄射进窗户，
墙头的字迹还依稀可辨；
当年青春在心头沸腾，
是我们亲手把它们刻写。

这屋子曾充满往日的欢乐，
光辉的友谊也在这里成长；
现在成了寂寞凄恻的天地，
墙角边挂满了蛛网游丝。

我突然感到惊恐，打一寒战，
仿佛我是站在墓地，
要召唤亡故的亲友，
却没有一人从泉下醒来。

心灵的能量

221

【美国】狄金森

江枫 译

没有一艘船能像一本书①（外一首）

　　人生有限，人的感知有限，人的身体所能经历的时空有限，但是，因为有了书，人的心灵所能经历的时空可以是无限的。一则谜语说：世界上跑得最快的是什么？答案：思想。人类思想和心灵最常见的载体，就是书籍。或许，人类最伟大的发明就是书籍吧？那些聪明的祖先，发明文字，发明书籍，把所做所想的事情记录下来，让后来的人不必从头开始，不必一遍遍重复前人的错误，从而一代比一代知识更丰富、更聪明、更进化。一个大胆的假想：假如没有书籍，人类还会像现在这样生活吗？美国女诗人狄金森（1830～1886），一生以书为伴，闭门读书、写诗，她认为：书是最廉价的交通工具，能把人的灵魂送往世界任何地方。书是最珍贵的饮食，使人强壮、富有、快乐和自由。

没有一艘船能像一本书
也没有一匹骏马能像
一页跳跃着的诗行那样——
把人带往远方。

这渠道最穷的人也能走
不必为通行税伤神——
这是何等节俭的车——
承载着人的灵魂。

他饮食珍贵的文字

他饮食珍贵的文字

---

① 选自江枫译《狄金森诗选》，湖南人民出版社，1984年版。

他的精神变得强壮。
他再不觉得贫困，
他再不感到沮丧。
他跳着舞过黯淡的日子
使他飞翔的只是一本书
能有多么大的自由——
精神摆脱了束缚！

【苏联】伊林

胡愈之 译

活的书①

据苏联作家伊林"考证"，世界上第一本书是"活的书"：这就是人。粗略地说，这种观点是有道理的。在人类文明的草创时期，纸和笔发明之前，知识和故事都是口耳相传，一个智慧的老人就是一本百科全书。中国的诗经，古希腊的英雄史诗，印度和埃及的歌谣，最初都是口传文学，一本书就是一个人，或者，一个人等于几本书。这时候，就会发生一些有趣的故事：比如，某本书可能会生胃病……

世界上开头第一本书，是什么样子的呢？

是印刷的还是手抄的呢？是用纸做成的，还是用旁的东西做成的呢？如果现在还存在着这样一本书，那么在哪一家图书馆里才找得到呢？

据说从前有过一个好事的人，他想在全世界每家图书馆里，去找寻这第一本书。他整年整月钻在上了年纪的黄烂的、虫蚀的旧书堆里过日子。他的衣服和鞋子上面堆满了厚厚的一层灰尘，不知道的人，还当他是刚从沙漠里长途旅行了回来。临了，他是从一家图书馆书架前面一条长梯上面跌下来死了。但是就算他能再活上一百岁也休想达到他的原来目的。因为世界上开头第一本书，在他出世以前几千年，早就变成泥土，埋没在地底下了。

这世界上第一本书，一点不像现在我们所有的书。这第一本书是有手有脚的。它并不放在书架上面。它能说话，也能唱歌。总之，这是本活的书：这就是人。

原来在那时候，人们还不懂得读书写字。在那时既没有书，也没有纸，更没有墨和笔。那时候，一切先代的故事，法律和信仰，并不是保藏在书架上面，而是从人们的记忆中遗留下来的。

人们死了，故事还是存留着，从父亲传到儿子，一代一代地流传下去。可是从

---

① 选自伊林《书的故事》，胡愈之译，辽宁教育出版社，1997年版。

一只耳朵传到另一只耳朵，历史就变了些样子。一部分是忘掉了，一部分是后来穿插了进去。时间把历史磨光，正像河水磨光两岸的石块儿一样。譬如一个勇敢的战士的传说，后来就附会成一个巨人的故事：这巨人不怕箭，不怕枪，能够像狼一般的在林中跑，像鹰一般的在天上飞。

在我们这个时代，僻远的地方，还有些老头子，老婆子，爱讲一些故事，这些故事，在一切写下的书本里，都不曾留下影踪。这些故事一般就叫做传说或神话。

在很久以前，希腊人有一个习惯，爱唱《伊利亚特》(Iliade)和《奥德赛》(Odyssee)这两部诗歌。这诗歌说的是希腊人和特洛伊人战争的故事。就这样人们一径听着唱着这故事，直到了几世纪之后，才用文字写下来。

唱这些诗歌的人，希腊人就称作"阿德"(Aede)。每逢宴会的时候，阿德是最受人欢迎的。

阿德首先是靠住一根圆柱坐着。头上挂着他的竖琴。宴会快要完毕的时候，大盘的肉都吃完了，满篮的面包也光了。人们取出双柄的金杯子，放在桌上。客人们重新坐好位子，等待着音乐的演奏。

这时候，阿德才一手捧着竖琴，一手弹着琴弦，开始唱着长篇的故事，又是狡猾的尤里西斯(Ulyses)啊，又是骁勇善战的阿基里(Achille)啊。

阿德的歌是很悦耳的。可是总没有我们的书那样便当。因为现在我们只要花上几毛钱，就能买到一本《伊利亚特》，而且可以放在袋子里。这书不会要求什么。它既不要吃，又不要喝，从不会病，更不会死亡，那是多么方便啊！

因此我想起了一个故事：

关于活图书馆的故事

从前在罗马有过一个有钱的商人，叫做伊台里厄斯(Itellius)。说起他的财富，多得几乎难以叫人相信。他有一所挺大的住宅，可以容得下罗马全城的居民。每天他吃饭的时候，一定有300个客人在一起。这300个客人，一个个都是从最有声望最有才学的罗马公民中挑选出来的。

他吃饭的台子，也不止一张。他有30张吃饭的台子。每一张台子都铺上了金线绣成的讲究的台毯。

他用最精致的食品款待客人。在那时候，有一个风气，就是款待客人，除了讲究的食品之外，还要有最高雅最愉快的谈话。

但是伊台里厄斯所缺少的，就只是教育。他不大懂得读书，所以那些乐意接受他的邀请的客人，暗中都在笑话他。

因此他在席上几乎没法子和客人谈些高雅的话儿。有时勉强谈了一些话，他就看出来，客人都在尽力忍着笑在听他讲。

这事情使他很难受。可是他生性太懒了，不能埋头在书本上用工夫，他也没有刻苦用功的习惯。伊台里厄斯为了这事，想了好久好久，这才想出一个办法来。

他命令他的管家，从他的大批奴隶中间，挑选出两百个聪明有教养的，每一个人都被指定了一本书，例如《伊利亚特》《奥德赛》等等，叫他们各自用功读熟了。

这件事对于管家，可不是十分好办。他得费了许多力，督促责罚着那些挑选出来的两百个奴隶，才算达到了他主子的愿望。

这样，伊台里厄斯算是有一个活的图书馆了。这在他是多么快活啊！

于是每天席上，到了和客人谈话的时候，他只消向管家做一个手势，就有一大群奴隶靠着壁肃静地站着。伊台里厄斯说要哪一本书的哪一节，就有一个奴隶出来，照样背诵，一个字也没错。这些奴隶，就用他们各自所记熟的书当做名字，例如有一个叫奥德赛，另一个叫伊利亚特，又一个叫爱纳伊德……

伊台里厄斯这才称心如意了。整个罗马城都谈到他的活图书馆。这样的事情人们从没有见过哩。可是这却不能过得长久。终于有一天，出了一个岔子，满城的人都当做笑话来讲了。

在晚餐以后，主人和客人照平常那样谈说着文学故事，谈谈这个，谈谈那个。正谈起了一个古人，伊台里厄斯就向着管家做一个手势，说道：

我知道在《伊利亚特》中有这样的一节……

可是那管家却跪在地上，用颤抖的声音带着恐惧说：

对不起，老爷，伊利亚特今天害着胃病了。

这可并不是笑话。人类用着活书，倒有两千年之久哩。就算到了如今，满地都是图书馆，可是人们还是不能够完全抛弃活的书哩。

因为假如什么事情都可以从书本上面学得，那么人们就用不着再上学校了，也再不用教师来讲解和说明了。

你不能够对着一本书发问。可是教师呢，你问什么，他就回答你什么；你要他重复地说几遍，他就重复地说几遍。一切他都随我们的便。

除了活的书以外，还有活的报纸哩！那比之于印刷的报纸是多么有趣，多么有益啊！在戏院里看着演戏，总比从书上面念那脚本更有意思得多啊。

反过来说，假如活的书始终对我们有用处，那么活的信札，就完全不是这样了。

在古时光，人们还不懂写字，那时候自然更不会有邮政局。假如有人要传递一个重要消息，就得派一个"报信人"把要传递的话，叫他一个字一个字地传达到对方去。

假如现在我们仍旧用报信人，不用邮差，那会变成怎样呢？自然，我们很不容易找到一个报信人，有这么好的记忆力，每天能够记住几百封信。就算是找得到，也断不会有什么好结果。

比方说，张三正在做生日，一个报信人忽然到了他家里。

张三当是客人来了，亲自去开了门。

"什么贵干？"

我有一封信送给你，信上面说的是

亲爱的张三先生：

恭祝吉庆，你结过婚很久了吗？请你今天正午到地方法院去谈一下，盼望你能够时常来看我们……

张三只好张大着口，不知道究竟是怎么一回事。但是你要知道，这可怜的报信人，头脑里装着几百封信，和机器一样地一封一封地传报，这机器的轴轮出了毛病，怎免得了不把给李四的信掺和在给张三的信里呢？

【英国】吉辛

郑翼棠 译 张若衡 校

书痴的故事①

"天下无书则已，有则必当读。""若无翰墨棋酒，不必定作人身。"清人张潮的这些话，我把它看做天下爱书人的宣言。我也曾书生气地认为："书斋大世界，世界小书斋。"爱书人，不是普通的读者，不是为某个实用目的而阅读的书籍的利用者，也不是蔑视书籍的学者和专在书中掘洞的研究者。爱书人是读书人中的顶尖人物，是所谓"为阅读而生的人"，是真正的完满的读者。爱书人未必要有高深的学问，却须有独特的品位，这种品位甚至可以在嗅觉中表现出来。吉辛说："由看书的气味不同，我便能够辨出它是我的哪一本书，而且只要将书打开，把鼻子送进去一嗅，种种往情旧景立刻就浮现在脑际。"对于一般的读者，这是特异功能，而爱书人把它当做家常便饭的享受。爱书人自己未必写书，但他们给一本本印满铅字的书册注入眼泪、微笑、鲜血和灵魂，在爱书人看来，书籍自有其生命，是唯有自己才能共语共思、相依相偎的生命。

爱书人另有一个世界，是不爱书者不能理喻的。他们在书中得到的人生至乐，是世俗的眼光所无法探测的。郑逸梅说："恨不得十年暇，读生平未见之书，涉从来未至之境。"这几乎是所有爱书人的梦想。求之不得，只好缩衣节食去购书，只好在工作之余摈弃常人之乐而独守一张书桌。奇特之处就在这里：爱书人有了书，就仿佛有了一切。或者说，因为书籍的魔力太大，人间的其他乐趣都降低了一个等级。爱书人不分职业、地位、贫富，星散在世界各地，他们是默默的个体劳动者，却因为爱书而成为同一个族类，相互间有隐秘的语言勾通。只要世界上还有书，就会有爱书人；即使到电子图书一统天下之日，爱书人也是一群快乐的恐龙。在这个族群的墓碑上将镌刻这样的铭文：假如世界上没有书籍，我不会这样生活。感谢上苍，让我成为一个读书人。

---

① 选自乔治·吉辛《四季随笔》，郑翼棠译，张若衡校，湖南人民出版社，1986年版。标题为编者所拟。

吉辛(1857~1903),英国作家,著有散文集《四季随笔》等。

每当我检视自己的书架时,便记起"兰姆的褴褛的老兵"。这并非由于我所有的书都是从旧书摊中购来的,很多书都很整洁,书皮崭新;有些书,装订精美,发出芳香。但由于我经常搬迁,我的小小图书馆每次变换地方时,都受到了粗鲁的待遇。说实话,在平常的时间,我很不注意它们的安全(因为在处理实际事务时,我这个人总是疏懒与不称职),甚至我最精致的书本,也由于不爱惜,而留下破损的痕迹。不只一本书,在装箱时被大钉子划破而受到严重损伤。现在由于我有闲暇的时间与平静的心境,我发觉自己变得越来越细致了——这说明了一个伟大的真理:境遇好就易于养成美德。不过我得承认,一本书只要没有松散,对于它的外形,我是不大在乎的。

我认识一些人,他们对阅读从图书馆借来的书与阅读自己书架上取来的书,都同样的感兴趣。对我来说,这是不可理解的。第一,我熟悉自己每一本书的气味,只要把我的鼻尖放在书页之间,我便会记忆起各种往事。例如,我的吉本①装潢很精美的八卷米尔曼版本。这部书我曾一再阅读了30多年。我每次打开书本,都会闻到书页的香味,每次都会使我忆起当我把它作为奖品接受时的那个欢欣鼓舞的时刻。还有我的莎士比亚,伟大的剑桥版《莎士比亚全集》——它的气味把我带到更为遥远的往年。因为这些书属于我的父亲,在我还未长大到能够读懂此书之前,父亲经常作为对我的一种爱抚,准许我从书架上把它取下,让我恭恭敬敬地翻弄书页。该书现在闻起来与往时的气味完全一样。当我手握一卷时,心中便产生一种奇异的亲切感。正因如此,我不经常翻读莎士比亚的这个版本。我的眼力像以往一样好,我总是读环球社出版的《莎士比亚》。此书是在把购买此种书看做是过分奢华的日子里买来的,由于我牺牲了别的享受而购买此书,因此,我对这部书具有特殊感情。

"牺牲"——我用此字并非按照一般交际用语的含义,我购来的数十部书,所用的钱原本应当用于购买我们称之为生活必需品之类的那些东西。有很多次,我伫立于书摊前,或书铺窗前,究竟是满足智力上的需求还是满足身体上的需求,内心犯难不止。有时在饥肠辘辘,就要吃饭的时刻,我看到一部渴求已久的书而停步伫立,价格很便宜,我爱不释手;然而买了它,就意味着要饿肚皮。海因的《蒂布拉斯传》②便是在这样的时刻被我买到的。该书摊在古德乔街旧书摊上——从这个书摊的一大堆废旧物中,时常可以找到极其宝贵的珍品。该书的价格是6便士——只有6个便士!那个时候,我习惯在牛津路一间咖啡馆用午餐(当

---

① 英国史学家,著有《罗马帝国衰亡史》。

② 蒂布拉斯,公元前50~19年,罗马抒情诗人,写过有关爱情与自然的挽歌。

然这是我的正餐）。这间咖啡馆是一间地道的老咖啡馆。我想，像这样的咖啡馆现在可找不到了。当时我的口袋里只有6个便士——是啊，这是我在这世界上的全部财产；6便士可以买一盘肉与青菜。但我不敢期望《蒂布拉斯传》可以等候我到明天，到那时我会有一笔小小收入。我在行人道上慢慢地走着，用手指在衣袋内数着这些铜币，眼睛盯着书摊，两种欲望在心中较量。我终于买下了这本书带回家了。我一面用早餐剩下的面包牛油作午餐，一面用贪婪的眼睛盯着书页。

在这本《蒂布拉斯传》中，我发现在最后一页上有人用铅笔涂写了下列字样："1792年10月4日，柏列基记。"谁是这本书近100年前的主人？书中没有其他铭记。我喜欢作出如下想象：某个穷学究，像我一样贫穷与渴求学问的人，用自己的血汗钱购买了这部书，并像我一样爱不释手地阅读着它。这部书价值多少，我却很难说，心地仁爱的蒂布拉斯——你替我们留下了一个令人喜爱的诗人画像[1]，比罗马文学中任何别的诗人都更令人喜爱。下面即他的诗句：

> "或是在寂静的树林中缓步沉思，
> 想着那些配称为聪明、善良的人和事。"

其他很多拥塞于书架上的书也是用同样方式买来的。把书从书架上取下一本来，便意味着要开始回忆了——多么生动的回忆——回忆那次斗争与那些胜利。在那些日子里，对我来说，金钱并不代表什么，除了用以获得书本外，再没有什么值得我去关心的了。有些书是我极其需要的，比肉体的营养品更需要。当然我可以在大英博物馆读到它们。但作为我的私有财物，摆在我自己的书架上，我自己能拥有它，并握在手中，那可是两码事。有时我买了一本最破烂、最肮脏的书，书页被一些蠢人涂写玷污了，撕得破破烂烂的，沾满了墨水——无论怎样，我宁可读自己的烂书，而不喜欢读一本不属于我自己的书。有时候，我购书仅只为了自我放纵：一本书引诱了我，一本并非我真正需求的书，对我来说，购这样的书是一种奢华。如果稍为慎重一些，我当把它放弃的，例如，我的《俊·斯蒂林文集》（*Jung Stitling*）。我在好莱威尔街偶然看到此书，斯蒂林之名见于《真理与诗歌》一书[2]。俊·斯蒂林（1740~1817），德国作家，歌德的朋友。他的名字，我是熟悉的，当我翻阅书页时，我的好奇心越来越强烈了。但那一天我忍住不买。事实上是我当时拿不出那18便士。这说明当时我的确很穷。我两次徘徊经过那书摊，每一次我都对自己说："俊·斯蒂林这本书暂时不会有买主。"后来有一天，我袋内有钱了。我急急忙忙奔赴好莱威尔街（在当时我习惯每小时走5英里路），我看到与我

---

[1] 这个诗人即荷拉斯，公元前65~8年。

[2] 《真理和诗歌》后来命名为《诗歌与真理》，为德国诗人歌德（1749~1832）的自传，叙述其年轻时代的生活。

打交道的那个灰胡子小老头——他名字叫什么?——这个书贩,我相信,是一个天主教牧师,他具有牧师的尊严,他拿起那部书,打开书页,沉思片刻,然后瞟我一眼,说道,好像是在自言自语:"是呀,但愿我自己也有时间读此书。"

有时候,为了买书的缘故,除了节衣缩食,我还得当搬运工人。在靠近坡德兰特路火车站的一间小书铺,我发现了吉本著作的第一版本,书价高至不合理程度——我想是一卷一先令。为拥有这些印刷清晰的四开本书籍我得把大衣卖掉。事有凑巧,我身边带的钱不够,但在家中有足够的钱。我当时住在伊斯林顿。我同书店老板交代一下,便急行回家,取了现金,又步行回书店——抱着书从尤斯敦路西端走到伊斯林顿区的一条街,远远走过了守护神街。为买此书,我来回奔波——这是我一生中唯一的一次感觉到吉本的书有多沉重。这一回我为买书两次走下尤斯敦路,然后登上邦顿维尔,如果加上回来取钱则往返了三次。那是什么季节与气候,我可记不起来了;我从购得此书所得的欢乐,把别的想法都驱散了。只记得那书很重,我有无穷的精力,但我的筋肉并不强劲,最后一段路程结束时,我跌坐在交椅上,汗流浃背,软弱无力,腰酸背痛——可是心中却欣喜若狂。

有钱的人听完这个故事,是会吃惊的。我为何不叫书贩把书送到家中?如果我迫不及待,难道在伦敦大街上没有公共汽车吗?我怎样才能使这些有钱的人明白,当时我已无力再多出一个便士了。不,不,这种节省劳力的开支是我力所不及的。我享受的东西,实实在在,都是靠自己额头的汗水赚来的。在当时,我几乎从未乘坐公共汽车以代步。我曾在伦敦街道上一连行走了12~15个小时,从来不想出点运费从而节省自己的体力,或节约自己的时间。我穷得不可再穷了,有些事,我必须放弃,以车代步便是其中之一。

多年以后,我把吉本著作的第一版本以比购入价格为低的价钱出售了,还有很多对开本、四开本的好书也一起卖掉了。这是由于我经常不断地搬家,不能老是拖着它们一起搬。那个买书的人说:它们是"墓上的石头"。为什么吉本的书没有市场价值呢?卖掉这些四开本书,经常使我懊悔得心痛。读那精装的《罗马帝国衰亡史》多么够味啊!书页恰能陪衬主题的尊严性,只要看它一眼,也会令人神往。现在我要再买一部是很容易的事。但新购的书对我来说,不会如原书那样,带有昔日风尘与艰苦的回忆。

【秘鲁】里贝罗

白凤森 译

知识尘埃①

书籍最动人的流传形式是私人藏书。一间藏书屋，无疑是一个人精神家园的直观蓝图，他的个性、趣味、生命状态、灵魂深处的渴求，都可以在他的藏书中寻出蛛丝马迹。最悲哀的莫过于一个人的藏书随着主人的生命一同消失，这相当于让主人死了两次，而且这是不可逆转的私人藏书的一般命运。为什么许多学者名流遗嘱中都把藏书捐献给公共图书馆，其中也有完整保留自我、期待衣钵传人的私意吧。在这个故事里，一间能够代表一个时代"一个有教养的人应该掌握的全部知识"的藏书屋，几经转折，落在毫不相干、毫无文化的人手中，最终化作一屋子腐烂变质的知识垃圾。多少高贵的心灵魂飞魄散，多少光明的源泉干涸成泥。渴求藏书的人无缘接续一个前辈的心灵，与文化无缘的藏书占有者却可以轻易囚禁、扼杀一屋子的生命。这样一个现实故事，何尝不可以当做一个社会寓言来读？

里贝罗（1929年生），秘鲁小说家。

每天放学或课间休息的时候，我都要到华盛顿大街去站上一会儿，透过窗上的栅栏凝望着那座房子的灰墙，因为那里面严密地收藏着知识的钥匙。

从孩提时代起，我就知道那座房子里保存着我曾祖父的藏书。

我曾经听父亲说起过那些藏书，他为了那些书甚至把自己的身体累垮了，这件事情归咎于那次给藏书搬家。曾祖父在世时，那一万册图书一直放在圣灵街的家里。等他去世之后，子女们分了他的财产，而那部分藏书则留给了当大学教授的伯祖父拉蒙。

拉蒙娶了一位非常富有的太太，但是她不能生育，耳朵又聋，而且不通人情，使拉蒙一辈子都过得很不舒心。因为没有子女，在众多的甥侄当中，他特别偏爱我

---

① 选自罗洛编《当代世界名家散文》，上海教育出版社，1991年版。

父亲。这不仅意味着我父亲可望继承遗产，同时他也必须承担义务。因此，当需要把那些书籍从圣灵街往华盛顿街他家里搬的时候，事情自然就落到了我父亲的头上。

据父亲说，他整整用了一个月的时间才把那上万册书籍搬完。他得爬到很高很高的架子上面去，把书搬下来，装进箱里，运进另一所房子，再重新整理分类，而且所有这些工作都是在灰尘扑面、飞蛾乱舞的情况下完成的。书是搬完了，但他却一辈子也没有缓过劲来，但是这番辛劳是有报偿的。拉蒙伯祖父问我父亲："等我死的时候，你希望我把什么留给你？"父亲毫不犹豫地回答：

"你的藏书。"

拉蒙伯祖父健在时，我父亲经常到他家去读书。从那时起，他就和这笔总有一天会到手的财产厮守在一起了。曾祖父很博学，他收集了人文学科方面的大量书籍，所以，可以说，他的藏书汇集了19世纪末叶一个有教养的人应该掌握的全部知识。与其说我父亲是在大学里学有所成，倒不如说他是从那批藏书里接受到了更多的教益。他常说，坐在藏书室里的一把椅子上贪婪地阅读着随手拿来的书籍的时代，是他一生中最幸福的岁月。

然而，我父亲却注定永将得不到那笔宝贵财富。伯祖父死得很突然，没有留下遗嘱，所以藏书和其他财产一起都归了他的遗孀。另外，伯祖父拉蒙死在一个情妇家中，所以伯祖母对我们家，特别是对我父亲，一直怀着不解的仇恨。她根本不想见到我们，怀着满腔怨恨，独自躲在华盛顿街的房子里深居简出。过了几年之后，她把房子一封，就到布宜诺斯艾利斯和亲戚同住去了。当时我父亲经常到那栋房子前面徘徊，望着栅栏和封死的窗户，想象着依然摆在架子上而他尚未读完的书籍。

父亲去世后，我继承了他的强烈的心思和希望。我的一位前辈怀着深厚的感情购买、收集、整理、阅读、抚爱、享用过的书籍，竟成了一个既不关心文化又跟我们家没有关系的吝啬的老太婆的财产，在我看来，这简直就是犯罪。眼睁睁看着它们落到最不识货的人的手里，不过，我仍然相信公理永存，总有一天它们必将物归原主。

机会来了。我听说，伯祖母杳无音讯地在布宜诺斯艾利斯住了几年后，要到利马来待几天，了结一桩卖地的事情。她在玻利瓦尔饭店住了下来，我三番五次给她打电话，终于说服她同意见我一面。我希望她允许我从那些藏书中挑点书，哪怕是几本也好，因为，我本来想对她说："那些藏书原是我们家的。"

她在下榻的套间里见了我，还请我喝茶、吃点心。她的样子简直像一具木乃伊，但却搽着脂粉、穿珠戴翠，实在可怕得很。她实际上没讲话，但我猜得到，她从我身上看见了她丈夫、我父亲以及她所憎恶的一切事物的影子。我们一起待了十分钟，她从我嘴唇的动作中揣摩着我讲的话，明白了我那难以启齿的要求。她的回答毫无商量的余地，并且极其冷淡："她的东西"什么也到不了我们家里。

她回到布宜诺斯艾利斯之后不久就死了。她的亲戚继承了华盛顿街的那栋房子以及房里的所有东西，这样一来，藏书离我就更远了。实际上，那些书的命运必然是通过继承转户的渠道逐渐转到跟它们关系越来越小的人手里，他们可能是南方的乡巴佬，也可能是专营生产咸肉或从事鼠窃狗偷的布宜诺斯艾利斯无名之辈。

华盛顿街的房子继续封了一个时期。可是，继承它的人——莫名其妙，竟是阿雷基帕的一位医生——决定给它派点用场。由于房子很大，他就把它变成了学生公寓。我是偶然了解到这一情况的，当时我要从大学毕业了，并且由于不再抱任何幻想，不再到那座旧房子前面去打转转了。

一天，一个和我要好的外省同学邀请我到他家去同他一起准备考试。我万万没有料到，他竟把我带到了华盛顿街那栋房子里。我以为那是不怀好意的玩笑，可是他却说，他已经和五个同乡同学在那儿住了好几个月了。

我毕恭毕敬地走进房子，对周围的一切十分留意。门厅里有一位漂亮的太太，可能是公寓总管，我对她没有理会，只顾认真地察看里面的陈设，揣度着房间的布局，以便找到那些神奇的藏书。我没费力气就认出了我只是在家庭相册上见过的沙发、靠壁桌、绘画和地毯。不过，那些在相片上显得庄重和谐的器物，全都遭到了破坏，好像已经失去固有的光彩，而变成了一堆不明来历也不知其用途的被人淘汰和糟蹋了的破桌烂椅。

"我的一个伯祖父在这儿住过。"我对我的朋友说。他看见我望着一个大衣架出神，已经显出有些不耐烦的样子，可是那个从前用来挂翻皮大衣、外套和帽子的衣架，现在却挂着掸子和抹布。"这些家具过去是我家的。"

他对我的表白几乎没有引起任何反应，只是催我到他房间去准备功课。我跟着他去了，但注意力却集中不起来。我的想象继续在这幢房子里漫游，搜寻着那些看不见的书籍的踪迹。

"喂，"我终于忍不住对他说，"开始学习之前，你能告诉我藏书在什么地方吗？"

"这儿没有什么藏书。"

为了使他相信，我就告诉他说：一共有一万册大部分从欧洲订购来的书籍，是我曾祖父收集起来的，我伯祖父拉蒙拥有并保管过，我父亲拿过、并且还读过很多书。

"我在这房子里从未见到过一本书。"

我不信，由于我坚持自己的说法，他告诉我也许医学系学生的房间里可能有一点儿，不过他从来没到那边去过。我们去到了几个房间，但只找到了一些破烂家具、扔在屋角的脏衣服和病理学讲义。

"那些书总得放在什么地方啊！"

像大多数外省的学生一样，我的朋友野心勃勃，而且粗鲁得很，对我提出的问题毫无兴趣。可是当我告诉他，里面可能有一些极其珍贵的法学书籍对我们准备考试非常有用之后，他就决定去问问唐娜·玛露哈。

唐娜·玛露哈就是在我进门时见到过的那个女人，而且我没有搞错，正是她在管理着公寓。"噢，书呀！"她说，"可费了我的事了！有满满三屋子，全是老古董。三、四年前我接管公寓时，真不知该拿它们怎么办才好。我不能把它们扔到街上去，会被罚款的。我不得不雇了两个人把它们搬到原来仆人住的房子里去了。还不得不雇了两个人呢！"

仆人的房间在后院。唐娜·玛露哈把钥匙交给了我，并说如果我愿意把书搬走，真是再好不过了，这样的话，那几间房子就可以腾出来了。当然，她只是说说笑话而已，要想搬走，我得要一辆卡车，一辆不行的话，还得好几辆。

在开锁之前，我迟疑了一下。我早就料到等待着我的会是什么情景。我把钥匙插进锁孔，门刚打开，一大堆发霉的纸就呈现在了我的眼前。水泥地上，到处都是烂书皮和虫蛀的书页。要进那间房子，走是不行的，必须爬。书几乎一直堆到了天棚。我开始向上爬去，并且觉得手、脚都在向一种像灰尘似的松软的东西里面陷下去，刚要伸手去抓，立刻就散了开来。有时也会踩到某种硬东西，抽出一看，原来是皮革书皮。

"快出去吧！"我的朋友对我喊道，"你要得癌的。那里全是病菌！"

但是，我没有泄气，继续惊恐而愤怒地攀登着那座知识的山峰，但最后还是不得不改变初衷。那里除了知识尘埃之外，已经什么都不剩了。我朝思暮想的藏书已经变成了一堆垃圾。由于年深日久，无人问津、照管、爱护和使用，所有的稀世珍本全都被虫子蛀蚀或者自己腐烂了。多少年前曾经阅读过这些书籍的人已经长眠地下，但是却没有人接他们的班。所以，一度曾是光明和乐趣源泉的东西，现在已经化成一堆毫无用处的粪土。我好不容易才发掘出了一本犹如史前珍禽异兽的骨头一样奇迹般保存完好的法文书。其余的全都泯灭了。正像拿破仑的帽子放在博物馆的玻璃柜里，其实要比它的主人更加没有意义。

【中国】王梓坤

林黛玉的学习方法①

　　一个好读者，应该有自己喜欢的作家。初学者的功课之一，就是寻找到自己喜爱的作家。寻找的过程，先要大开眼界，广泛涉猎，有比较才有鉴别，不要过早地固定了自己的阅读趣味——阅读中的"早恋"也是不可取的。选中目标之后，才好"山盟海誓"，用掘井出水的功夫，读出个性，读出底气。林黛玉向香菱推荐的学诗之道，就是"山盟海誓"法——把王维、陶渊明等名家啃个烂熟，赚得锦心绣口，何愁不成诗翁？少年立大志，宜从读几本"大书"起步。有阅读兴趣的青年学子，不可滥用自己的兴趣，要学会亲近名著，养成一个好的读书品位。读科学名著，也跟读文学名著一样，选准对象之后，穷追不舍、死缠烂打，最终将高深的知识据为己有，求学问道的一生，从此奠基。

　　王梓坤（1929年生），数学家，中国科学院院士。本文选自他于1978年出版的科普读物《科学发现纵横谈》，这是当时非常畅销的青年读物。

　　我国著名古典小说《红楼梦》第四十八回讲了一个故事：香菱向黛玉请教如何做诗，黛玉说："我这里有《王摩诘全集》，你且把他的五言律一百首细心揣摩透熟了，然后再读一百二十首老杜的七言律，次之再李青莲的七言绝句读一二百首；肚子里先有了这三个人做了底子，然后再把陶渊明、应、刘、谢、阮、庾、鲍等人的一看，你又是这样一个极聪明伶俐的人，不用一年工夫，不愁不是诗翁了。"诗来源于生活，林黛玉的这种学诗方法当然是片面的，作家应该深入到实际中去，才能找到诗的不竭的源泉。如果是为了继承古代诗歌的优秀传统，并从前人的创作中吸取经验，她的意见却有可取之处。

　　林黛玉的学习方法，对初学自然科学的人也有参考价值。现代科学，面广枝繁，不是一辈子学得了的。唯一的办法是集中精力，先打破一缺口，建立一块或几

---

①选自王梓坤《科学发现纵横谈》，上海人民出版社，1978年版。

块根据地，然后乘胜追击，逐步扩大研究领域。此法单刀直入，易见成效。宋朝的黄山谷也发表过类似的见解，他说："大率学者喜博而常病不精，泛滥百书，不若精于一也。有余力，然后及讲诸书，则涉猎诸篇，亦得其精。"

要建立研究据点，必须认真学好最基本的专业知识。在一个或几个邻近的科学领域内，下苦功夫精读几本最基本的、比较能够照顾全面的专业书。这些书应该慎重挑选，最好是公认的名著或经典著作。有些好书，读时虽很费力，读懂了却终生受益。达尔文非常爱读赖尔的名著《地质学原理》，并以此书作为考查工作的理论指导，从中得到不少启发。书不能太少，太少则行而不远；也不能贪多，贪多则消化不良，容易沦为别人的思想奴隶。精读应循序渐进，扶摇直上，有如登塔，层层上升，迅速接近顶端。切忌贪多图快，囫囵吞枣，否则势必根基不稳，患上先天贫血症。另一方面，也不要老读同一类书，以免长久停留在一个水平上，作平面徘徊，劳而少功。最好请有经验的人，帮助订一个学习计划，确定学习科目、书名、顺序和进度。

如何攻读经典名著？初读时要慢、细、深，一步一个脚印，以便深入掌握这门学科的基本知识和体会其技巧、思路和观点。强迫自己读慢、读细、读深的一个好方法是做笔记、做习题或做实验。我们的思想常常急于求成，用这种方法可以控制自己。细读第一遍后，留下许多问题，读第二遍时会解决一些，同时又可能发现一批新问题。如此细读几遍，到后来便越读越快，书也越读越觉得薄了。这时可顺读，可反读，也可就一些专题读。顺读以致远，反读以溯源，专题读则重点深入以攻坚；三种读法，不可或缺。如是反复，最后才能提要钩玄，得其精粹。到了这时，绝大多数问题已经解决，留下少数几个，往往比较深刻，不妨锲而不舍，慢慢琢磨。这时我们面临着攻坚战，这几个难题成了攻坚对象。不要指望一两天就能成功，需要的是坚持、顽强和拼命精神。白天攻，晚上钻，梦中还惦着它们。"此情无计可消除，才下眉头，却上心头"，"忆君心似西江水，日夜东流无歇时"，反正不攻下来就没个完。这样搞他几个月，不信一点也搞不动。到最后可能还剩下极少数顽固分子，那就转入持久战，时时留心，处处注意，一旦得到启发，就可一通百通，有的甚至可以成为新的起点，导致新的发现。因此，深刻的问题，怕无而不怕有，嫌少而不嫌多。学问、学问，学与问本来就是同一事情的两个方面，是矛盾的两个组成部分，相辅相成，对立而又统一。在最后的攻坚战中，勤学多问，向一切有经验的人学习，坚信"科学有险阻，苦战能过关"，这对解决难题是十分重要的。

当然，只有那些十分重要、高水平而又艰深的著作，才值得如此努力；至于一般的书，那就只需一般读之。

【瑞士】黑塞

杨武能 译

获得教养的途径①

　　读书就是读自己。其一：读什么书，成什么人。书籍潜移默化地塑造了你的人格，所以，要成为第一流的人，就不要习惯于读第三流的书。其二：读文学名著，就是寻求灵魂的伴侣。认识身外的世界，体验别人的生活，最终是为了成就自我，所以说，读名著是人们获得教养的最佳途径。黑塞（1877～1962）有诗："世界上的一切书本，不会有幸福带给你，可是他们秘密地叫你，返回到你自己那里。"（《书》，钱春绮译）众多的文学名著其实与我们的现实生活息息相通，因为他们用不同的声音表达着人类普遍的愿望、梦想、痛苦和幸福，是"由千百种矛盾的表情神奇地统一起来的人类的容颜"。

　　真正的修养不追求任何具体的目的，一如所有为了自我完善而作出的努力，本身便有意义。对于"教养"也即精神和心灵的完善的追求，并非是向某些狭隘目标的艰难跋涉，而是我们自我意识的增强和扩展，使我们的生活更加丰富多彩，享受更多更大的幸福。因此，真正的修养一如真正的体育，同时既是完成又是激励，随处都可到达终点却从不停歇，永远都在半道上，都与宇宙共振，生存于永恒之中。它的目的不在于提高这种或那种能力和本领，而在于帮助我们找到生活的意义，正确认识过去，以大无畏的精神迎接未来。

　　为获得真正的教养可以走不同的道路。最重要的途径之一，就是研读世界文学，就是逐渐地熟悉掌握各国的作家和思想家的作品，以及他们在作品中留给我们的思想、经验、象征、幻象和理想的巨大财富。这条路永无止境，任何人也不可能在什么时候将它走到头；任何人也不可能在什么时候将哪怕仅仅只是一个文化发达的民族的全部文学通通读完并有所了解，更别提整个人类的文学了。然而，对每一部思想家或作家的杰作的深入理解，却都会使你感到满足和幸福——不

---

　　① 选自《大学活叶文库》第7辑，华东师范大学出版社，1998年版。

是因为获得了僵死的知识，而是有了鲜活的意识和理解。对于我们来说，问题不在于尽可能地多读和多知道，而在于自由地选择我们个人闲暇时能完全沉溺其中的杰作，领略人类所思、所求的广阔和丰盈，从而在自己与整个人类之间，建立起息息相通的生动联系，使自己的心脏随着人类心脏的跳动而跳动。这，归根到底是一切生活的意义，如果活着不仅仅为了满足那些赤裸裸的需要的话。读书绝不是要使我们"散心消遣"，而是要使我们集中心智；不是要用虚假的慰藉来麻痹我们，使我们对无意义的人生视而不见，而是正好相反，要帮助我们将自己的人生变得越来越充实、高尚，越来越有意义。

世界文学的辉煌殿堂对每一位有志者都敞开着，谁也不必对它收藏之丰富望洋兴叹，因为问题不在于数量。有的人一生中只读过十来本书，却仍然不失为真正的读书人。还有人见书便生吞下去，对什么都能说上几句，然而一切努力全都白费。因为教养得有一个可教养的客体作前提，那就是个性或人格。没有这个前提，教养在一定意义上便落了空，纵然能积累某些知识，却不会产生爱和生命。没有爱的阅读，没有敬重的知识，没有心的教养，是戕害性灵最严重的罪过之一。

当今之世，对书籍已经有些轻视了。为数甚多的年轻人，似乎觉得舍弃愉快的生活而埋头读书，是既可笑又不值得的；他们认为人生太短促、太宝贵，却又挤得出时间一星期去泡六次咖啡馆，在舞池中消磨许多时光。是啊，"现实世界"的大学、工场、交易所和游乐地不管多么生气蓬勃，可整天呆在这些地方，难道就比我们一天留一两个小时去读古代哲人和诗人的作品，更能接近真正的生活么？不错，读得太多可能有害，书籍可能成为生活的竞争对手。但尽管如此，我仍然不反对任何人倾心于书。让我们每个人都从自己能够理解和喜爱的作品开始阅读吧！但单靠报纸和偶然得到的流行文学，是学不会真正意义上的阅读的，而必须读杰作。杰作常常不像时髦读物那么适口，那么富于刺激性。杰作需要我们认真对待，需要我们在读的时候花力气、下工夫……

我们先得向杰作表明自己的价值，才会发现杰作的真正价值。

每一年，我们都看见成千上万的儿童走进学校，开始学写字母，拼读音节。我们总发现多数儿童很快就把会阅读当成自然而无足轻重的事，只有少数儿童才年复一年，十年又十年地对学校给予自己的这把金钥匙感到惊讶和痴迷，并不断加以使用。他们为新学会的字母而骄傲，继而又克服困难，读懂一句诗或一句格言，又读懂第一则故事，第一篇童话。当多数缺少天赋的人将自己的阅读能力很快就只用来读报上的新闻或商业版时，少数人仍然为字母和文字的特殊魅力所风魔（因为它们古时候都曾经是富有魔力的符号和咒语）。这少数人就将成为读书家。他们儿时便在课本里发现了诗和故事。但在学会阅读技巧之后并不背弃它们，而是继续深入书的世界，一步一步地发现这个世界是何等广大恢宏，何等气象万千和令人幸福神往！最初，他们把这个世界当成一所小小的美丽幼儿园，园内有种着郁金香的花坛和金鱼池；后来，幼儿园变成了城里的大公园，变成了城市和国家，变成了一个洲乃至全世界，变成了天上的乐园和地上的象牙海岸，永远以新的魅力吸引着他们，永远放射着异彩。昨天的花园、公园或原始密林，今天或明天将变为一座庙堂，一座有着无数的殿宇和院落的庙堂；一切民族和时代的精神都聚集其中，都等待着新的召唤和复苏。对于每一位真正的阅读者来说，这无尽的书籍世界都会是不同的样子，每一个人还将在其中寻觅并且体验到他自己。这个从童话和印第安人故事出发，继续摸索着走向莎士比亚和但丁；那个从课本里第一篇描写星空的短文开始，走向开普勒或者爱因斯坦……通过原始密林的路有成千上万条，要达到的目的也有成千上万个，可没有一个是最后的终点，在眼前的终点后面，又将展现出一片片新的广阔的原野……

　　这儿还根本未考虑世界上的书籍在不断地增多！不，每一个真正的读书家都能将现有的宝藏再研究苦读几十年和几百年，并为之欣悦无比，即使世界上不再增加任何一本书。我们每学会一种新的语言，都会增长新的体验——而世界上的语言何其多啊！……可就算一个读者不再学任何新的语言，甚至不再去接触他以前不知道的作品，他仍然可以将他的阅读无休止地进行下去，使之更精、更深。每一位思想家的每一部著作，每一位诗人的每一个诗篇，过一些年都会对读者呈现出新的、变化了新的面貌，都将得到新的理解，在他心中唤起新的共鸣。我年轻时初次读歌德的《亲和力》只是似懂非懂，现在我大约第五次重读它了，它完全成了另一本书！这类经验的神秘和伟大之处在于：我们越是懂得精细、深入和举一反三地阅读，就越能看出每一个思想和每一部作品的独特性、个性和局限性，看出它全部的美和魅力正是基于这种独特性和个性——与此同时，我们却相信自己越来越清楚看到，世界各民族的成千上万种声音都追求同一个目标，都以不同的名称呼唤着同一些神灵，怀着同一些梦想，忍受着同样的痛苦。在数千年来不计其数的语言和书籍交织成的斑斓锦缎中，在一些个突然彻悟的瞬间，真正的读者会看见一个极其崇高的超现实的幻象，看见那由千百种矛盾的表情神奇地统一起来的人类的容颜。

【英国】伍尔夫

刘炳善 译

一个人应该怎样读书？ ①

读书没有铁定的规则，那些有关读书的种种劝诫，不过是各有心得的读者的经验之谈。因而，作为普通读者，最可贵的是有自己的独立意识——建立个人的审美趣味、鉴别和判断能力。伍尔夫（1882~1941）以作家和学者的身份，向求学者提出自己的经验之谈：读书要敞开心扉。比如读小说，读者要有大胆的想象力，进入作者设计的场景和故事，这样，我们才有机会游历芸芸众生的百态人生，从而丰富自身。读传记，则如同去按名人家的门铃，把他们真实的生活和作品中虚构的生活对比着看，一定别有趣味。相对小说，诗歌似乎没有时空的隔阂，"诗人总是我们的同时代人"，因为他用语言直接表达心灵，而无论古今中外，人的心灵总是相通的。身为普通读者，有许多值得自豪之处，他可以随心所欲地阅读，他可以直率地评说作品，他享受纯粹的读书乐趣——上帝也找不到比这更好的奖励了。而且，普通读者还无意中身负着造就作家的"使命"：读者的层次决定着作家的层次，如果我们希望有好作家出现，自己要先做一名好读者。

首先，我要请大家特别注意我这个题目末尾的问号。对于这个问题，即使我能为我自己做出回答，这个回答也只适用于我自己而不适用于你们。因此，关于读书方面，一个人能对另一个人所提出的唯一劝告就是：不必听什么劝告，只要遵循你自己的天性，运用你自己的理智，作出你自己的结论，就行了。如果我们之间在这一点上能取得一致意见，我才觉得自己有权利提出一些看法或建议，因为你们决不会允许它们去束缚你们自己的独立性，而这种独立性才是一个读者所拥有的最重要的品质。因为，说到底，对于书能制定出什么规律呢？滑铁卢之战是在哪天打的——这件事能够肯定。但是，《哈姆雷特》这个戏是不是比《李尔王》更好呢？谁也说不了。对这个问题，每个人只能自己给自己拿主意。要是把那些身穿厚

---

① 选自刘炳善译《伦敦的叫卖声》，三联书店，1997年版。此文为作者根据自己1926年在英国肯特郡的一个女子学校的讲演大加修改后写成的。收入其《普通读者二集》。有删节。

皮袍、大礼服的权威专家们请进我们的图书馆，让他们告诉我们读什么书、对于我们所读的书估定出什么样的价值，那就把自由精神摧毁了，而自由精神才是书籍圣殿里的生命气息。在其他任何地方我们都可以受常规和惯例的束缚——只有在这里我们没有常规惯例可循。

但是，要享受自由，我们当然也得对自己有一定限制。我们不能徒劳无益地、愚昧无知地浪费掉自己的精力，为了给一个玫瑰花坛浇水，把半个宅子全喷洒得精湿。我们必须在当场准确有力地培养自己的能力。但是，很可能，这就是我们在图书馆里首先要面对的一个难题。"当场"是什么呢？猛然看起来很可能不过是杂七杂八的一大堆。诗歌和小说，历史和回忆录，词典和蓝皮书；各种性情、各种民族、各种年龄的男人和女人用各种文字所写的书全拥挤在架子上。屋外驴子在嘶叫，妇女们在抽水机旁聊天，马驹在田野上奔跑。我们从哪里开始呢？我们怎样才能把这数量巨大的混沌一团理出一个头绪，以便从我们所读的书里获得最深刻、最广泛的乐趣呢？

说起来好像很简单：既然书有种种类别（小说、传记、诗歌），我们只要把它们分门别类，找出各自理应给予我们的东西就行了。但是很少有人向书要求它们能给予我们的东西。我们读书的时候，想法常常是模糊不清和自相矛盾的：我们要求小说一定要真实，诗歌一定要虚假，传记一定要把人美化，历史一定要加强我们的偏见。在我们读书的时候，如果我们能够先把这一类的成见全都排除干净，那就是一个值得赞美的开端。不要向作者发号施令，而要设法变成作者自己。做他的合作者和同伙。如果你一开始就退缩不前、持保留态度并且评头论足，你就是在阻止自己、不能从你所读的书中获得尽可能丰富的意蕴。但是，只要你尽可能宽广地坦开你的心胸，那么书一开头的曲曲折折的句子中那些几乎察觉不出的细微征兆和暗示，就会把你带到一个与任何人都迥然不同的人物面前。沉浸于这些东西之中，不断熟悉它们，很快你就会发现作者是在给予你，或者试图给予你，某种远远更为明确的东西。

这时候，我们不仅是面对着作者这一个人，笛福、奥斯丁或者哈代，而且是在一个与众不同的世界里生活。譬如说，在《鲁滨孙漂流记》中，我们像是行走在平坦的大路上；事情一件接一件发生；细节和细节的顺序——这就是一切。但是，如果露天和冒险对于笛福意味着一切的话，它们对于奥斯丁可就毫无意义了。她的世界是客厅，是谈话的人们，是通过他们谈话的多种映照显示出的人们的种种性格。而当我们习惯于客厅生活及其种种印象之后，刚一走向哈代，我们又被旋转到了相反的方向。我们四周是荒野，我们头顶上是星辰。心灵的另一面这时也暴露出来了——在孤独之中阴暗面占了上风，而不是在交际场合里所显示的光明面。我们现在所要面向的不是人与人的关系，而是人与大自然和命运的关系。然而，尽管这种种世界如此不同，每个世界又是自有天地、和谐一致的。每一个世界的创造者都小心翼翼地遵守着他自己的视角规律，所以，不管他们对我们的理解力造成了多么沉重的负担，他们总不会像有些小作家那样使我们迷惑不解，因为小作家常常在一部小说里引进了不同种类的现实。这样，从这一个大小说家到另一个大小说家那里去——从奥斯丁到哈代，从皮考克①到特罗洛普②，从司各特到梅瑞狄斯③——就好像是被揪着连根拔起来，先向这个方向再向另一个方向抛扔。读一部小说是一门困难而复杂的艺术。如果你打算利用小说家（伟大的艺术家）所能给予你的一切东西，你就必须不仅具备极其精细的感知能力，而且具备非常大胆的想象力。

但是，瞥一眼架子上那些品类不齐、乱七八糟的书本，就可以告诉你作者很少是"伟大的艺术家"；而且，通常的情况很多书压根儿就不是文艺作品。例如，那些跟小说和诗歌打头碰挤在一起的传记和自传，那些大人物的传记，那些早就死去并且已经被忘记了的人们的传记，难道因为它们不是"文艺作品"，我们就可以不读它们了吗？或者说，我们仍然要读它们，只是用不同的方法、带着不同的目的去读呢？打比方说，傍晚时分，我们徘徊在一所住宅门前，这时灯火已经点亮，窗帘尚未拉下，宅子里每一层楼房都向我们显示出人生的一个断面，我们的好奇心油然而生——难道我们不可以首先用满足这一类好奇心的态度去读传记吗？在这种时候，我们对于这些人的生活充满了好奇心：他们家的仆人们正在闲聊，绅士们正在用餐，一位姑娘正在打扮自己去参加晚会，一位老太太正坐在窗口编织东西。他们是谁？他们是何等样人？他们叫什么名字？他们的职业是什么，有些什么样的思想和经历？

传记和回忆录正是回答如此这般的问题，把许许多多这样的住宅照亮；它们向我们显示人们如何进行他们的日常事务，辛苦工作，失败，成功，吃喝，憎恨，热爱，直到死亡。

……如此看来，只消从这个朋友到那个朋友，从这个花园到那个花园，从这个宅院到那个宅院，我们就等于从英国文学的这一头走到那一头，而且常常会猛然醒悟，发现在眼前又回到了老地方——要是我们还能把眼前这一时刻跟从前所有已经消逝的时刻区分清楚的话。那么，这也就可以当做我们阅读传记和书信的一种方法；我们可以用它们来照亮过去时代的许许多多窗口；我们可以看看那些早已死去的名人在日常生活中有哪些习惯，有时候还可以设想：我们既然和他们这样接近，说不定能意外发现他们的什么秘密；我们还可以抽出他们所写的一部剧本或者一首诗，看看当着作者的面把它读一读会产生什么不同的效果。

---

① 托马斯·拉夫·皮考克（1785~1866），英国小说家和诗人，雪莱的朋友。

②③ 英国小说家。

但是，我们也可以带着另外一种目的来读这一类的书籍，不是为了阐明文学作品，也不是为了熟知那些名人，而是为了提高和锻炼我们自己的创造能力。在书架的右边不是有一个打开的窗户吗？停止阅读、向窗外看一看该是多么愉快！那景致，正因为它那无意识、它那无关联、它那永远的变动不居，又是多么令人鼓舞：几匹马驹在田野上绕着圈子奔跑，一个女人在井边往她的水桶里装水，一头驴子把头高高仰起、发出长长的刺耳悲鸣。任何图书馆里大部分的书籍不过就是像这样的男人们、女人们和驴子们生活中短暂瞬间的记录罢了。任何文学，一旦过时，总会积累起它的废旧书堆，总会留下它那用已经老化的、颤抖无力的语言对于已消逝的时代和被忘却的世事所作出的记录。但是，如果你有兴致沉浸于阅读废旧书籍，你就会对于那些已被摈弃、任其腐烂的人世生活陈迹感到震惊，甚至被它们所折服。那也许是一封信——但它描绘出什么样的一幅图像！那也许只是几句话——但它们使人联想到什么样的一种远景！

窗外的马驹在田野上绕圈子奔跑、一个女人在井边往她的水桶里装水、一头驴子在嘶鸣，这时候，偶尔翻翻这些废旧书堆，从遥远的往昔岁月中扒拉出几个指环、几把剪子或者几只打破的鼻子，又是多么引人入胜啊！

但是我们终究会对读废旧书籍厌倦的。它们所能提供给我们的只是事实材料，而事实材料乃创作中的低级形式。因此，我们就产生了一种愿望，要结束这种不完全表现和近似估计，要停止搜寻人类性格中的细微差别，而要享有更大程度上的抽象，享有创作中更纯粹的真实。因此，我们就创造出那种情境，强烈而具有共性，不注意细节，而用某种有规律并反复出现的节拍来强调气氛，它的自然表现形式就是诗歌；当我们几乎能够写诗之时，也正是阅读诗歌的好时候。

> 西风啊，你什么时候才刮？
> 好让小雨轻轻落下。
> 我的爱何时回到我的怀抱？
> 我好安卧在自己的床榻。①

诗歌的冲击力是强烈而直截了当的，在那片刻之间，除了为这首诗所感动之外再也不会有任何其他感觉。我们一下子就投入了何等深邃的境界！没有什么东西能够抓住；也没有什么东西阻挡我们的飞翔。小说给人的幻觉是逐渐形成的；小说的效果是有心理准备的。但是，当人们读这四行诗的时候，谁还会停下来问一问诗是谁写的，或者在心里想起邓恩的家或者锡德尼的秘书，再不然，把这四行诗卷入纷纭复杂的往昔岁月和连续不断的世代交替中去呢？诗人永远是我们的同时代人。初读诗的一瞬间，我们的身心是集中的、紧缩的，就像个人感情受到

---

① 英国16世纪一无名诗人的诗。

猛烈冲击时那样。但是，后来，那感触才像水波涟漪似的扩大着圈子在我们的心里展开，以至延伸到遥远的含意；于是开始了理性的探索和评论，我们也意识到回声和反射。强烈的诗情能覆盖广大的感情领域。我们只用比较一下，先体会下面两行诗中开门见山的力量：

> 我要像一棵树似的倒下，找到自己的坟地，
> 万事皆空，只把我的悲痛回忆。①

再品味下面这段诗中抑扬顿挫的韵律：

> 在沙漏中，分分秒秒的时间
> 都用沙粒的沉落来计算；
> 我们的一生眼看白白过去，
> 时光在狂欢中耗尽，走向坟墓，
> 到头来，一切都在悲哀中结束；
> 人，厌倦了放荡胡闹，回了家，
> 一面叹气，一面细数着黄沙，
> 沙粒落尽，长眠结束了灾难生涯。②

再看看这段诗中宁静沉思的情调：

> 无论我们年轻或年老，
> 我们的命运，我们生命的中心和归宿
> 都是，而且只能是，与无限同在；
> 也与那永远不死的希望同在，
> 还有努力、渴望和期待，
> 那努力，它永远存在。③

把它和这四行十足完美、无限可爱的诗句放在一起：

> 看，巡行的月儿升上高空，
> 无挂无碍，　哪里也不留停，
> 她轻轻柔柔地上升，

---

① 莎士比亚同时代剧作家波蒙与弗莱彻合著的剧本《少士的悲剧》（1619）中的台词。
② 英国剧作家约翰·福特的剧本《情人愁》（1628）中的台词。
③ 英国诗人威廉·华兹华斯的长诗《序曲》第四部中的一段诗。

陪伴她的只有一两颗星星。①

或者，再比较一下这种光彩夺目的想象：

此人出没于森林，
信步漫游，一直不停，
猛然看，密林之中，
一片火海正在燃烧，
冉冉卷起一片火苗，
他灵机一动，想道：
番红花开放在树梢。②

现在，就让我们想一想诗人的多姿多彩的艺术手法；想一想他那使我们既做演员又做观众的能力；想一想他那熟谙人物性格、既创造出福斯塔夫又创造出李尔的能力；想一想他那既会压缩又会扩大、展示的能力吧。

随着时间的推移，我们也许可以培育一下我们的趣味，使它接受某种制约。当它已经贪婪而杂乱地吞吃过各种各样的书籍——诗歌，小说，历史，传记——然后停止阅读，而渴望着在活生生的世界的多样性和不协调之上寻求辽阔的空间，这时，我们就会发现它有点儿变了，它不是那么贪婪了，而是更注意思考了。

我们作为读者，仍然具有我们自己的责任甚至重要性。我们所树立的标准、我们所做出的判断，悄悄散入空中，变成了作家们工作时所呼吸的大气层。我们创造出一种感应力，尽管它不能出现在书刊版面上，却仍然影响着作家们。特别是现在，由于必然的原因，文学批评还处于不稳定状态，读者的感应力，只要它是有文化教养的、生气勃勃的、富有特色和真心实意的，就会有重大价值。因为，现在书籍接受评论，就像打靶场上排队走过的动物，批评家只消花费一秒钟去装子弹瞄准，然后向它们射击，所以，他即使把野兔当做老虎、把鹰当做谷仓里的鸡，或者全打偏了，把他的弹药全浪费在远处田野上一头正在安静吃草的母牛身上，我们也可以原谅他。如果除了报刊上这种不准确的炮火射击之外，作家能感觉到还有另外一种评论，那就是普通读者的舆论——他们只是为了爱读书而读书，不慌不忙地读、非专业性地读，他们的判断有时带着很大的同情，有时又非常严厉——难道这不能帮助作家提高工作质量吗？如果通过我们这种办法能使书籍变得更健全有力、更充实、更丰富多彩，达到这种目的也就很值得努力了。

然而，谁读书又是为了达到什么期望的目的呢？我们所不断追求的某些事业

---

① 英国诗人柯勒律治的长诗《古舟子咏》中的诗句。

② 出处不详。

本身不就是有益的吗?乐趣不就是最终目的吗?读书不就是一种这样的事业吗?至少,我有时就梦见过:最后审判日来临,那些征服者、大官、政治家都来接受他们的奖赏——他们的冠冕、他们的桂冠、他们雕刻在大理石上的永垂不朽的名字,这时,当万能的上帝看见我们胳肢窝里夹着我们心爱的书本走过来了,他转过身去,不无妒忌地对圣彼得说:"看,这些人不用奖赏。我们在这里没有什么东西好给他们。他们爱好读书。"

修订版后记

关于《青春读书课》

《青春读书课》缘起于我在深圳市育才中学开设的一门选修课。时值1999年，当时可能是中国内地中学开设的第一个成系列的语文选修课。原本定位于人文精英课程，由于得到众多学子的喜爱，于是校方慷慨决定印制教材。开课的同时，教材陆续印制出来，并且不胫而走，成为一套民间流传的人文读本，引发了网友和媒体的关注。2003年，百年老店商务印书馆出版了这套教材，《青春读书课》遂成为公共话题。有教育学者认为"青春读书课"这几个字就有很高的时代价值；香港媒体称之为新中国成立后"第一部私人编著的语文教材"；联合国教科文组织的有关人员表示要向海外推广；中国关心下一代工作委员会、中央电视台、深圳读书月等机构将此书列为推荐书目；中语会专设"课外语文"课题组持续研究推广相关理念；国内上百所中学选择作为语文课校本教材正式开课；更多的学校推荐为学生常备课外阅读书籍；甚至有一些大学和小学分别选用其中的某卷作为教材。

关于读本的编辑理念，早已向芸芸媒体告白，不再饶舌。

《青春读书课》人文读本，一套7卷14册，近500万字，导读文字就有40多万字。十年磨一剑，"上穷碧落下黄泉，动手动脚找东西"。在这个漫长而快乐的岁月中，仿佛与自己心仪的古今中外的人杰约会了一遍。有的匆匆而过，有的侃侃而谈，有的悄声细语……我遥望他们远去的背影，期待着以后的再次约会；我记住了其中一些深情凝注的眼神，一些万语千言的叮咛，一些柔肠寸断的长叹，一些热血沸腾的激情……这些高贵的灵魂，将继续滋养我的生命，因为有了他们，我的人生才不虚此行，并且幸运的是，通过我，给中国孩子们的健康成长，传递着巨大的柔情。

孩子们的反馈是对我的最大激励。深圳南山外国语学校初一学生丁梦琪给我来信："严老师：我是你的书的新读者，我今天读了你的《成长的岁月》，真是激动得想跳楼。真是太好看了！！！！"我回信："非常理解你阅读时的欣喜之情，老师编读本的目的，就是让大家好好活。"深圳大学一位学生偶然读到《白话的中国》，其中尖锐的思想刺激得他彻夜难眠，第二天跑来自费购买十余册，说是要送给他的同学好友，让朋友们能够在一个共同的精神层面对话。我的学生赵真、高薇等留学国外，在超重的行囊里，依然塞着读本，一份关爱伴随游子走四方。

学生的评价是最本真、最重要的。请允许我引用几句他们的感言：

杨建梁：青春读书课，可以说是一门给你自由、教你自由的课。

程羽博：原来精神也有家园，也需要归宿。于是，我也开始寻找并构筑属于自己的精神家园。这一切从《白话的中国》开始。

于乐实：每次上完读书课，都会有一种海阔天空的感觉……

谢予：在读书课上，我肯定了许多问题的价值，文学的价值，思考的价值，想象的价值，而在以前，我都是有所怀疑，或是轻视的。

南昌外国语学校是最早引进《青春读书课》教材开设选修课的学校之一，听听这些可爱的声音：

唐嘉辰：年轻的心是躁动的，本以为没有任何事物可以制服它，遇到了《青春读书课》，它却出乎意料地平静了下来，滤去一切繁杂。我们真的沐浴在中国文化的精髓中，我甚至站在了前人文化的高峰上看中国的文化遗产……

钟鸣：这里没有陈腔滥调的教化，没有任何强制接受的压迫，毫不经意之中，实现了思想的交流、沟通和碰撞。站在此处再回首，蓦然发现思想真的可以如苍鹰般展翅飞翔。而《青春读书课》就是将我们送上天空的风。当我们的灵魂一次一次地经受洗礼与升华之后，我看见了自己稚气未脱的脸庞上那无比坚毅与坚定的目光。

肖旭：《青春读书课》是对我青春生命的救赎。

因为《青春读书课》，听到许多志同道合的声援，体会到"道不孤，必有邻"。早在读本正式出版之前蛇口工业区的创始人袁庚先生，看到读本后约我见面，并流利地背诵韩翰咏叹张志新的短诗："她把带血的头颅，放在生命的天平上，让所有的苟活者，都失去了——重量。"听说，他向许多人推荐这个读本，于是很长一段时间，都有人慕名找到学校来。数年之后，年近九旬的袁老，在我再次拜访他时，竟然向我这个编者推荐我编的读本——他已经不认得我了，但还惦记着这个读本，并关心它的出版。广东省语文教研员冯善亮在听课后肯定："以往我们总说语文课脱离时代，严凌君老师的读书课就贴近了时代脉搏，把枯燥乏味的语文课变得博大精深。"珠海市语文教研员容理成多次带领珠海的老师不下百人前来听课研讨。四川的李镇西老师在K12教育网站率先推荐："从这本教材中感到了中国语文教育的一点点希望！"山东的王泽钊老师在联系出版自己的教材时，从中青社某编辑手上获得《白话的中国》，自言"如获至宝"，并千里迢迢前来深圳会晤。国编《语文》教材主编顾之川先生告诉我："人教社新编《语文》教材，从《青春读书课》读本中吸收了不少东西。"并邀请我参与人教社高中《语文》的编写。《读写月报》副主编漆羽舟引着编辑部全体成员来到育才中学召开第一次"读本研讨会"，随后亲自在南昌外国语学校操鞭执教。善良诚挚的摩罗先生积极为我联系出版，并建议增补"小说"一卷，这就是后来的《世界的影像》；远在美国留学的梁讯，欣然加盟《世界的影像》一卷的编写。还有那么多我的同仁，在全国各处发出呼应：新疆的冯远理老师撰文支持；北京的赵谦祥老师将读本引进清华附中作选修课教材……我从老一辈教师身上感受到庄重大气的品格。师心淳厚的钱理群先生闭户半月，为读本欣然挥笔写下2万多字热情洋溢的长序；虚怀若谷鹤发童心的商友敬先生甚至说："你编的读本后来居上。"这两位前辈都是《新语文读本》的编者。在徐州参加"中国青年教师论坛"，初识《那一代》的几位作者蔡朝阳、干国祥等人，他们正在热烈聚谈，一见我，立即没头没脑地嚷道："严老师，你说你说。"那些热血纯真的年轻面孔，让我感受到万象更新的"五四"氛围……这些相互感应的人们，还有那些素昧平生的使用读本的老师们，他们都是我的同道、我的族人，也是像我一样为书本所蛊惑、为理想而痴迷、为教育而揪心的书痴吧？

我怀着温情在这里记下三位素昧平生的朋友：两位青年和一名工人。

2004年2月，《南方周末》发表记者徐楠对我的采访——《严凌君：还语文教师以尊严》。全国各地问询的、支持的电话不断，有学生家长，有记者，也有教师。一天，我的办公室来了一位青年，先拿出学生证给我看，证明他是贵州警校法律系学生，然后拿着本子，上面写着一些问题，非常认真地一一提问，话题集中在"青年的精神家园"。不是采访，是他心中的困惑。交谈中蹦出一句："老师就像当年的鲁迅先生一样。"让我突然感到巨大的悲哀！21世纪了，我们的青年多么需要真实的精神资源，他们一旦看见好东西，就如此轻易地矮化自己，我们的社会没让他有机会成为自立的人。我惶恐辞谢，转告他鲁迅先生的话："不要寻什么'乌烟瘴气的鸟导师'，自己从荆棘中闯出一条路来。"

有一天，一位瘦高的青年来找我买书。自我介绍是山东潍坊人，大学园林专业毕业生，在深圳工作。因为是独子，要离开深圳回老家了。说是在走之前要"带回去一点能够代表深圳的精神和文化的东西"，浏览深圳的报纸和网站，知道了《青春读书课》这套书，就来了，说是要送一套给他在老家当老师的女朋友，要我签名题字，还说自己的学生时代没有这样的书、这样的老师，希望女朋友拥有这样的书，当这样的老师。临别，我伸手与他握别，他突然后退一步，给我一个毕恭毕敬的九十度的鞠躬，让我惶惑不安。

2004年3月的《南方周末》，载文反驳我的一些观点，说语文就是技术，不同意我的"尸检说"。这是在意料之中的：这恐怕是目前中国教育界的"主流声音"，一些一线教师正在成为教育变革的第一阻力。6日子夜，接到一通电话，来电者自称是黑龙江佳木斯市的一位下岗工人，他声音激动地表示要著文反驳，并说："你给中国教育带来了曙光……"这样的期许，让我惭愧难当。其后，又接到他的深夜来电，表示自己水平不够，已经请当地一位教授代为撰文。

这三位特殊的友人，我至今连他们的名字都不知道，那位工人甚至说："你不需要知道我的名字，我只是一个支持你的中国人。"是啊，只要是关爱中国的中国人，这就够了。

关于修订本

《青春读书课》初版至今8年，此前作为校本教材使用至今已经12年。这些年，读本在教学实验和公众阅读中，得到众多师生及各界读者的积极反馈，他们为读本的修订提供了诸多智慧的建议。我也在一边教学一边进行修订，于是就有了这个修订本。

与初版比较，修订版共删除文本56篇，新增文本89篇。删除的基本原因：用更合适的文本替代，使主题更为结实有力。增补的一般理由：发现更佳或更新的文本，对诠释主题更有代表性。修订版较之初版，全套书更为经典和新鲜。

下面逐卷简介修订情况，重点提示一些"欣喜的发现"。

《成长的岁月》卷，删去6篇诗文，新增文本10篇。增加了两本可爱的童书：《当世界年纪还小的时候》和《芒果街上的小屋》。还增加了前联合国秘书长安南《致全世界儿童的一封信》。小说《受戒》用全本替代了节本，《小王子》则增加了章节，新增《小毕的故事》，补充了男孩成长的主题。

《心灵的日出》卷，原《悲壮的两小时》一文，经读者提醒并查实，是一篇虚构的航天故事，删除。增加了几篇精品文字：台湾作家张大春的《小说稗类》一篇，大陆文字高手阿城的短篇小说《遍地风流》三篇，另有诗人海子的散文以及关于时间妙想的一本奇书《爱因斯坦的梦》。

《世界的影像》卷，根据教学实践，对多个栏目做了重组。删除了7篇小说；增加了《有人弄乱了玫瑰花》一章，集合马尔克斯、博尔赫斯等后现代文风的作品，让学子亲近当代大师，一窥新小说风光。新增王朔的《我的千岁寒》，鼓励一种有活力的汉语书写探索；而《肖申克的救赎》，是小说电影俱佳的作品，喜欢该电影的读者再读原著，或有鸳梦重温之快。巴别尔是重新出土的俄国文学大师，尤瑟纳尔是罕见的智慧型女作家，都有新作入选。

《古典的中国》卷，是我私心最爱的一卷，导读就写了13万字。除保留余冠英和萧兵二先生的《诗经》《楚辞》译注之外，对全书译注做了全新修订。散文的译注力求准确生动，诗词曲的注释新鲜发散，倾情展示中国文学中韵文强项的独特魅力，以注释而论，几乎是一本新书了。本书散文部分，为适合学生阅读，特别邀请刘曦耕先生注释并白话翻译，对老友的智力支援，不敢言谢。感谢钟叔河先生慷慨提供多篇笔记小品译文，这种不同于传统直译的串读式译述，本身是别具情味的小品文风；感谢台北"中央研究院"的华玮教授提供清代才女吴藻的《乔影》一文，为《书生意气》一章补充了女性题材和女性视角，使被漫长历史遮蔽的另一半书生有机会崭露头角；感谢素昧平生的热心读者冯良遵先生提供的校对建议，使本书更为完善。得与素心人谈诗论文，不亦快哉。

《世界的影像》与《古典的中国》两卷，初版的疏漏较多，修订版改用原稿重新排版；两卷都补上了受读者喜爱的彩页插图，保持全套书体例统一。

《白话的中国》卷，删除25篇，增补38篇，是全套书中文本调整最大的一卷。多个栏目面目一新，重新认定了各位作家的代表作，以求更全面地反映当代白话文的成就和华语文学的新收获。"启蒙者鲁迅"主题，用陈丹青先生的《笑谈大先生》替换了王晓明先生的学术文章，便于学生读者亲近鲁迅。"诠释中国"主题，在李敖解剖国民性的犀利之外，扩大阵容，增添对书生风骨的温情回顾，于是有了魏晋风度和苏东坡的话题。原"文化随笔"改名"重读古典"，文本大幅增删，确定为对中国诗史的全面扫描，入选的都是妙不可言的名家名篇。《当代诗抄》与《海外中文诗》两章，重新增补了当代华语诗人的代表作，替换较大。其中雷平阳《杀狗的过程》，是我近几年读诗最震撼的发现。而木心先生的"横空出世"，为当代白话文增添了高雅的文化含量，我通读其全集寻章摘句，收拾起一地碎金，编辑成一个语录体文本以飨读者。

《人类的声音》卷，与其他各卷以放为主不同，这一卷主要是收，删去了不够经典的篇目，长文压缩节选，让青少年读者容易进入文本。较好地表现在《话说中国》主题，新增一篇传播（《中国：发明与发现的国度》）、一篇吸收（《唐代的外来文明·胡风》），呈现中外文化双向交流的面貌。

《人间的诗意》卷，删8首，增24首，增补较多。这要感谢河北教育出版社等近年来致力于引介外国诗歌的出版机构，使多语种的外文诗进入中文读者的视野，也让我们的新选本更为精粹，主题更为丰厚。比如《我是谁》一章，扩展了自我探寻的精神领域；《亲爱的母亲》一章更名为《我的父亲母亲》，让诗歌中较为少见的父亲主题得以出现。另外在多个主题补入了上佳的诗作，连我自己也愿意不时重温一下。

读本的整体装帧设计，三个版本三套封面：作为校本教材的16开本，精美大气，现在还是许多读者的珍藏品；商务版，被迫添加了较多商业元素，有点杂乱；这一回的修订本，采用赤橙黄绿青蓝紫阳光七色，清雅可人，体现了海天出版社的出版品位与对读者的关怀。

关于海天版

移民深圳20余年,我从不讳言自己喜欢这座城市。一座移民新城要成为故乡,至少需要三代人的时间。而今天的深圳人,正在酝酿着家园的感觉。我在上世纪90年代涂抹了一本批评深圳的城市文化观察类的文字《深圳城市病》,当时胡洪侠先生主编的《深圳商报·文化广场》用专栏形式连载,而《天涯》杂志以《来自深圳的报告》专刊发表后,《深圳青年》杂志的编辑不无遗憾地对我说:"为什么不先给我们发表?"当《青春读书课》还未正式出版的时候,《深圳周刊》的王绍培先生就曲折寻来,发表《在人文的历史长河上摆渡——与严凌君对话》,这是读本见诸媒体的第一篇深度报道。我知道,这些人都是真爱这座城市的。

海天出版社是深圳特区的出版机构,与我供职的深圳育才中学结缘较早,我校学生的长篇小说《花季·雨季》就是当年由"海天"推出的新时期青春文学代表作品。近年,海天出版社与深圳发行集团合并成立深圳出版发行集团。集团是誉满天下的"深圳读书月"的承办单位,我多年忝列读书委员会专家之列。集团副总何春华先生数年来一直关注着读本的再版,在得知有多家大型出版社正在与我商谈修订版事宜之后,他一再叮嘱我把书留在"海天",最触动我的一句话是:"为了深圳!"今年,尹昌龙先生履新集团总经理,又以多年文友的身份刺激我作为一个特区公民的文化情怀:"这是深圳人创造的文化成果,一定要让深圳人首先分享。"如此,《青春读书课》回到这片她诞生的土地,花落"海天",水到渠成。

彼此守望,青眼相许,相互砥砺,携手玉成,正是我喜欢的深圳人的风格。

愿《青春读书课》与海天出版社的结缘,成为深圳无数个好故事之中的一个。

愿天下素心人因书结缘,更多的资讯和交流请登录春韵网(www.chunyun.net)的"华语学生论坛"之"青春读书课"板块。我会守候你的到来。

严凌君
2011年清明于蛇口千影阁